James Turk und John Rubino

Der Kollaps des Dollars

James Turk und John Rubino

DER KOLLAPS DES DOLLARS

DER UNTERGANG EINER WELTWÄHRUNG

Bibliografische Information der Deutschen Bibliothek:
Die Deutsche Bibliothek verzeichnet diese Publikation in der Deutschen Nationalbibliografie; detaillierte bibliografische Daten sind im Internet über http://dnb.ddb.de abrufbar.

Die amerikanische Originalausgabe erschien im Dezember 2004 unter dem Titel „The Coming Collapse of the Dollar and how to profit from it", bei DOUBLEDAY, a division of Random House Inc.

Übersetzung: Horst Fugger
Gesamtbearbeitung: Druckerei Joh. Walch, Augsburg
Lektorat: Dr. Renate Oettinger
Druck: Druckerei Joh. Walch, Augsburg

© 2005 der deutschen Ausgabe
FinanzBuch Verlag GmbH
Frundsbergstraße 23
80634 München
Tel. 089 651285-0
Fax 089 652096
info@finanzbuchverlag.de

Den Autor erreichen Sie unter:
turk@finanzbuchverlag.de

ISBN 3-89879-119-X

Am Ende kehrt Papiergeld zu seinem inneren Wert zurück – null.

VOLTAIRE

Inhalt

VORWORT

Bei der Arbeit an diesem Buch haben wir einige Entscheidungen getroffen, die erklärungsbedürftig sind.

Wir schreiben über einige wichtige Phasen der Währungsgeschichte, denn um zu verstehen, wie sich Gold und Dollar in Zukunft entwickeln werden, muss man wissen, wo sie einmal waren. Ein derart umfangreiches Thema ausführlich zu behandeln ist aber nicht das Ziel dieses Buchs. Daher haben wir viele Dinge nur angesprochen, ohne sie hinreichend zu erklären (zum Beispiel handeln nur einige Absätze von den Währungsturbulenzen während der Französischen Revolution). Für diesen Mangel an Tiefe entschuldigen wir uns schon im Voraus. Für diejenigen Leser, die mehr darüber wissen wollen, haben wir einige der großartigen Bücher über dieses Thema in Kapitel 22 (Gute Informationen) aufgelistet.

Bei einigen aktuellen Aspekten von Gold und Dollar stehen wir vor einem Konflikt, weil James nicht nur Autor, sondern auch Marktteilnehmer ist. In den entsprechenden Kapiteln haben wir das literarische „wir" durch „James" in der dritten Person ersetzt.

Um die Gründe für den bevorstehenden Zusammenbruch des Dollars zu erläutern, haben wir an einigen Stellen Aspekte angesprochen, die zwar streng genommen nicht zum Thema gehören und manchmal ein wenig technisch klingen, aber dabei helfen, den aktuellen Stand der Dinge zu verstehen. Daher haben wir diese Aspekte als Einschübe in den Text aufgenommen. Und zwei Mal haben wir uns für eine ungewöhnliche, unserer Meinung nach aber bessere Methode entschieden, bestimmte Informationen zu vermitteln:

Der Wechselkurs des Goldes. In den Finanzmedien ist in der Regel vom „Preis" des Goldes die Rede. Das ist nicht korrekt, denn Gold ist kein Rohstoff wie Öl oder Eier. Gold ist Geld. Ein altes chinesisches Sprichwort sagt, Weisheit beginne damit, die Dinge beim richtigen Namen zu nennen. Und weil man ja auch nicht vom „Preis" von Euro oder Yen, sondern von deren Wechselkurs spricht, schreiben wir in diesem Buch zum Beispiel: „Am 31. Dezember lag der Wechselkurs des Goldes bei 410 Dollar."

Unze versus Gramm. Das gebräuchlichste Goldmaß in den USA ist die Feinunze. Diese Konvention ist das historische Erbe des Britischen Empire, in dem der Goldstandard und das Gold selbst eine zentrale Rolle spielten. Der britische Historiker Niall Ferguson schreibt: „Das Britische Empire ist seit langem untergegangen. Nur sein Strandgut hat überlebt." Eines dieser Überbleibsel ist unserer Meinung nach die Angewohnheit der Amerikaner, Gold in Unzen zu messen. Heute wird in den meisten Ländern der Welt das metrische System angewendet – sogar im Vereinigten Königreich selbst. Und in diesem System wird das Gewicht von Gold in Gramm angegeben, wobei ein Gramm etwa 1/31 einer Unze entspricht (um genau zu sein: 31,1034 Gramm ergeben eine Feinunze). Um Verwirrung zu vermeiden, haben wir zwar die Unzen-Denomination beibehalten, geben die Gewichte aber zusätzlich in Gramm Gold (gg) an und schreiben zum Beispiel: 400 Dollar/Unze (12,86 Dollar/gg).

Einführung

Wie der Titel schon sagt, prognostiziert dieses Buch dramatische Veränderungen sowohl im globalen Finanzsystem als auch im Alltagsleben ganz normaler Menschen. Wir schreiben also nicht das, was man in den Abendnachrichten hört oder in der Tageszeitung liest – zumindest nicht während der Entstehungszeit dieses Buchs Anfang 2004. Daher rechnen wir damit, dass man uns immer wieder eine sehr logische und vernünftige Frage stellen wird: „Wenn dieses Untergangsszenario so klar auf der Hand liegt, wie ihr es schildert, warum haben es dann all die Harvard-Wirtschaftsexperten und Präsidentenberater noch nicht verstanden?“

Daher geben wir auf diese Frage schon jetzt zwei Antworten. Erstens: Als Gruppe erkennen politische und intellektuelle Führungspersönlichkeiten wichtige Wendepunkte nur selten, ehe die Wende vollzogen ist. Der berühmte Yale-Professor Irving Fisher drückte die vorherrschende Meinung seiner Kollegen aus, als er unmittelbar vor dem Crash von 1929 sagte, der Aktienmarkt habe nun ein dauerhaft hohes Niveau erreicht. Nachdem Präsident Nixon 1971 in den USA den Goldstandard abgeschafft hatte, rechneten die meisten politisch Verantwortlichen in Washington mit einem starken Wertverlust des Goldes. Stattdessen stieg es bis zum Ende des Jahrzehnts von 35 Dollar je Unze (1,12 Dollar/gg) auf 850 Dollar je Unze (27,33 Dollar/gg). Das Magazin *Business Week* drückte 1979 mit seiner berühmten Titelgeschichte „Der Tod der Aktien" eindeutig die vorherrschende Mehrheitsmeinung aus. Die Geschichte erschien kurz vor dem Beginn einer der größten Aktienhaussen aller Zeiten. Die meisten Wirtschaftsexperten und Politiker haben die Dollar-Krise der 1970er-Jahre ebenso wenig vorausgesehen wie den Zusammenbruch der Junk Bonds Ende der 80er- oder den Dotcom-Crash der späten 90er-Jahre – obwohl diese Ereignisse im Rückblick als völlig logisch und offensichtlich erscheinen.

Kurz gesagt: Man sollte von unseren Politikern und Meinungsführern nicht erwarten, dass sie Dinge „erkennen", denn sie tun es so gut wie nie. Die zweite Antwort ist ungleich wichtiger, denn sie erklärt, *warum* die Mehrheit die kommende Finanzkrise nicht erkennt. Das herkömmliche Denken über Wirtschaft und Finanzen ist von einigen gefährlichen Missverständnissen geprägt. Dazu gehören:

Schulden sind kein Problem. Auf jeder Stufe der amerikanischen Gesellschaft, vom Notenbank-Gouverneur über den Wirtschaftsexperten an der Wall Street bis zum normalen Hausbesitzer, hat sich folgende Meinung festgesetzt: Wir leihen uns seit Jahrzehnten immer mehr Geld, und wir sind immer noch da. Daher sind Schulden nicht nur kein Problem, sondern sie sind sogar gut. Ein Haushaltsdefizit von 500 Milliarden Dollar verhindert eine Rezession. Der Konsum läuft prächtig, weil die Hausbesitzer vom Wertzuwachs ihrer Immobilien profitieren. Ein Handelsbilanzdefizit, das die Welt mit Dollars überschwemmt, fördert die Volkswirtschaften in Asien und Europa. Und in jedem Fall sind die Handelspartner der USA ganz begeistert davon, all diese Dollars zu besitzen, mit denen sie amerikanische Aktien und Anleihen kaufen können.

Man kann darauf vertrauen, dass Regierungen die Währungen ihrer Länder richtig managen. Es ist gut, dass das Angebot und somit auch der Wert von Dollars, Euros und Yens vom guten Willen und der Kompetenz der Politiker und der von ihnen ernannten Beamten abhängt. Wenn es Probleme gibt, nehmen die Zentralbanken der Welt die nötigen Anpassungen vor – mit Unterstützung durch das System der freien Wechselkurse. Im Großen und Ganzen leisten sie großartige Arbeit bei der Bewältigung einer schwierigen Aufgabe.

Die amerikanische Wirtschaft ist unabhängig von den Devisenmärkten. Amerika ist so tüchtig und dominiert die Welt auf so vielen Gebieten, dass sowohl die Börse als auch die Wirtschaft mit einem Wertverlust des Dollars gegenüber Gold und anderen wichtigen Währungen leben können.

Apropos Gold: Gold ist ein Anachronismus und spielt in einer modernen Volkswirtschaft keine Rolle mehr. Eigentlich ist es ein Störfaktor, weil sein Wert meist steigt, wenn nationale Währungen Schwäche zeigen, und damit lenkt es die Regierungen von ihrer wichtigen Aufgabe ab, für Wachstum und Vollbeschäftigung zu sorgen. Gold taugt allenfalls zu Schmuckzwecken, aber zu nichts anderem.

Machen Sie sich keine Sorgen, wenn Ihnen das alles völlig vernünftig vorkommt. Wie gesagt: Es handelt sich dabei um die wichtigsten Überzeugungen der meisten politisch Verantwortlichen in Washington und der Geldmanager an der Wall Street – und deren Denken bestimmt, was uns anderen erzählt wird. Daher dominieren Wirtschaftswachstum, die Schaffung von Arbeitsplätzen und die Aktienkurse die Abendnachrichten. Kein Wort fällt dagegen über die für das heutige Wachstum notwendige Kreditaufnahme (sechs Dollar für jeden Dollar an neu geschaffenem Wohlstand) und über die Schulden, die wir als Gesellschaft heute zu tragen haben (auf eine vierköpfige Familie entfallen mehr als 500.000 Dollar). Ebenfalls in der Regel übersehen wird die Tatsache, dass ausländische Regierungen und Investoren heute genügend Dollars besitzen, um der amerikanischen Wirtschaft massiven Schaden zufügen zu können, falls sie sich dazu entschließen sollten.

Das war natürlich nicht immer so. Die ersten vier Präsidenten der USA und die anderen Mitgestalter der amerikanischen Verfassung hätten die heute üblichen Ansichten für völlig inakzeptabel gehalten. Sie hatten den Zusammenbruch vieler von Staaten herausgegebener Papierwährungen erlebt und kämpften mit dem Schuldenberg, der während des Unabhängigkeitskriegs entstanden war. Daher wurde die neu geformte Union auf eine Weise konzipiert, die genau das verhindern sollte, was mit den USA inzwischen geschehen ist – die USA sind zu einem Land geworden, in dem Kreditaufnahme ein Lebensstil ist, in dem die Macht der Regierung von Jahr zu Jahr wächst und Eigentumsrechte immer stärker ausgehöhlt werden.

Wenn man ihren eigentlichen Sinn verstehen will, sollte man die amerikanische Verfassung als einen Versuch begreifen, die Macht der Regierung einzuschränken. Nach dem ursprünglichen Konzept konnte die Bundesregierung die Ersparnisse der Bürger nicht entwerten, indem sie das Geld immer wertloser machte. Sie konnte auch keine Hypothek auf die Zukunft aufnehmen, indem sie sich enorm viel Geld lieh oder ihre Bürger dazu ermutigte, sich durch eigens für diesen Zweck geschaffene staatliche Programme und Agenturen zu verschulden. Wir werden gleich sehen, dass die Gestalter der Verfassung der Bundesregierung sogar verboten, Papiergeld herauszugeben.

Aber im Lauf der Zeit wurden alle diese guten Vorsätze entweder ignoriert oder absichtlich gebrochen. Wir werden in den folgenden Kapiteln aufzeigen, dass die Erosion der Schutzmaßnahmen gegen „ungesundes“ Geld und exzessive Verschuldung sowohl von früheren politischen Führern und ihren Wählern verschuldet als auch – von einem historischen Standpunkt aus gesehen – unvermeidlich war. Selbst wenn eine Regierung in ihrer Macht durch eine intelligent konzipierte Verfassung eingeschränkt ist, wird sie einen Weg zur Ausweitung dieser Macht finden. Dazu ist es erforderlich, den Wert der Währung ihrer Bürger allmählich zu zerstören. Daher ist der bevorstehende Zusammenbruch des Dollars mit all den damit verbundenen Unruhen keine höhere Gewalt oder das Resultat zufälliger kultureller Trends und politischer Fehlentscheidungen. Im Gegenteil. Er ist ein natürlicher, wenn auch tragischer Bestandteil des Lebenszyklus jeder Gesellschaft.

Falls Sie hier eine versteckte politische Botschaft zu entdecken glauben, sei festgestellt: Es ist nun schon zu spät, als dass es eine große Rolle spielen könnte, ob George Bush und Alan Greenspan oder ihre politischen Gegenspieler die Regeln bestimmen. Schließlich sind seit vier Jahren die Republikaner an der Macht, die angeblich für eine Einschränkung staatlicher Einflussnahme stehen. In dieser Zeit sind sowohl die Staatsausgaben als auch die Kreditaufnahme enorm angestiegen. Es sieht so aus, als ließe sich die Maschinerie von Geldschöpfung und monetärer Inflation von niemandem mehr kontrollieren.

In den folgenden Kapiteln werden wir aufzeigen, welche Konsequenzen all das entwertete Geld und die gebrochenen Versprechen haben werden. Dazu gehört eine Finanzkrise, die so umfassend ist, dass sie die Vorstellungskraft der allermeisten Amerikaner sprengt, wobei der Wert des Dollars extrem fallen und die Preise vieler lebensnotwendiger Dinge stark steigen werden. Eine riesige Werteverschiebung weg von Finanztiteln wie Anleihen und Bargeld hin zu harten Vermögensgegenständen wie Öl und Gold. Und eine fundamentale Umwälzung dessen, was man unter Geld versteht.

Das Etikett der „Weltuntergangspropheten" weisen wir allerdings zurück. Es trifft zu, dass dieses Buch eine große Anzahl von Warnungen enthält, aber seine zentrale Botschaft ist optimistisch. Was uns bevorsteht, ist Teil eines in der Menschheitsgeschichte immer wiederkehrenden Musters, und der nächste Schritt ist im Prinzip vorhersehbar. Das wirkliche Anliegen dieses Buchs steckt also im zweiten Teil seines Titels: Indem Sie jetzt die richtigen Maßnahmen ergreifen, können Sie sich nicht nur schützen, sondern von den bevorstehenden Ereignissen profitieren. Wir werden Ihnen zeigen, was Sie tun müssen.

Teil 1

WARUM DER DOLLAR ZUSAMMENBRECHEN WIRD

Es gibt keine subtilere und auch keine sicherere Methode,
einer Gesellschaft ihre Grundlagen zu entziehen,
als die Zerstörung ihrer Währung. Dieser Vorgang umfasst,
was die Zerstörung betrifft, alle verborgenen Kräfte der
ökonomischen Gesetze, und er tut es auf eine Weise, die unter einer
Millionen Menschen nicht ein einziger wirklich erkennen kann.

John Maynard Keynes
The Economic Consequences of the Peace

Kapitel 1

ILLUSIONEN DES WOHLSTANDS

In den letzten beiden Jahrzehnten des 20. Jahrhunderts wurde die amerikanische Volkswirtschaft von der ganzen Welt beneidet. Sie schuf 30 Millionen neue Jobs, während in Europa und Japan praktisch kein einziger entstand. Sie setzte in weiten Bereichen der Weltmärkte ihren technologischen und ideologischen Willen durch und produzierte neue Millionäre in einem Tempo, wie eine Ford-Fabrik Pick-ups hervorbringt. Die amerikanischen Aktien stiegen in dieser Zeit um das Zwanzigfache, und die meisten Investoren waren davon überzeugt, dass dies immer so bleiben würde. Gegen Ende des Jahrhunderts sah es sogar so aus, als leiste die US-Regierung gute Arbeit, denn sie häufte so hohe Überschüsse an, dass sich die Debatte von der optimalen Allokation knapper Ressourcen auf die Frage verlagerte, wie lange es dauern würde, die Staatsverschuldung komplett abzubauen. Als Zahlungsmittel in diesem herrlichen neuen Reich wurde der Dollar zur dominanten Währung in der Welt. Ausländische Zentralbanken häuften Dollars als Hauptbestandteil ihrer Devisenreserven an. Die Preise von Rohstoffen wie Öl wurden in Dollar ermittelt, und Schwellenländer wie Argentinien und China koppelten ihre Währungen in der Hoffnung an den Dollar, eine ähnliche Stabilität zu erreichen. Im Jahr 2000 hieß es, in Russland seien mehr 100-Dollar-Scheine im Umlauf als in den USA.

Aber als das Jahrhundert endete, war auch dieser außergewöhnliche Aufschwung vorbei. Es gab einen Crash bei den Technologie-Aktien, die Türme des World Trade Center stürzten ein, und das Allmachtsgefühl der Amerikaner schwand ebenso dahin wie ihr Einkommen. Bis jetzt, zur Entstehungszeit dieses Buchs Anfang 2004, sind in den USA drei Millionen Arbeitsplätze verloren gegangen. Die Bundesregierung nimmt jedes Jahr 450 Milliarden Dollar neue Schulden auf, um den Krieg gegen den Terror und eine ganze Reihe neuer oder erweiterter Sozialprogramme zu finanzieren. Die Kurzfristzinsen wurden auf ein unglaublich niedriges Niveau von einem Prozent gesenkt, und obwohl sich das Wachstum endlich wieder beschleunigt, steigt die Verschuldung auf allen Stufen der Gesellschaft sogar noch schneller. Mittlerweile ist der Dollar zur Problemwährung der Welt geworden; er verliert gegenüber anderen Währungen an Wert und stürzt gegenüber dem Gold ab. Die ganze Welt schaut zu, die Menschen kratzen sich am Kopf und fragen sich, was sich verändert hat.

In den folgenden Kapiteln werden wir die Antwort darauf geben. Sie lautet, dass sich alles verändert hat – und nichts. Wie sich jetzt herausstellt, war das spektakuläre Wachstum der beiden vergangenen Jahrzehnte eine Fata Morgana, hervorgerufen vom Rauch und den Spiegelungen der steigenden Verschuldung und von der im Rest der Welt herrschenden Bereitwilligkeit, einen Strom neuer Dollars aufzunehmen. Sie werden schockiert darüber sein, wie hoch die Verschuldung der USA ist. Noch schockierender ist aber, dass sie ständig steigt. Wie eine Familie, die ihren Lebensstil durch die Überziehung zahlreicher Kreditkarten finanziert hat, ist Amerika an einem Punkt angelangt, an dem neue Schulden eher in die Tilgung alter Schulden als in die Schaffung neuen Wohlstands fließen. Das ist der Grund für das langsame Wachstum und den stetigen Arbeitsplatzverlust der letzten Jahre.

Wie kann man also sagen, dass sich nichts verändert hat? Man kann es, weil die heutigen Probleme nur im Rahmen der jüngeren Geschichte der USA wirklich neu sind. Ein kurzer Überblick über die Geschichte zeigt, dass sie leider etwas völlig Gewöhnliches sind. Alle mächtigen Gesellschaften häufen irgendwann unerträglich hohe Schulden an. Und dann drucken oder prägen sie Geld in einem immer verzweifelter werdenden Versuch, die Illusion des Wohlstands aufrechtzuerhalten. Und am Ende stecken sie alle in der sprichwörtlichen Klemme: Entweder brechen sie einfach unter dem Gewicht ihrer angehäuften Schulden zusammen, wie es in den 1930er-Jahren den USA und Europa erging, oder sie drucken weiterhin Geld, bis ihre Währungen wertlos werden und ihre Wirtschaft ins Chaos stürzt.

Diesmal haben sich die Regierungen auf der ganzen Welt ganz klar für die zweite Option entschieden. Sie senken die Zinsen, erhöhen ihre Ausgaben und fördern die Verwendung moderner Finanztechniken, um eine Flutwelle an Krediten zu schaffen. Und die Geschichte lehrt, dass dieser Prozess, wenn er erst einmal in Bewegung gesetzt wurde, zu einem unvermeidlichen Ergebnis führt: „Fiat"-Währungen (das heißt: von Regierungen kontrollierte Währungen) werden immer wertloser, bis die meisten von uns sie völlig aufgeben. Wir wissen, dass das starke Worte sind. Aber wir denken, Sie werden uns nach der Lektüre der nächsten beiden Kapitel zustimmen, dass sie, leider, völlig zutreffend sind.

Was bedeutet es für Ihre persönlichen Finanzen, wenn der Wert des Dollars kollabiert? Das hat viele Folgen, von denen die meisten schlecht, einige aber potenziell sehr gut sind. Zunächst schadet es jedem, der ein festes Einkommen bezieht, weil der Wert jedes einzelnen Dollars sinkt, den er erhält. Gleiches gilt für Gläubiger, denn sie erhalten weniger wertvolle Dollars, als sie verliehen haben (daher kommt das Desaster, das viele Banken treffen wird). Anleihen sind im Grunde genommen Kredite an Unternehmen oder Regierungen und beinhalten das Versprechen fixer Zinszahlungen und der Tilgung. Sie werden fürchterlich schlechte Investments sein, weil sie in Dollars zurückbezahlt werden, die ständig an Wert verlieren. Bei Aktien und Immobilien ergibt sich ein gemischtes Bild; ein schwacher Dollar hat hier teils negative, teils positive Auswirkungen. In Kapitel 17 werden wir dieses Labyrinth durchwandern.

Der einzige uneingeschränkte Gewinner ist Gold. In den ersten 3.000 Jahren der Menschheitsgeschichte war Gold aus einer Reihe von heute noch gültigen Gründen die bevorzugte Währung. Noch 1970 war es der Anker des weltweiten Finanzsystems. Und seit 1971 fungiert es als eine Art Schattenwährung, die steigt, wenn der Dollar schwach ist, und sinkt, wenn er stark ist. Es ist kein Wunder, dass Gold in der 80er- und 90er-Jahren darnieder lag, während der Dollar stieg und von ihm als derjenige Standard abgelöst wurde, an dem sämtliche finanziellen Werte gemessen werden. Aber jetzt könnte ein erneuter Rollentausch bevorstehen. Im kommenden Jahrzehnt, wenn der Dollar einen der schlimmsten Wertverluste der Währungsgeschichte erleiden wird, wird Gold seinen Platz im Zentrum des Weltwährungssystems wieder einnehmen, und sein Wert gegenüber den meisten heutigen Landeswährungen wird steigen. Das Ergebnis: Goldmünzen, Goldminen-Aktien und auf Gold basierende digitale Währungen werden ein wesentlich besseres Instrument zur Sicherung und/oder Schaffung von Wohlstand sein als auf Dollar lautende Anleihen, Aktien oder Bankkonten.

Das ist, kurz gesagt, die ganze Geschichte. Der Rest des Buchs beschäftigt sich damit, die Aussagen dieses Kapitels zu belegen. Aber wie Historiker einmal über Aristoteles gesagt haben: Alles, was noch folgt, ist nichts als Ausarbeitung.

Kapitel 2

„FIAT"-WÄHRUNGEN SIND ZUM SCHEITERN VERURTEILT

Bevor wir erklären, warum dem Dollar Probleme bevorstehen, wollen wir noch einmal die in Kapitel 1 aufgestellte Behauptung aufgreifen, dass ungedeckte Währungen immer kollabieren. Diese Behauptung ist zwar gewagt, aber sie ist nachweislich wahr. Die Geschichte solcher Währungen ist in der Tat eine endlose Litanei des Scheiterns.

Warum ist das so? Man kann es ganz einfach ausdrücken: Regierungen sind grundsätzlich unfähig, den Wert ihrer Währungen zu bewahren. Jeder politische Führer, ob er nun König, Präsident oder Premierminister ist, dient zwei mächtigen Wählergruppen: den Steuerzahlern, die sich über ihre aktuellen Steuerlasten ärgern und sich hartnäckig weigern, noch mehr zu zahlen, und denjenigen, die staatliche Leistungen beziehen und sich für höhere Ausgaben auf allen erdenklichen Gebieten einsetzen – von der Verteidigung über den Straßenbau bis zur Alterversorgung. Wer es sich mit einer dieser Gruppen verscherzt, dessen politische Karriere kann schnell beendet sein. Unser hypothetischer Führer hat also zwei Möglichkeiten. Die naheliegendere der beiden wäre, den Wählern aufrichtig zu erklären, dass es auf dieser Welt nichts umsonst gibt. Steuern müssen bezahlt werden, aber die Regierung kann auch nur einen bestimmten Teil des von einer gesunden Volkswirtschaft hervorgebrachten Wohlstands großzügig verteilen. Daher können keiner Person und keiner Gruppe alle ihre Wünsche erfüllt werden. Auf dem Papier sieht das einfach aus, aber in der politischen Realität macht es den Machthaber angreifbar, denn es gibt Rivalen, die den Wählern bereitwillig das Blaue vom Himmel versprechen, um an die Macht zu kommen.

Diese Aussicht gefällt unserem Führer überhaupt nicht, und daher wählt er die zweite Möglichkeit: die Aufnahme von Schulden, um neue Ausgaben finanzieren zu können, ohne die Steuern erhöhen zu müssen. Und dann wird genug neues Geld in Umlauf gebracht, um das daraus resultierende Defizit abzudecken. Die Feinde von Steuererhöhungen bekommen damit ebenso, was sie wollen, wie die Befürworter staatlicher Ausgaben, und niemand merkt (zumindest für eine gewisse Zeit), dass der steigende Geldumlauf den Wert des Geldes, das jede einzelne Person besitzt, allmählich schmälert. Da die menschliche Natur nun einmal so ist, wie sie ist, wählt jede Regierung schließlich diese zweite Möglichkeit. Das Resultat ist fast ausnahmslos ein allmählicher Wertverlust jeder nationalen Währung – ein Prozess, den wir als Inflation bezeichnen.

Aber ebenso wie ein wenig Heroin ist ein wenig Inflation nur selten das Ende der Entwicklung. Im Lauf der Zeit wird die Lücke zwischen den Steuereinnahmen und den dem Staat abverlangten Leistungen größer. Ausgaben, Verschuldung und Geldschöpfung expandieren immer schneller. Die Inflation beschleunigt sich, und am Ende erkennt die Bevölkerung die wahren Auswirkungen der Schwächung ihrer Währung: Ihre Ersparnisse werden vernichtet. Die Menschen wenden sich in Massen von der Währung ab, geben sie aus oder tauschen sie so schnell wie möglich in stabilere Wertanlagen. Der Wert der Währung kollabiert (mit anderen Worten: die Preise steigen stark an), und so werden die gesamten Ersparnisse einer ganzen Generation ausgelöscht. Dieses Schicksal ereilt letztlich jede „Fiat"-Währung, also eine Währung, die durch Anordnung existiert (lateinisch: fiat).

Zur Veranschaulichung dieses Prozesses schildern wir im folgenden Abschnitt einige der spektakulärsten Währungskrisen der Geschichte.

Beachten Sie, dass sie alle im Prinzip nach dem gleichen Schema ablaufen: Exzessive Staatsausgaben führen zu einer extremen Ausweitung des Geldumlaufs, was wiederum Inflation und ihre unvermeidlichen Folgeerscheinungen auslöst.

Rom: Barbaren an der Münzpresse. In den etwa fünf Jahrhunderten, in denen es die Welt beherrschte, hatte Rom reichlich Zeit, die Kunst der Geldentwertung zu perfektionieren. Verschiedene Herrscher verkleinerten ihre Münzen, schnitten Stücke davon ab oder stanzten Löcher hinein, um aus diesen Stücken noch mehr Münzen prägen zu können. Oder sie ersetzten Gold und Silber durch weniger wertvolle Metalle; entweder vollständig oder durch Verschmelzung. Als Diokletian im dritten Jahrhundert nach Christus den Thron bestieg, hatten seine Vorgänger die Silbermünzen des Reichs schon durch mit Zinn beschichtete Kupfermünzen ersetzt. Zu Diokletians Ehrenrettung sei gesagt, dass er zunächst eine Reform einführte, indem er Münzen aus mehr oder weniger reinem Gold und Silber prägen ließ.

Die neue Ehrlichkeit hätte vielleicht die beabsichtigte stabilisierende Wirkung zeitigen können, aber die Welt spielte da nicht mit. Rom war damals ein riesiges, weit ausgedehntes Reich, das sich von Spanien bis ins heutige Syrien erstreckte, und es wurde von allen Seiten durch schnell wachsende, unzivilisierte germanische und asiatische Stämme bedroht. Die Verteidigung des Reichs war kostspielig, und Diokletian, der die einflussreichen Männer in Rom nicht gegen sich aufbringen wollte, entschied sich für die auch heute noch verbreitete Politik von Gewehren und Butter: Er vergrößerte die Armee um Tausende von neuen Soldaten und gab viel Geld für öffentliche Arbeitsprojekte aus. Als ihm das Geld ausging, prägte er einfach riesige Mengen neuer Kupfermünzen und begann, wieder einmal, den Gold- und Silbermünzen Kupfer beizumischen. Als wegen des erhöhten Geldumlaufs die Preise stiegen, schob er die Schuld auf die Habgier der Kaufleute. 301 erließ er sein Preisedikt, in dem er jedem die Todesstrafe androhte, der Waren teurer als zu einem festgelegten Preis verkaufte. Die Händler verstanden die Botschaft nur zu gut. Statt die Preise zu erhöhen, schlossen sie ihre Läden. Dann verschärfte Diokletian die Gesetze und verlangte von jedem Mann, den Beruf seines Vaters auszuüben. Dieser Aufforderung nicht nachzukommen wäre so, als würde ein Soldat im Krieg desertieren, sagte der Kaiser, und auch darauf stand die Todesstrafe.

Zu den unbeabsichtigten Folgen der Edikte Diokletians gehörte es, dass sich die Trennung zwischen den gesellschaftlichen Schichten noch weiter verstärkte. Die Reichen verstanden, dass eine Geldentwertung im Gang war, horteten ihre Münzen aus purem Gold und Silber (die ihren Wert behielten) und wurden noch reicher. Den Armen aber blieb nur das im Prinzip wertlose „pecunia" aus Kupfer, und ihre Abhängigkeit von staatlichen Unterstützungsleistungen wuchs. Das setzte das Schatzamt zunehmend unter Druck, was dazu führte, dass immer mehr Kupfermünzen geprägt wurden. 301, als Diokletian die Preiskontrollen einführte, war ein Pfund Gold 50.000 Denare wert (die Währungseinheit des Römischen Reichs). Bis 307 stieg der Wert auf 100.000 Denare, bis 324 auf 300.000 Denare, und in der Mitte des 4. Jahrhunderts betrug er zwei Milliarden Denare. 410 wurde das finanziell ausgeblutete Römische Reich von den Westgoten unterworfen.

Frankreich: Zwei Mal in einem Jahrhundert. 1715 war Frankreich ein klassisches Opfer einer schlechten Regierung. Die vielen Kriege Ludwigs XIV. hatten seinen Nachfolger Ludwig XV., der bei seiner Thronbesteigung erst fünf Jahre alt war, an die Spitze einer Gesellschaft gesetzt, die dem heutigen Kalifornien ähnelte. Die Steuern waren hoch, die Staatsschulden waren erdrückend, und die Menschen waren verdrossen. Dann tauchte ein Schotte namens John Law auf und bot eine Lösung der Probleme an.

Law war der enterbte Sohn eines wohlhabenden Goldschmieds, sah gut aus, war sehr beredsam und hatte eine neue Theorie über Geld entwickelt: Je mehr Geld eine Regierung in Umlauf bringt, desto stärker wächst der Wohlstand im Land. In gewisser Weise war seine Idee ein Vorläufer der heutigen, noch destruktiveren ökonomischen Vorstellungen, denn er glaubte, dass man durch das Management der umlaufenden Geldmenge ein starkes Wirtschaftswachstum ohne Inflation erreichen, somit hohe Steuereinnahmen erzielen und die Bürger satt und zufrieden halten könne. Dieses Nirwana war nicht mit Gold und Silber zu erreichen, denn die verfügbaren Mengen an Edelmetallen waren begrenzt und somit schwer zu manipulieren. Er wollte es mit einer neuen Art von Währung aus Papier erreichen, die erst wenige Jahre zuvor von der Bank von England erfunden und eingeführt worden war. Die verfügbare Menge an solchen Papieren, meinte Law, könne beliebig ausgeweitet oder begrenzt werden. Damit seien sie den langweiligen alten Gold- und Silbermünzen weit überlegen, und wenn man sie richtig einsetzte, könnten sie für einen niemals endenden Wirtschaftsaufschwung sorgen.

Die Franzosen waren in einer Notlage und gaben Law die Chance, seine Theorie in die Praxis umzusetzen. Sie erlaubten ihm die Gründung einer Bank, der Banque Royale, die Papier-Livres in Umlauf bringen durfte (Livres waren die Währung im damaligen Frankreich). Die ersten Resultate fielen ermutigend genug aus, um eine Ausweitung des Experiments zu rechtfertigen. Law gab Regierungskontrakte zur Finanzierung des Handels mit Kanada und China und zur Erschließung von Frankreichs riesigen Besitzungen heraus, die dem heutigen Louisiana entsprechen. Er hatte sich auch selbst zum Generalkontrolleur und Superintendenten des Finanzwesens ernannt, was in den heutigen USA den Funktionen des Finanzministers und des Notenbankchefs entspricht, mit der Ermächtigung, Steuern einzuziehen und Geld zu drucken. Dann vereinigte er die meisten dieser Operationen zu einem der ersten Konglomerate der Weltgeschichte, der Compagnie d'Occident, besser bekannt als Mississippi-Kompanie.

Law hatte Frankreichs Finanzen nun fast vollständig unter seiner Kontrolle. Er erließ eine Verordnung, nach der von nun an Landbesitz und Aktien als Sicherheiten für Kredite verwendet werden konnten, was es Kreditnehmern erlaubte, mit einer Grundbesitzurkunde oder einem Aktienzertifikat zu ihrer Bank zu gehen und mit frisch gedrucktem Geld wieder herauszukommen. Das Ergebnis war ein sich selbst verstärkender Kreislauf, in dem Menschen Kredite auf ihren Grundbesitz oder ihre Aktien aufnahmen und mit dem Geld mehr Land und zusätzliche Aktien kauften. Das trieb die Preise nach oben und ermöglichte die Aufnahme zusätzlicher Kredite (ganz ähnlich wie am heutigen Immobilienmarkt in den USA, auf den wir in Kürze zu sprechen kommen werden).

Die Aktie der Mississippi-Kompanie – die „heißeste" Aktie der damaligen Zeit – stieg von Januar 1719 bis Ende 1720 von ursprünglich 500 auf 20.000 Livres. Wer früh investiert hatte, machte ein Vermögen, und ganz normale Franzosen gaben ihre Berufe auf, um das zu werden, was man heute Day Trader nennen würde. In seinem 1841 erschienenen Klassiker *Extraordinary Popular Delusions and the Madness of Crowds* beschreibt Charles Mackay die Vorgänge beim Aktienhandel in Paris als so frenetisch, dass ein buckliger Mann ein gutes Auskommen damit fand, seinen breiten Rücken als mobilen Schreibtisch an außer Rand und Band geratene Aktienhändler zu vermieten. Law wurde zu einer internationalen Berühmtheit und, auf dem Papier, zu einem der reichsten Männer der Welt.

Aber innerhalb eines Jahres führte der endlose Strom von Papier-Livres aus Laws Notenpresse in Frankreich zu Preissteigerungen auf allen Gebieten. Es folgte ein frühes Beispiel dessen, was man heute als „Greshams Gesetz" kennt (schlechtes Geld verdrängt gutes Geld aus dem Umlauf, wenn die Regierung bestimmt, dass beide den gleichen Tauschwert haben). Die französischen Verbraucher begannen Gold- und Silbermünzen zu horten und gaben Papiergeld sofort wieder aus, sobald sie es erhalten hatten. Im Januar 1720 stiegen die Preise in Papier-Livres um monatlich 23 Prozent.

Im selben Monat beschlossen zwei königliche Prinzen, ihre Aktien der Mississippi-Kompanie zu verkaufen. Andere folgten ihrem Beispiel, und der Kurswert sank rapide. Law reagierte darauf, indem er noch mehr Papiergeld druckte, und nutzte seine Amtsgewalt dazu, den Besitz von mehr als 500 Livres in Gold oder Silber zu verbieten. Das verschreckte die Märkte gründlich. Die Aktien der Mississippi-Kompanie – und der Wert der Papier-Livres – sanken ins Bodenlose. Ende 1721 war die Aktie wieder auf ihren ursprünglichen Wert von 500 Livres zurückgefallen, die französische Wirtschaft lag in Trümmern, und Laws Zeit war vorbei. Er hatte seine Macht und seinen Reichtum verloren und floh nach Italien, wo er 1729 verarmt starb.

Die durch Laws Experiment mit der „Fiat“-Währung verlorenen Vermögen und ruinierten Menschen prägten Frankreich für Jahrzehnte. Aber sie lösten nicht die grundlegenden wirtschaftlichen Probleme, die ein ganz besonders hässliches Überbleibsel des Feudalismus waren. Frankreich war damals eine absolute Monarchie, in der Adel und Kirche den größten Teil des Volksvermögens besaßen, aber keine Steuern zahlten. Folglich hatten die immer schon unterdrückten Bauern und die wachsende, aber unzufriedene Klasse der Kaufleute (die *bourgoisie*) die volle Last einer ganzen Serie von schwachen, verschwenderischen Könige zu tragen (die aus irgendeinem Grund alle Louis hießen). Nachdem es ruinös teure Kriege gegen Großbritannien und Preußen verloren hatte, war Frankreich in den 1780er-Jahren – um es zurückhaltend auszudrücken – offen für neue Ideen.

Übergehen wir die blutigen Details. 1792 kam es zum Machtwechsel, und die neue Regierung versuchte den Übergang von der Feudalherrschaft zur Demokratie zu finanzieren, indem sie den Grundbesitz der Kirche konfiszierte (fast zehn Prozent des gesamten Landes) und ihn als Sicherheit für die Ausgabe verzinslicher Wertpapiere verwendete, die man Assignats nannte. Zu Beginn erfolgte die Ausgabe vorsichtig mit Wertpapieren im Nennwert von 400 Millionen Livres. Im folgenden Jahr waren es aber schon 800 Millionen, dann weitere 600 und noch einmal 300 Millionen.

Weil Zinszahlungen und Tilgung der Assignats in Papier-Livres erfolgten, kam es zu einem massiven Anstieg des Umlaufs der „Fiat“-Währung. 1794 waren sieben Milliarden Papier-Livres im Umlauf. Ein Jahr später waren es zehn, weitere sechs Monate später 14 Milliarden. Bald war die Gesamtsumme auf 40 Milliarden gestiegen, und eine regelrechte Hyperinflation hatte begonnen. Die angeblich demokratische Regierung versuchte daraufhin die Bürger zur Annahme ihrer Währung zu zwingen, indem sie (erkennen Sie hier ein Muster?) jedem eine Gefängnisstrafe von 20 Jahren androhte, der Banknoten unter ihrem Nennwert verkaufte. Wer bei der Preisfestsetzung einen Unterschied zwischen Papier-Livres und Gold- oder Silber-Livres machte, dem drohte sogar die Todesstrafe. Die Händler machten ihre Läden dicht, die Wirtschaft brach zusammen, Rationierung ersetzte den Handel, und die junge Republik ging zugrunde. Das öffnete der Diktatur Napoleons Tür und Tor, und es folgte eine weitere Reihe zerstörerischer Kriege in Europa.

Deutschland: Von Versailles zu Hitler. Im Jahrzehnt vor dem Ersten Weltkrieg war Deutschland eine Industriemacht. Seine Währung, die Mark, war an das Gold gebunden und seit Jahrzehnten stabil. Seine Industrieregionen versorgten den Rest Europas mit Kohle, Stahl und vielen anderen Gütern. Aber als Verlierer des Kriegs trug Deutschland einige einzigartige Lasten mit in die 20er Jahre. Zu den Bedingungen des Kapitulationsvertrags gehörten die Schaffung einer demokratischeren Regierungsform und die Zahlung von Reparationen an Frankreich und die anderen Siegermächte.

Deutschland meisterte die erste Aufgabe und bildete die Weimarer Republik. Aber die Reparationszahlungen erwiesen sich als schwieriger. Die vorherige Regierung hatte den Krieg offenbar durch Schuldenaufnahme finanziert, weil sie einen schnellen Sieg erwartete und danach die Verlierer auspressen wollte, um die Schulden zurückzahlen zu können. Daher hatte Deutschland am Beginn der 20er-Jahre massive Staatsschulden zu tragen, die aus den Kriegsjahren stammten. Die Siegermächte, die sich im Schloss von Versailles trafen, waren nicht großzügiger, als es die Deutschen gewesen wären, und verlangten extrem hohe Reparationszahlungen. Bis 1921 zahlte Deutschland etwa ein Drittel der Gesamtsumme, hauptsächlich durch Exporte von Kohle, Eisen und Holz. Die Zahlung der Restsumme hätte aber entweder drakonische Einschnitte bei den Staatsausgaben oder massive Steuererhöhungen erfordert. Und anstatt ihren Bürgern solche Lasten aufzuerlegen, weigerte sich die Weimarer Regierung, den Rest der Reparationszahlungen zu leisten. Daraufhin besetzten Frankreich und Belgien das Ruhrgebiet, das Herzstück der deutschen Industrie, was die deutsche Wirtschaft noch weiter schwächte.

Die Weimarer Regierung sah sich mit einer Extremversion des ewigen Dilemmas von Regierungen konfrontiert, und sie entschied sich für eine extreme Lösung. Sie schaltete die Notenpressen ein und ließ sie laufen. Immer mehr Geld kam in Umlauf, und die Preise begannen zu steigen. Auf diese für sie neue Situation reagierten die Deutschen zunächst mit Sparen und Konsumverzicht. Als sie aber bemerkten, dass nicht nur manche Preise stiegen, sondern alle, begannen Sie ihr Geld so schnell wie möglich auszugeben. In den ersten fünf Monaten 1922 verdoppelten sich die Preise, und dann schossen sie durch die Decke. Ein Laib Brot, der 1922 für 160 Mark zu haben war, kostete ein Jahr später 1,5 Millionen Mark. Unter dem Druck der Hyperinflation wurde das Leben in Deutschland zu einer Parodie auf die moderne Ökonomie. Arbeiter wurden stundenweise bezahlt und beeilten sich, ihr Papiergeld auszugeben, ehe es wertlos wurde. Statt mit Brieftaschen kamen die Kunden mit Schubkarren und Koffern voll Geld ins Lebensmittelgeschäft. Die Preise in Restaurants verdoppelten sich während einer Mahlzeit.

Mit dem wirtschaftlichen Chaos kam der soziale Zusammenbruch. 1922 wurde Außenminister Walter Rathenau von militanten Rechtsextremisten ermordet, und 1923 versuchte die kurz zuvor gegründete Nazi-Partei einen Staatsstreich. Kreditnehmer waren plötzlich schuldenfrei, während Sparer alles verloren. Für eine Rente, die 1920 ein komfortables Leben versprochen hatte, konnte man sich 1923 nicht einmal ein Frühstück leisten. Und wie immer hatten die wirklich Reichen am wenigsten zu leiden, weil sie harte Vermögensgegenstände besaßen – wie Goldmünzen und Land, auf dem man Lebensmittel produzieren konnte –, die ihren Wert behielten, während Papiergeld wertlos wurde. Im Herbst 1923, als ein Dollar eine Billion Mark kostete, war Deutschlands Zusammenbruch besiegelt.

Dann verzog sich der Sturm so schnell, wie er gekommen war. Deutschlands neuer Kanzler Gustav Stresemann und sein Zentralbankchef Hjalmar Schacht ersetzten die alte Mark durch die Rentenmark. Sie war durch eine Goldanleihe aus den USA gedeckt, die Deutschland beim Wiederaufbau seiner Wirtschaft helfen wollten. Neun Nullen wurden von der Währung gestrichen, eine Rentenmark entsprach einer Milliarde alter Mark. 1924 kürzte Frankreich die deutschen Reparationszahlungen auf ein erträgliches Niveau, und es kehrte so etwas wie Normalität ein.

Aber die verlorenen Ersparnisse wurden nie ersetzt; ebenso wenig wie der Wert der harten Arbeit und des Anstands, die kennzeichnend für die deutsche Gesellschaft vor dem Ersten Weltkrieg gewesen waren. Wie mehr als ein Jahrhundert zuvor in Frankreich, hatte das monetäre Chaos ein politisches Klima geschaffen, das reif war für einen Demagogen. Wenig später ergriff Hitler die Gelegenheit.

Argentinien: Weine um den Peso. Regierungen in Lateinamerika haben es oft besonders schwer. Infolge schlechten Managements der früheren europäischen Kolonialmächte befindet sich ein großer Teil des Volksvermögens in den Händen weniger Familien, die kaum Interesse daran haben, ihr Eigentum zu teilen. Der Rest der Bevölkerung besitzt wenig und verlangt viel von der Regierung. Politiker, die sich zu weit von einem der beiden Lager entfernen, müssen mit Kapitalflucht, Unruhen und nur allzu oft sogar mit einem Staatsstreich rechnen. Das Ergebnis ist ein scheinbar endloser Kreislauf von exzessiven Ausgaben und Schulden, Abwertungen, Hyperinflationen und neuen Währungen, wobei von der alten Währung einige Nullen gestrichen werden, ohne die grundlegenden Probleme damit zu lösen.

Aber in den 1990er-Jahren sah es für eine Weile so aus, als sei Argentinien dasjenige Land in Lateinamerika, das endlich alles richtig machte. Nach einer erneuten Hyperinflation 1991 koppelte das Land seine Währung, den Peso, an den Dollar, und zwar mit einem Wechselkursverhältnis von 1 zu 1. Die Zentralbank war dazu verpflichtet, die beiden Währungen auf Verlangen umzutauschen und für die Dollar-Deckung der umlaufenden Pesos zu sorgen.

Für eine Weile funktionierte es. Die Koppelung an den Dollar sah stabil aus, Investoren im In- und Ausland glaubten allmählich, der Peso könne seinen Wert bewahren. Aus der ganzen Welt strömte Kapital nach Argentinien, und die Wirtschaft boomte. Statt die daraus resultierenden höheren Steuereinnahmen zur Schuldentilgung zu verwenden und die Kosten von Regierungsprogrammen zu reduzieren, ging Buenos Aires auf Einkaufstour. Man stellte neue Beamte ein und finanzierte Projekte mit hohen Kosten, aber zweifelhaftem Nutzen. Als sogar die boomenden Steuereinnahmen nicht mehr reichten, erhöhte die Regierung die Steuersätze und führte neue Steuern ein; darunter eine „mutmaßliche Einkommensteuer“ auf Unternehmensgewinne, die sogar Unternehmen betraf, die gar keine Gewinne erzielten. Bei den wenigen Gelegenheiten, wenn die Regierung ihre Ausgaben zu kürzen versuchte, kam es zu gewaltsamen Demonstrationen auf den Straßen und zu Generalstreiks. Die Regierung gab schnell wieder nach.

1998 war die Lücke zwischen dem realen Wert des Pesos und des Dollars so groß geworden, dass die Argentinier ihre Zentralbank stürmten, um ihre Pesos massenhaft in Dollars zu tauschen. Der Boom war schlagartig vorbei. Eine neu gewählte Regierung fror alle Dollar-Konten ein. Kontoinhaber durften pro Woche maximal 250 Dollar abheben. Schließlich wurden sogar diese Abhebungen verboten. Dollar-Guthaben im geschätzten Wert von 20 Milliarden Dollar wurden im Prinzip beschlagnahmt. Ende 2003 stand der Peso, der 2001 noch einen Dollar wert gewesen war, bei 30 Cent.

STEHT DEM DOLLAR WIRKLICH AUCH SO ETWAS BEVOR?

Es ist einfach, die gescheiterten Währungen in der Weltgeschichte als interessant, aber für die heutige Welt irrelevant abzutun. Wir sind ja weit schlauer als diese Leute, und wir werden es niemals zulassen, dass der

Dollar das Schicksal des Argentinischen Pesos oder gar der Deutschen Mark erleidet, nicht wahr? Sorry, aber wie Sie in den folgenden Kapiteln sehen werden, stehen die USA unter dem gleichen Druck wie andere Länder, und sie machen die gleichen Fehler, wenn auch in einigen Fällen in weit größerem Maßstab. Mit diesem Gedanken im Hinterkopf wollen wir uns nun den Schrecken der Gegenwart zuwenden.

Kapitel 3

WIE HOCH SIND UNSERE SCHULDEN?

Einer der vielen interessanten Aspekte der Währungszusammenbrüche, die in Kapitel 2 besprochen wurden (und Dutzender anderer, die sich im Lauf der Jahrhunderte ereignet haben), ist ihre Ähnlichkeit. Ob in der Antike oder in der Neuzeit, ob in einer Monarchie oder einer Republik, ob mit Münzen oder mit Papier: Der Niedergang jeder Nation vollzieht sich so ziemlich auf die gleiche Art und Weise: Regierungsausgaben werden erhöht, um wahrgenommene Bedürfnisse zu erfüllen, zu hohe Schulden werden angehäuft – und dann entzieht sich die Nation ihren Verpflichtungen, indem sie ihre eigene Währung zerstört. Dieses immer wiederkehrende Muster liefert uns die Grundlage zur Beurteilung der gegenwärtigen Situation: Wenn den USA tatsächlich vergleichbar schlechte Zeiten bevorstehen, dann (1) sollte es eine Aufblähung des Regierungsapparats und seiner Machtfülle geben, (2) sollten wir uns immer stärker verschulden und (3) sollten wir diese Schulden dadurch finanzieren, dass wir einen Berg neuer „Fiat"-Währung (oder ihres modernen elektronischen Äquivalents) erschaffen. Trifft das alles zu? Ja, ja, und nochmals ja – und zwar in einem noch nie dagewesen Ausmaß.

DER REGIERUNGSAPPARAT WÄCHST IMMER WEITER

Die Väter unserer Verfassung haben nicht behauptet, die Zukunft zu kennen. Aber sie waren davon überzeugt, dass das beste System zur Anpassung und zum Gedeihen in einer sich ständig verändernden Welt aus freien, Eigentum besitzenden Bürgern und aus einer Regierung besteht, die sich auf einige wenige unentbehrliche Funktionen beschränkt. Dazu gehören die Landesverteidigung, die Sicherstellung eines fairen Umgangs der einzelnen Staaten miteinander sowie der Schutz des Eigentums und anderer Rechte durch die Vorherrschaft der Gesetze. Etwa 70 Jahre lang haben wir uns recht genau an diesen Plan gehalten. Aber als die Gründerväter und ihre Ideen allmählich im Nebel der Vergangenheit verschwanden, begann die Regierung ihren Einflussbereich auszuweiten und ihre Macht neu zu definieren. Insbesondere der Bürgerkrieg stellte das Verhältnis zwischen der Bundesregierung und den einzelnen Staaten auf den Kopf, weil er die Kontrolle über die Banken und das Geld auf Washington konzentrierte. Aus heutiger Sicht waren die USA am Ende des 19. Jahrhunderts dennoch ein Musterfall für eine begrenzte Regierungsgewalt und eine gesunde Währung.

Dann kam das 20. Jahrhundert mit seiner endlosen Folge drückender Notlagen. Natürlich mussten die Kosten des Ersten Weltkriegs bezahlt werden. Und das weit verbreitete Elend während der Weltwirtschaftskrise führte zu den Wohlfahrtsprogrammen des „New Deal", wie Sozialversicherung und Arbeitsbeschaffungsmaßnahmen – und zu einer Zentralisierung des Bankwesens. Von 1930 bis 1940 verdoppelte sich der Anteil der Staatsausgaben am Bruttoinlandsprodukt von vier auf acht Prozent.

Der Zweite Weltkrieg war ebenso teuer wie unvermeidlich. Gleiches gilt für den Kalten Krieg, in dem sich die Verbindung zwischen Militär und Industrie verfestigte. Die immer stärker sichtbar werdende Armut – und die Selbstüberschätzung – in den 1960er-Jahren führten zu den „Great Society"-Programmen wie Medicare und Medicaid sowie zur Einführung von Essensgutscheinen. Sobald diese Programme liefen, begannen sie ein Eigenleben zu führen. 1950 machten die Sozialausgaben etwa zwölf Prozent des Bundesbudgets aus. Heute sind es fast 40 Prozent. 1990 war das Krankenversicherungsprogramm Medicare etwa zehn Mal so teuer wie ursprünglich veranschlagt.

Wie man es auch betrachtet, der Regierungsapparat wächst in schockierendem Ausmaß. Im Jahr 1800 gab Washington pro US-Bürger nur 20 Dollar aus. 2003 waren es 7.800 Dollar. In den 1920er-Jahren beanspruchte die Bundesregierung nur fünf Prozent des nationalen Einkommens. Heute sind es fast 25 Prozent. Die Ausgaben der Bundesregierung und der öffentlichen Hand insgesamt sind seit dem Zweiten Weltkrieg doppelt so schnell gestiegen wie das Bruttoinlandsprodukt und entsprechen heute etwa 5.000 Dollar pro Jahr und Einwohner. 1946 kamen auf 100 Bürger 2,3 Beschäftigte im öffentlichen Dienst. Heute sind es 6,5. Ende 2003 waren bei Bund, Staaten und Kommunen 21,5 Millionen Menschen beschäftigt. 1960 waren es 8,5 Millionen, 1940 nur 4,5 Millionen. Heute arbeiten mehr Amerikaner im öffentlichen Dienst als in der produzierenden Industrie.

BESCHÄFTIGTE IM ÖFFENTLICHEN DIENST IN DEN USA

Bund, Staaten und Gemeinden

1958 – 2003

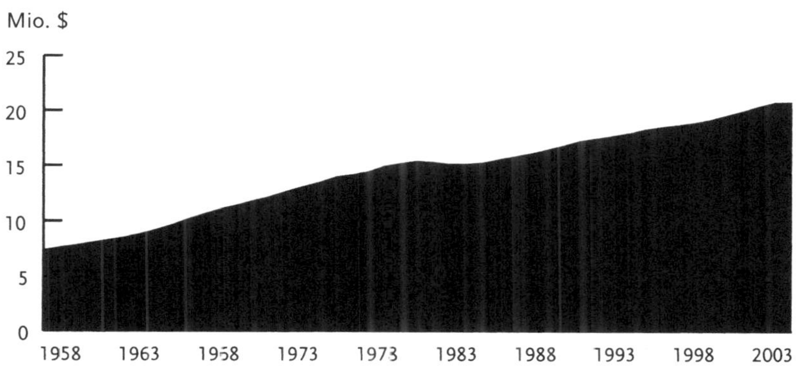

Quelle: U.S. Bureau of Labor Statistics

Regierungsverordnungen, die der freien Wirtschaft oft beträchtliche Kosten verursachen und damit das Wirtschaftswachstum verlangsamen, haben mit den Ausgaben mehr als Schritt gehalten. Das *Federal Register*, Washingtons Verordnungs-Bibel, enthielt bei seiner Erstveröffenlichung 1936 4.000 Seiten. 1950 waren es 12.000 Seiten, 1980 schon 40.000, und heute sind es mehr als 70.000.

Wenn Sie alles addieren, haben 2003 „die Kosten in Bund, Staaten und Gemeinden die Marke von drei Billionen Dollar überschritten", schreibt Stephen Moore, Research Fellow am Institute for Policy Innovation und Präsident des Club for Growth. „Die Ausgaben der USA sind nicht nur höher als die gesamte Wirtschaftsleistung Frankreichs, sie sind in einem einzigen Jahr auch höher als die gesamten Ausgaben von 1781 bis 1900 – sogar auf inflationsbereinigter Basis."

DAS AUSMASS DER VERSCHULDUNG STEIGT STARK AN

Bei jedem Schritt dieses Expansionsprozesses standen amerikanische Präsidenten und Gesetzgeber vor dem klassischen Dilemma: Sollten sie die Ausgaben kürzen und die Steuern erhöhen oder Schulden aufnehmen und die Währung entwerten? Und wie die meisten ihrer Vorgänger im Verlauf der Menschheitsgeschichte haben sie sich jedesmal für die schnelle Lösung entschieden. Sie haben genug ausgegeben, um ihre Wähler bei Laune zu halten, und Schulden angehäuft, um Steuererhöhungen auf ein Minimum zu begrenzen. Das Ergebnis war ein stetiger Anstieg der Staatsverschuldung – und ein stetiger Kaufkraftverlust des Dollars. Sogar in den 1990er-Jahren, als einige Jahre, in denen ein Haushaltsüberschuss erzielt wurde, die meisten von uns zu der Annahme verleiteten, das Schuldenmonster sei erlegt, nahm die Bundesregierung 2,8 Billionen Dollar an neuen Schulden auf, und Ende 2003 war die Staatsverschuldung auf fast sieben Billionen Dollar angewachsen. Das sind 22.000 Dollar pro Bürger und 88.000 Dollar pro vierköpfiger Familie.

Wohin führt jetzt der Weg? Geradeaus nach oben, wie es aussieht. Mit dem Krieg gegen den Terror als jüngste Rechtfertigung für ihr Han-

US-STAATSVERSCHULDUNG

1967 – 2003

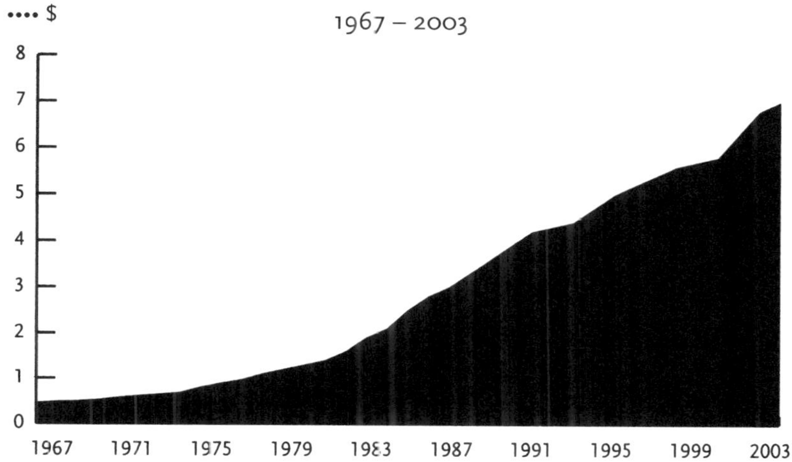

Quelle: Federal Reserve

deln hat die Bundesregierung den Hahn bis zum Anschlag aufgedreht. 2003 – inklusive einiger riesiger Ausgabenanstiege auf nichtmilitärischem Gebiet – überstieg das Budget der Bundesregierung die Marke von 2,2 Billionen Dollar. Die Neuverschuldung lag bei mehr als 500 Milliarden. Für unsere hypothetische vierköpfige Familie bedeutet das eine Belastung von weiteren 5.600 Dollar.

Und die derzeitige Schuldenaufnahme Washingtons, so riesig sie auch sein mag, ist vielleicht noch nicht einmal die schlechteste Nachricht. Die Abbildung der Staatsverschuldung oben enthält nicht die „ungedeckten Verbindlichkeiten" der Sozial- und der Krankenversicherung. Sie entsprechen dem Gegenwartswert der zukünftigen Leistungen, abzüglich der bisherigen Einnahmen. Bis vor kurzem wurde diese Summe auf etwa vier Billionen Dollar geschätzt. Das ist viel, und diese Verbindlichkeiten sind sehr real. Schon heute ist es fast unmöglich, älteren Bürgern die Sozialleistungen zu kürzen, und wenn erst die Generation der „Baby Boomer" in den Ruhestand geht, wird es noch schwieriger werden.

Anfang 2003 überprüfte jedoch das Finanzministerium diese Zahlen, wobei es die strengeren Regeln anwendete, die der private Sektor einhalten muss. Man fand heraus, dass diese ungedeckten Verbindlichkeiten nicht vier Billionen Dollar betragen, sondern *43 Billionen Dollar*. Im offiziellen Haushaltsplan der Regierung war von dieser Entdeckung nicht die Rede. Die Berechnungen der Experten wurden aber auch nicht als unzutreffend zurückgewiesen. Warum ist diese Summe so riesig? Einfach ausgedrückt: Weil wir sehr schnell sehr alt werden. Derzeit versorgen vier Berufstätige einen Rentner. Da aber die Geburtenraten sinken und die Bevölkerung altert (wie in allen Industrieländern), werden in den USA in einigen Jahrzehnten zwei Berufstätige einen Rentner versorgen müssen. Außerdem werden die Kosten der medizinischen Versorgung massiv steigen, weil jeder Ruheständler riesige Summen von Programmen wie Medicare verlangen wird. Wenn man beide Trends kombiniert, kommt man auf massive Kostensteigerungen in der Zukunft, die wir heute nicht adäquat finanzieren. Wenn Sie also denken, der Expansionsdruck auf die US-Regierung sei heute intensiv, dann werden Sie sich wundern, wie stark er noch steigen wird.

Aber da ist noch etwas. Wie sich herausstellt, ist die Regierung diesmal nicht der einzige Sünder. Der Rest der amerikanischen Gesellschaft verschuldet sich ebenfalls immer mehr.

Haushalte. Die Art, wie wir Geld ausgeben, lässt Rückschlüsse auf unsere kollektive Stimmungslage zu. Wie nicht anders zu erwarten, gab es in den 1990er-Jahren einen starken Anstieg der Nachfrage nach Geländewagen, Schönheitsoperationen und teuren Eigenheimen. Gleiches galt für viele andere Verlockungen einer Gesellschaft, die sich dem sozialen Aufstieg verschrieben hat. Andererseits schränken wir uns in schwierigen Zeiten ein wenig ein. Wir verzichten auf die schöne Urlaubsreise, behalten das alte Auto noch für ein, zwei Jahre und zahlen einen Teil unserer Schulden zurück. Die Banken reagieren meist ähnlich, indem sie strengere Richtlinien für Kreditvergaben einführen und Kunden mit schlechter Bonität keine Kredite gewähren. Das Ergebnis ist ein kleiner Rückgang der Verschuldung einzelner Amerikaner, oder zumindest verlangsamt sich der Anstieg der Gesamtverschuldung.

Vor dem Hintergrund des Crashs der Technologie-Aktien, der Mini-Rezession von 2001 und der Attacke auf das World Trade Center könnte man meinen, dass die amerikanischen Komsumenten die ersten Jahre dieser Dekade mit größter finanzieller Zurückhaltung verbracht, weniger Kredite aufgenommen und in Erwartung weiterer schlechter Nachrichten Barreserven angesammelt haben. Stattdessen haben die Konsumenten zwischen 2000 und 2003 in finanzieller Hinsicht das Gaspedal bis zum Bodenblech durchgetreten und sich stärker verschuldet als je zuvor. Und statt sich zurückzuhalten, versorgten die Kreditgeber alle Kunden mit Geld: Schlechte Bonität, keine Bonität, kein Problem!

Wenn Sie einen Briefkasten besitzen, dann wissen Sie, worauf die Kreditkartenfirmen aus sind. In den vergangenen Jahren haben Firmen wie Providian und Capital One ein Vermögen damit verdient, die Welt mit Plastik ohne Bonitätsprüfung zuzupflastern. Auch die amerikanischen Autohersteller gehen so vor und bieten zinslose Kredite ohne Kreditwürdigkeitsprüfung an. General Motors und Ford überboten sich 2002 und 2003 mit solchen Angeboten.

Und dann ist da noch der Hypothekenboom. Im Jahr 2000 bemerkten die Amerikaner dass die Hauspreise, ganz im Gegensatz zu den Technologie-Aktien, immer noch stiegen. Daher verkauften sie die Aktien, die sie noch hatten, um immer größere Häuser kaufen zu können. Und sie entdeckten, dass sie dank Innovationen wie Eigenheimkreditlinien und Refinanzierungen mit Auszahlung (bei denen ein Eigenheimbesitzer einen Kredit aufnimmt, der höher ist als seine alte Hypothek, und die Differenz vereinnahmt) ihre Häuser als Sparschweine verwenden konnten, indem sie Hypothekenkredite dazu verwendeten, ihren Lebensstil aufrechtzuerhalten. Von 1988 bis 1997 lag das Gesamtaufkommen an Hypothekenkrediten pro Jahr bei etwa 220 Milliarden Dollar, aber 2002 und 2003 stieg der Durchschnitt auf 700 Millionen. Seit 1995 hat sich der Bestand an ausstehenden Hypothekenkrediten auf fast sieben Billionen Dollar verdoppelt. Und jedermann nimmt immer mehr solche Kredite auf. Hypothekenspezialisten wie Countrywide Credit boomten in den ersten Jahren des neuen Jahrzehnts, und Geschäftsbanken wie Wells Fargo und Bank One vergaben Eigenheimkreditlinien etwa so, wie sie früher Toaster verschenkten.

Warum verleihen alle diese intelligenten Banker eigentlich so bereitwillig mehr Geld als je zuvor an Verbraucher, deren Zahlungsfähigkeit immer schlechter wird? Ein Grund ist wohl, dass die leitenden Manager so begierig darauf sind, den Wert ihrer Aktienoptionen zu erhöhen, indem sie Dinge tun, die an der Börse positiv beurteilt werden, dass sie für die Folgen blind geworden sind. Vielleicht sind sie sich dieser Folgen auch bewusst, hoffen aber, dass sie, wenn es so weit ist, längst mit einem dicken Ruhestandspaket in den Sonnenuntergang geritten sind. Es gibt aber noch einen anderen Grund, der ein wenig technischer, aber wesentlich wichtiger ist: Dank einer Neuerung, die man Verbriefung nennt, handelt es sich gar nicht mehr um das Geld der Bank (oder der Kreditkartenfirma oder des Autoherstellers).

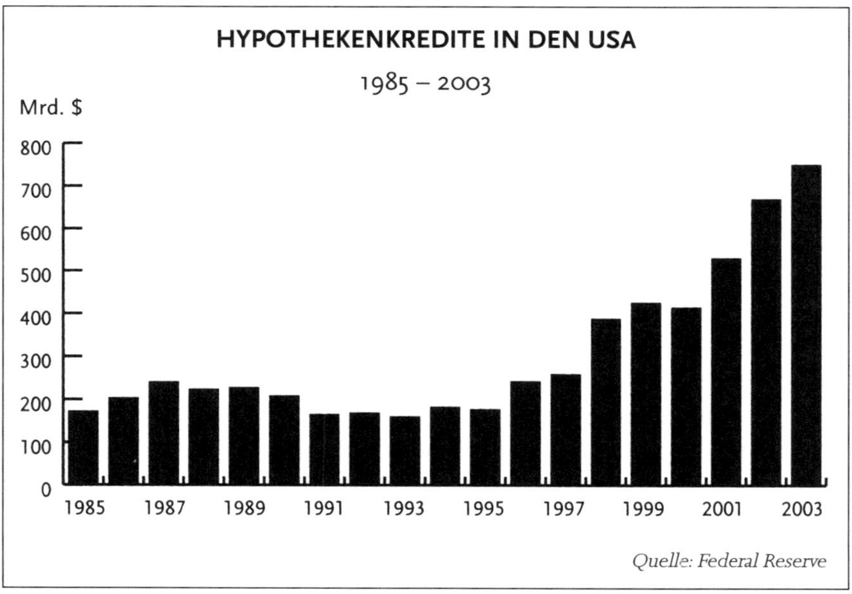

Wenn man verstehen will, welche Rolle die Verbriefung bei der derzeitigen Verschuldungsexplosion in den USA spielt, muss man sich vor Augen halten, wie die Kreditvergabe früher einmal funktioniert hat. Wenn Sie zum Beispiel 1980 von Ihrer Bank eine Hypothek oder einen Kredit zum Kauf eines Autos bekamen, dann stand dieser Kredit in den Büchern der Bank, bis er zurückbezahlt war. Die Banken hatten auch kaum eine andere Wahl. Zwischen den verschiedenen Konsumentenkrediten gab es große Unterschiede. Manche wurden schnell getilgt, manche später und einige gar nicht. Die Analyse und die Bewertung all dieser unterschiedlichen Kredite waren so kompliziert, dass außenstehende Investoren kein Interesse daran hatten, solche Kreditforderungen zu kaufen – oder höchstens zu Ausverkaufspreisen –, und daher blieben die Kredite bei den Gläubigern hängen. Dadurch war ihr Kapital gebunden, sie sahen aus wie Unternehmen aus der Old Economy, fühlten sich auch so – und meistens waren sie es auch. Aber sie hatten auch einen Anreiz zu vorsichtiger Kreditvergabe, weil sie mit den Resultaten leben mussten.

Dann, Mitte der 80er-Jahre, hatten die Finanzingenieure an der Wall Street eine folgenschwere Einsicht: Man konnte eine Menge kleiner, unterschiedlicher Kredite zusammenfassen, ein wenig schmücken und zu Anleihen mit hoher Bonität bündeln, um die sich Investoren auf der ganzen Welt reißen würden. Und jetzt werden jedes Jahr hunderte Milliarden Dollar an Hypotheken, Autokrediten und Kreditkartenschulden verpackt und an einen unersättlichen weltweiten Anleihenmarkt verkauft. Die Kreditinstitute haben folglich ihre Zurückhaltung aufgegeben, denn wenn sie die Zahlungsfähigkeit eines Kreditnehmers falsch einschätzen, dann schadet das nur den Besitzern der Anleihen, und selbst das tritt erst nach Jahren ein. In der Zwischenzeit verdient das Kreditinstitut Geld, seine Aktie steigt, und seine Manager erhalten schöne, fette Bonuszahlungen. Und die Verschuldung der amerikanischen Haushalte schießt nach oben.

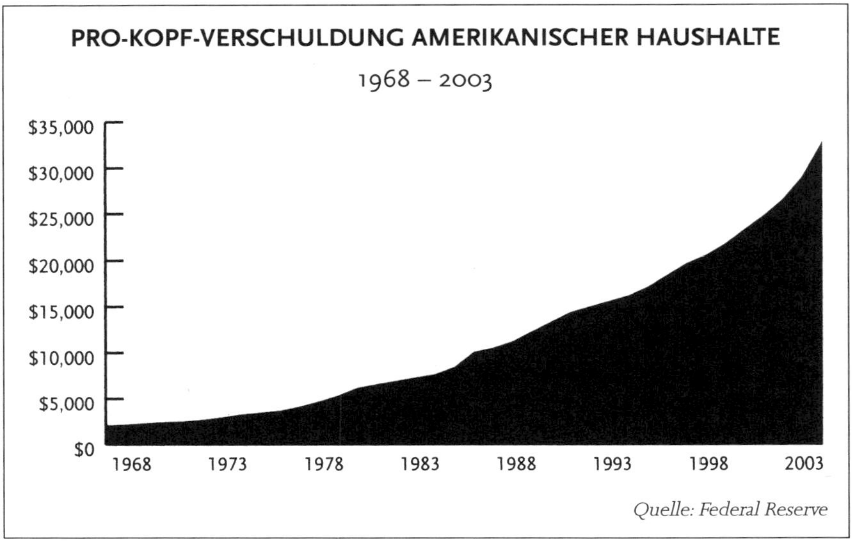

Unternehmen. Weil in den vergangenen Jahren die Zinsen nach unten tendierten, gaben die Unternehmen in einem solchen Tempo kurz- und langfristige Schuldverschreibungen heraus, dass die Investmentbanker kaum noch mit der Abwicklung der Formalitäten nachkamen. Zwischen 1995 und 2001 betrug die Neuverschuldung amerikanischer Unternehmen, die nicht der Finanzbranche zuzurechnen sind, etwa 3,5 Billionen Dollar. Seither haben die Unternehmen, ebenso wie die Konsumenten, das Tempo noch beschleunigt und weitere zwei Billionen Dollar an Verbindlichkeiten angehäuft.

Aber der erschreckendste Teil der explosionsartig angestiegenen Unternehmensverschuldung betrifft nicht die Schulden selbst. Er betrifft die Derivate, diese geheimnisvollen Kontrakte, über die Experten in Unheil verkündendem Tonfall sprechen, ohne zu erklären, worum es sich dabei handelt. Auch wir werden hier keine detaillierte Erklärung liefern, denn dies würde ein eigenes Buch erfordern. Begnügen wir uns also mit der Feststellung, dass Derivate Finanzkontrakte sind, deren Wert von etwas anderem abgeleitet ist. Es gibt Dutzende verschiedene Spielarten, von der allseits bekannten Aktienoption bis zu Dingen, die nur ein Mathematiker wirklich begreifen kann. Aber alle haben den Zweck, die mit einem bestimmten Finanzinstrument verbundenen Risiken aufzuteilen, sodass man sie an verschiedene Leute verkaufen kann, die theoretisch am besten dazu in der Lage sind, damit umzugehen. Ebenso wie bei den verbrieften Krediten wächst auch die Verbreitung von Derivaten mit enormem Tempo. In den letzten zehn Jahren ist der theoretische Wert (also der Wert der Derivaten zugrunde liegenden Basisinstrumente) amerikanischer Derivate von ohnehin schon stolzen zehn Billionen auf etwa 100 Billionen Dollar gestiegen. Weltweit beträgt dieser Wert mehr als 210 Billionen Dollar.

Welche Risiken sind damit verbunden? Die Komplexität dieser Instrumente erschwert eine exakte Antwort. Aber es sind Risiken damit verbunden, und angesichts der riesigen Zahlen, um die es hier geht, müssen diese Risiken enorm sein. Der legendäre Investor Warren Buffett (ein Mann, der normalerweise nicht zu Übertreibungen neigt) sagte kürzlich, Derivate seien „finanzielle Massenvernichtungswaffen", die das Risiko einer „riesigen Katastrophe" beinhalten.

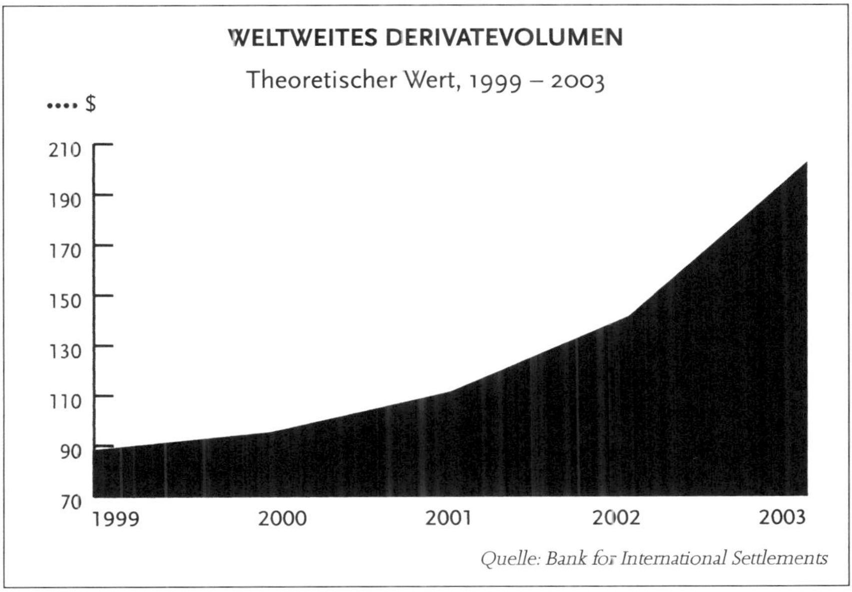

Gesamtverschuldung. Wenn man alles zusammenrechnet, ist das Bild ebenso bedrohlich wie ausweglos. Die Verschuldung Amerikas steigt nicht nur, sie schießt geradezu nach oben. Die untere Linie im Chart unten zeigt das Wachstum des Bruttoinlandsprodukts. Dabei handelt es sich um unser gesamtes nationales Einkommen oder (auf die Gefahr hin, die Sache zu stark vereinfacht darzustellen) um das, was man erhält, wenn man alle Lohn- und Gehaltsschecks und Verkaufsquittungen addiert, die in einem Jahr ausgestellt werden. Die andere Linie zeigt die Gesamtverschuldung der öffentlichen Hand, der Haushalte und der Unternehmen in den USA. Beachten Sie, dass die beiden Linien von den 1950ern bis in die 1970er-Jahre ziemlich parallel zueinander verlaufen. Das zeigt, dass die Kredite damals für ein angemessenes Wachstum unseres Wohlstands sorgten. Aber in den 1980er-Jahren beginnen die Linien sich voneinander zu entfernen; das Bruttoinlandsprodukt (BIP) wächst ebenso wie früher stetig weiter, und die Verschuldung wächst immer schneller. In diesem Jahrzehnt wuchsen unsere Schulden

PRO-KOPF-VERSCHULDUNG UND BRUTTOINLANDSPRODUKT (BIP) IN DEN USA

Inflationsbereinigt

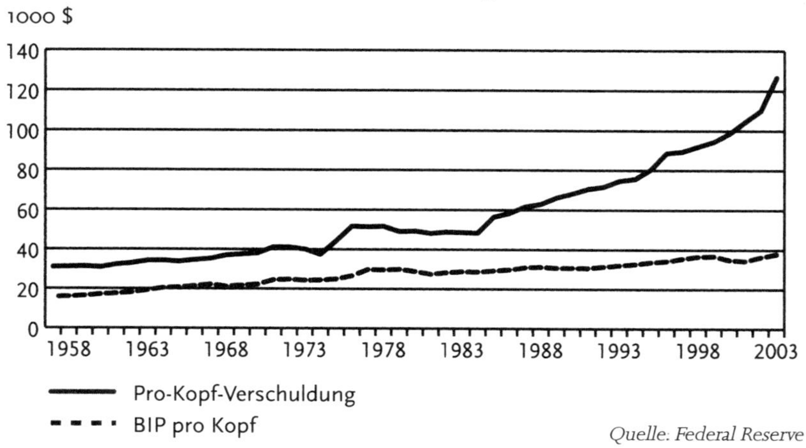

Quelle: Federal Reserve

um 9,5 Billionen Dollar, das BIP um 2,4 Billionen. Das bedeutet, dass wir für jeden Dollar an neu geschaffenem Einkommen drei Dollar an Schulden aufgenommen haben. In den 1990er-Jahren wurde die Lücke größer. Die Verschuldung stieg um 15 Billionen, das BIP nur um drei Billionen Dollar. Das Verhältnis von Neuverschuldung zu neuem Einkommen betrug nun fünf zu eins.

Als Gesellschaft haben wir heute etwa 37 Billionen Dollar Schulden. Das entspricht mehr als dem Dreifachen des BIP. Anfang der 80er-Jahre lag dieser Wert noch etwa beim Doppelten des BIP. Pro Bürger beträgt die Verschuldung 128.000 Dollar und auf eine vierköpfige Familie entfallen unvorstellbare 500.000 Dollar. Und ob Sie es glauben oder nicht: Unsere Schulden wachsen immer schneller. 2002 und 2003 nahmen wir für jeden neuen Dollar im BIP sechs Dollar neue Schulden auf. Dies trotz einer Verlangsamung des Wirtschaftswachstums, also einer Situation, in der den Amerikanern schon der gesunde Menschenverstand hätte sagen müssen, dass sie sich einschränken sollten. Und erinnern Sie sich daran, dass diese Berechnung die beiden größten Zahlen gar nicht enthält: die 40 Billionen an ungedeckten Sozialversicherungsleistungen und die 100 Billionen Dollar an Derivaten. Kurz: Die USA haben die ersten beiden Voraussetzungen für eine Währungskrise klar erfüllt: Die Regierungsausgaben und die Verschuldung steigen beide wie verrückt.

Kapitel 4

DAS HANDELSBILANZ-DEFIZIT

Wenn der Dollar nach zwei Jahrzehnten hemmungsloser Verschuldung noch immer eine funktionierende Währung ist, warum sollte er dann nicht bis in alle Ewigkeit funktionieren? Nun, zunächst einmal sind wir nicht allein auf der Welt. Ausländische Investoren haben etwas zu sagen, wenn es um den Wert des Dollars geht. Und in den nächsten paar Jahren werden sie einige sehr unangenehme Dinge sagen.

Als eine der bedeutendsten Handelsnationen exportieren die USA unter anderem Computer, Software, Filme und Lebensmittel. Und wir importieren so ziemlich alles, was Sie sich vorstellen können. Wenn wir mehr kaufen, als wir verkaufen, gleichen wir die Differenz – bekannt als Handelsbilanzdefizit – aus, indem wir Dollars nach Übersee transportieren. Und in den letzten Jahren haben wir wesentlich mehr gekauft als verkauft. In den 1980er-Jahren betrug das Handelsbilanzdefizit noch halbwegs akzeptable 80 Milliarden Dollar pro Jahr. In den 1990ern stieg es in den Bereich von 300 Milliarden Dollar. Und 2003 ist diese Zahl auf mehr als 500 Milliarden Dollar explodiert. Das sind mehr als fünf Prozent des BIP, und wenn so etwas früher in anderen Ländern geschah, dann folgte ein starker Wertverlust der dortigen Währung.

Warum kaufen wir so viel mehr, als wir verkaufen? Ein Grund dafür ist, dass einige Grundprodukte in Ländern wie China wesentlich billiger hergestellt werden können, wo intelligente, hochmotivierte Menschen bereit sind, für ein Zehntel der in den USA üblichen Löhne zu arbeiten. Um diesen Unterschied zu nutzen, schließen amerikanische Unternehmen Fabriken im Inland und bauen neue Fabriken in den Billiglohnländern. Vor allem die riesige Einzelhandelskette Wal-Mart beschleunigt diesen Prozess, indem sie von einem immer größer werdenden Netzwerk chinesischer Firmen kauft und einen Teil der Einsparungen an ihre Kunden weitergibt. Damit drängt sie ihre Konkurrenten aus dem Geschäft oder zwingt sie, ebenfalls billig im Ausland einzukaufen. Als Folge überschwemmen nun ausländische Billiglohnfabriken die USA mit unglaublich billigem Zeug, das früher hauptsächlich hier zu Lande hergestellt wurde. Während unsere Handelsbilanz mit China noch vor nicht allzu langer Zeit mehr oder weniger ausgeglichen war, beträgt das Defizit heute mehr als 100 Milliarden Dollar pro Jahr.

DAS US-HANDELSBILANZDEFIZIT

1982 – 2003

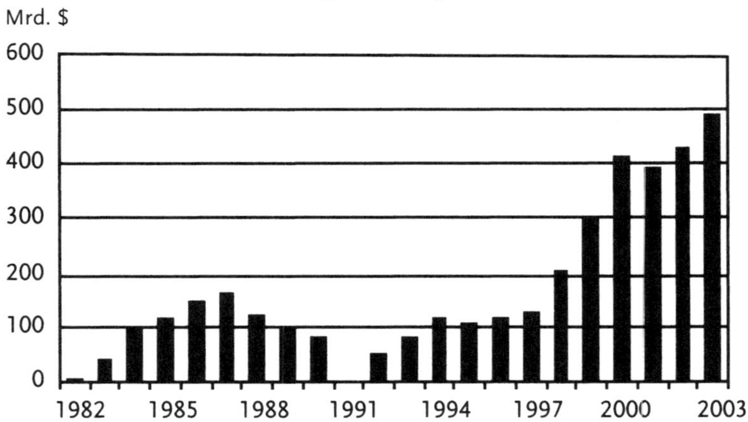

Quelle: Federal Reserve

Aber das Ungleichgewicht beschränkt sich nicht nur auf China. Unser Defizit im Handel mit Japan beträgt über 100 und mit der Europäischen Union 50 Milliarden Dollar pro Jahr. Und natürlich kennt das Volumen der Ölimporte, hauptsächlich aus dem Nahen Osten, scheinbar keine andere Richtung als nach oben. Die unausweichliche Schlussfolgerung lautet: Die amerikanischen Konsumenten sind süchtig nach einem Lebensstil, aus dem sich neue Autos, große Eigenheime und schicke elektronische Spielzeuge nicht mehr wegdenken lassen. Und wie Sie schon aus dem vorherigen Kapitel wissen, werden wir uns bedenkenlos weiter verschulden, um uns nicht einschränken zu müssen.

Wie man die Sache auch betrachtet, eine solche Handelsbilanzsituation wie heute hat es in den USA noch nie gegeben. Das alljährliche Defizit ist höher als das Sozial- und das Militärbudget und zwei Mal so hoch wie der Aufwand für die staatliche Gesundheitsfürsorge. Seit 1953 (damals hatten die USA übrigens einen Handelsbilanzüberschuss) ist der Anteil der Industrieproduktion am BIP von 30 auf etwa 15 Prozent zurückgegangen. Seit 1985 ist das kumulierte Defizit auf vier Billionen Dollar gestiegen oder auf etwa 13.000 Dollar für jeden Mann, jede Frau und jedes Kind in den USA.

Was tun die Handelspartner Amerikas mit diesen Dollars? Ihre Zentralbanken haben riesige Dollar-Bestände als „Reserven“ zur Stützung ihrer eigenen Währungen angehäuft. Ausländische Unternehmen haben amerikanische Immobilien, Anleihen und Aktien gekauft. Investoren aus dem Ausland besitzen heute amerikanische Vermögensanlagen im Wert von etwa acht Billionen Dollar. Dazu gehören 13 Prozent aller amerikanischen Aktien, 24 Prozent der Unternehmensanleihen, 43 Prozent der Staatsanleihen und 14 Prozent der Schuldverschreibungen von Regierungsagenturen. Ende 2003 wurde etwa ein Drittel der durch Hypotheken abgesicherten Anleihen von Fannie Mae außerhalb der USA verkauft. In den 1980er-Jahren waren die USA die größte Gläubigernation der Welt, was bedeutet, dass wir viel mehr im Ausland investiert hatten, als Ausländer es in den USA getan hatten. Aber 2003 besaßen ausländische Investoren amerikanische Vermögensgegenstände im Wert von 9,4 Billionen Dollar, während Amerikaner im Rest der Welt nur 7,2 Milliarden investiert hatten. Die USA sind heute die größte Schuldnernation der Welt.

Diese Bereitwilligkeit ausländischer Anleger, ihre Dollars wieder der amerikanischen Volkswirtschaft zuzuführen, erklärt die relative Stabilität des Dollars in den 1990er-Jahren. Und solange diese Bereitwilligkeit anhält, herrscht ein die Stabilität bewahrendes Gleichgewicht zwischen dem Angebot an Dollars und der Nachfrage. Was aber, wenn die Ausländer ihre Meinung ändern und keine amerikanischen Vermögensgegenstände mehr kaufen wollen? Es sieht so aus, als sollten wir das bald erfahren. Ausländische Direktinvestments – das heißt: der Dollar-Wert von Ausländern gekaufter amerikanischer Vermögensgegenstände – fielen von 300 Milliarden Dollar im Jahr 2000 auf 135 Milliarden Dollar 2001 und dann auf weniger als 100 Milliarden in den Jahren 2002 und 2003. Und plötzlich wurde der Dollar schwach. 2003 fiel er gegenüber dem Euro und dem Yen um etwa 20, gegenüber dem Gold um 30 Prozent.

AUSLÄNDISCHE DIREKTINVESTMENTS IN DEN USA

1990 – 2003

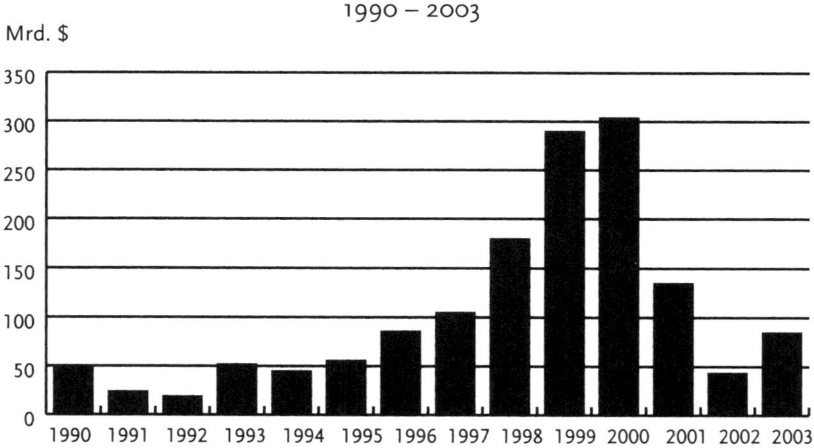

Quelle: Federal Reserve

Aber 2003 war nur ein Vorspiel. Obwohl ausländische Investoren weniger Dollars zurück in die USA brachten, kauften sie immer noch US-Vermögensgegenstände im Wert von 80 Milliarden Dollar und hatten gegen Ende des Jahres einen größeren Anteil an der amerikanischen Volkswirtschaft als je zuvor. Was wird geschehen, wenn sie sich tatsächlich dazu entschließen, ihre amerikanischen Staatsanleihen oder ihre Immobilien in Manhattan zu verkaufen? Aller Wahrscheinlichkeit wird sich der Dollar weiter abschwächen. Ausländische Investoren werden sich folglich anderswo nach günstigen Gelegenheiten umsehen, was zu einem Rückgang der Dollar-Nachfrage führen wird. Es wird zu einer Kapitalflucht kommen, und unser potenzielles Schuldenproblem wird sehr, sehr real werden

Kapitel 5

JETZT SIND WIR ALLE REFLATIONISTEN

Anfang 2003 befanden sich die USA in einer Situation, die es nach Meinung der meisten Beobachter so noch nie gegeben hatte. Die Kurzfristzinsen waren auf ein historisch niedriges Niveau gefallen, was normalerweise Unternehmen und Konsumenten dazu verleiten müsste, wie verrückt Kredite aufzunehmen. Das wiederum sollte die Initialzündung zu einem enormen Wirtschaftsaufschwung sein. Die Verschuldung stieg zwar tatsächlich, aber die Wirtschaft wuchs nur langsam, wenn überhaupt. Die Experten, die die Lage völlig falsch interpretierten, diskutierten eifrig darüber, ob die nächste Leitzinssenkung das Problem lösen würde.

Was war da los? Ganz einfach: Die angesammelten Schulden Amerikas waren plötzlich zu einer sehr schweren Last geworden. Und wie alle hochverschuldeten Gesellschaften waren die USA am letzten, schicksalhaften Scheideweg angekommen. Der eine Weg führt zu Einschränkungen: Regierung und Verbraucher erkennen die Realität der Situation, kürzen unnötige Ausgaben und tilgen ihre Schulden. Dieser Weg ist natürlich von Anfang an schmerzhaft. Menschen, die Geländewagen und Luxushäuser herstellen, verlieren ihre Arbeit und können ihre Kredite nicht mehr abbezahlen. Die Banken feuern ihre Sachbearbeiter für Kreditkarten und Hypotheken, an der Wall Street werden Analysten, Händler und Broker auf die Straße gesetzt. Die Welt hat dies (wenn auch ungeschickt und eher zufälligerweise als absichtlich) nach der letzten großen Verschuldungskrise in den 1920er-Jahren schon einmal versucht. Man kürzte Kredite und errichtete Handelsbarrieren in dem vergeblichen Versuch, einheimische Branchen zu schützen. Das Ergebnis war eine „deflationäre“ Depression, in der Millionen Menschen ihre Arbeit verloren und die Verbraucher nicht mehr konsumieren wollten, weshalb die meisten Güterpreise sanken.

Der andere Weg führt zur „Reflation“. Die Regierungen der ganzen Welt bemühen sich gemeinsam, Zinsen und Steuern zu senken, um Verbraucher und Unternehmen zu weiteren Krediten und Ausgaben zu ermuntern. In diesem Szenario hilft das Wachstum der Wirtschaft aus der Krise oder zögert das Unvermeidliche zumindest für eine Weile hinaus.

Wenn wir an das Frankreich des 18. Jahrhunderts, die Weimarer Republik und das Argentinien der 1990er-Jahre denken, können wir vertrauensvoll darauf wetten, dass sich die meisten Politiker für den Weg der Reflation entscheiden werden. Aber heute müssen wir nicht mehr raten oder wetten. Die verantwortlichen Personen sind wohl bekannt, ihre Handlungen und öffentlichen Äußerungen sagen uns alles, was wir wissen müssen, und 2003 waren sie schon mitten auf dem Weg zur Reflation. Beginnen wollen wir mit dem Chef-Reflationisten selbst, mit Alan Greenspan, dem Vorsitzenden der US-Notenbank (Fed).

Seit Mitte der 1990er-Jahre erlitt die Weltwirtschaft eine Reihe von Mini-Krisen. Da gab es die Asien-Grippe, als die Volkswirtschaften Südkoreas, Malaysias und Thailands implodierten und ihre Währungen zusammenbrachen. Dann kamen die Schuldenkrise in Russland, der Zusammenbruch von Long-Term Capital Management (ein hochfliegender Hedge-Fonds, der sich mit Derivaten verspekulierte), die Sache mit den Computerproblemen zur Jahrtausendwende und schließlich das Platzen der Technologie-Aktienblase. Jede dieser Krisen galt als Bedrohung für ein ohnehin fragiles Weltfinanzsystem, und jedesmal reagierte die Fed, indem sie die Leitzinsen senkte und das System mit billigem Geld überschwemmte. Diese zusätzliche Liquidität beruhigte die Märkte und ermutigte Unternehmen und Verbraucher, sich weiter zu verschulden. Die Weltwirtschaft überlebte, und Greenspan wurde als Genie gefeiert. Die 2001 erschienene Greenspan-Biografie des Super-Reporters Bob Woodward trug sogar den Titel *Maestro*.

Die Lehre, die der Maestro aus all diesen Geschehnissen zog, war, dass es an den Finanzmärkten zu Übertreibungen kommt und dass man die Realwirtschaft vor deren Auswirkungen schützen kann, indem man das System reichlich mit billigen Krediten versorgt. Die Marktkräfte lösen die mit den Spekulationsblasen verbundenen Schulden dann auf, ohne den Rest der Bevölkerung übermäßig zu behelligen. Seit dem Crash der Technologie-Aktien und der folgenden Rezession hat die Fed für Liquidität im Überfluss gesorgt. Zwischen 2000 und 2003 senkte sie die Kurzfristzinsen insgesamt 13-mal bis auf mickrige 1,0 Prozent. Die Versorgung mit Geld (das Rohmaterial, das eine Volkswirtschaft in Wohlstand verwandelt) stieg um 35 Prozent, und wie Sie aus Kapitel 3 wissen, boomte vor allem der Markt für Eigenheime.

Aber alles in allem blieb das Wirtschaftswachstum schwach, und Greenspan, ganz nach dem bewährten Schema, ging kein Risiko ein. Im Juli 2003 versprach er, das niedrige Zinsniveau beizubehalten, „solange es erforderlich ist, um wieder zu einem zufriedenstellenden Wirtschaftswachstum zu gelangen". Er und Fed-Gouverneur Ben Bernanke betonten auch, dass der Fed noch andere Werkzeuge zur Verfügung stehen als die Festsetzung der Kurzfristzinsen. Wenn sie will, kann sie die Zinsstrukturkurve beeinflussen, indem sie langfristige Staatsanleihen kauft, so die Langfristzinsen nach unten drückt und das System weiterhin mit frisch gedruckten Dollars überschwemmt. Mit anderen Worten: Die Fed würde alles dafür tun, dass die Amerikaner ihre Verschuldung und ihre Ausgaben weiter erhöhen.

Was die andere Seite der Gleichung, also Steuern und Staatsausgaben, betrifft, waren Präsident George W. Bush und seine Verbündeten im Kongress sogar noch entgegenkommender – falls das überhaupt möglich ist. Lassen Sie uns mit ein paar Hintergrundinformationen beginnen. Wenn eine Regierung mehr an Steuern einnimmt, als sie ausgibt, nennt man das einen Überschuss. Solche Überschüsse dämpfen tendenziell das Wirtschaftswachstum, weil die Verbraucher das Geld nicht ausgeben können, das ihnen die Regierung wegnimmt. Wenn die Regierung dagegen ein Defizit ausweist, gibt sie mehr aus, als sie einnimmt, und gleicht die Differenz durch Schuldenaufnahme aus. Das erhöht die „Gesamtnachfrage" und fördert das Wirtschaftswachstum. Am Ende der letzten wirtschaftlichen Expansionsphase erzielte die Bundesregierung Überschüsse von bis zu 2,6 Prozent des BIP im Jahr 2000. Aber dann kühlte sich die Konjunktur ab, was zu sinkenden Steuereinnahmen und zu steigenden Kosten für Wohlfahrtsprogramme und Arbeitslosigkeit führte. Eine neue Administration kam an die Macht, die Steuersenkungen ganz oben auf ihre Agenda gesetzt hatte, und die Angriffe auf das World Trade Center führten zu einem Konsens, dass weit höhere Militärausgaben nötig seien. All dies verursachte plötzlich ein massives Bundesdefizit. Wie Sie in Kapitel 3 gelesen haben, borgte sich Washington 2003 etwa 500 Milliarden Dollar, was fast fünf Prozent des BIP entspricht, und wahrscheinlich weitere 450 Milliarden Dollar im Jahr 2004.

An der Wall Street wiederum fürchtet man einen lange andauernden wirtschaftlichen Niedergang. Wenn die Unternehmen ihre Preise nicht erhöhen können, erzielen sie keinen höheren Gewinne. Und wer kauft schon hoch bewertete Aktien, wenn die Unternehmensgewinne nicht steigen? Kurz gesagt bedeutet Deflation weniger Unternehmensfusionen, weniger Börsengänge und sinkende Aktienumsätze – und erheblich mehr geplatzte Anleihen. Es ist also nicht überraschend, dass einige Schwergewichte an der Wall Street sich dem Ruf nach niedrigeren Zinsen und steigenden Defiziten angeschlossen haben. Ein beredtes (und aus unserer Sicht recht alarmierendes) Beispiel ist Paul McCulley, Managing Director der riesigen und einflussreichen Rentenfondsgruppe PIMCO. In den Mitteilungen an seine Kunden sagte er 2003 Folgendes:

> Die Fed druckt Zwanzig-Dollar-Noten, und der Kongress borgt sie. Und so soll es auch sein, wenn die Inflation zu niedrig und die Arbeitslosigkeit zu hoch ist. Was die Welt braucht, ... ist eine Koalition der Willigen, die die Notenpresse laufen und das Fiskaldefizit steigen lassen, um die einheimische Nachfrage zu stützen. ... Reflationierung bedeutet, die Menschen davon zu überzeugen, dass ihr Geld tatsächlich seinen Wert verliert, und ihnen damit einen Anreiz zu geben, ihr Geld auszugeben, um Dinge zu kaufen – Güter, Dienstleistungen und Vermögensgegenstände –, ehe es an Wert einbüßt in diesem Prozess, der zu steigender Inflation führt. ... Wenn der Dollar sich dabei abschwächt, dann soll es eben so sein.

Der Rest der Welt schließt sich an. Ein Grund für das amerikanische Handelsbilanzdefizit ist, dass Europa und Japan langsamer wachsen und relativ wenig im Ausland kaufen. Warum gibt es diese Unterschiede bei den Ausgaben? Weil diese Länder ihre eigenen, schwer wiegenden Probleme haben. Beginnen wir mit Europa. Als Frankreich, Deutschland und ihre Nachbarn ihre Landeswährungen durch den Euro ersetzten, legten sie einige Grundregeln in einer Vereinbarung fest – im Vertrag von Maastricht. Eine dieser Regeln besagt, dass kein Land der Euro-Zone ein Haushaltsdefizit von mehr als drei Prozent seines BIP aufweisen darf. Aber der Vertrag legte nicht fest, auf welche Weise eine so kluge Fiskalpolitik erreicht werden soll. Insbesondere zwang er die Mitgliedsländer nicht, ihre Ausgaben zu begrenzen oder vernünftige Arbeits- und Unternehmensgesetze zu erlassen. Daher behielten Frankreich und Deutschland ihre massiven wohlfahrtsstaatlichen Einrichtungen und die Wirtschaft schwächenden Regulatorien. Sie folgten damit, wieder einmal, dem Standard-Drehbuch der „Fiat"-Währungen und hofften ganz einfach, die gemeinsame Währung würde ihre Volkswirtschaften wieder produktiver werden lassen.

Das geschah natürlich nicht. Beide Volkswirtschaften, gelähmt von aufgeblähten Regierungsapparaten und hohen Steuern, stecken seit 2000 mehr oder weniger in einer Rezession. Und ihre Haushaltsdefizite liegen ständig über der festgelegten Obergrenze, was sie an den gleichen Scheideweg führt wie die USA: Sie können entweder die Ausgaben begrenzen und mit den Folgen leben oder weiterhin zu viel ausgeben, immer höhere Defizite einfahren und so viel „Fiat"-Geld drucken, wie nötig ist, um die Differenz auszugleichen.

Mitte 2003 war klar, dass sie sich, ebenso wie die USA, für den zweiten Weg entschieden hatten. Obwohl die Defizitgrenze von drei Prozent im Vertrag von Maastricht steht, taten sie die politisch Verantwortlichen in Deutschland und Frankreich als lediglich „symbolisch" ab. Und beide signalisierten, dass sie in Zukunft eher Wachstum anstreben werden, als sich einzuschränken. Im Juli 2003 konnte man folgende Nachricht lesen: „Die Franzosen scheinen die Probleme Deutschlands dazu nutzen zu wollen, den Pakt zu überarbeiten, den sie als Hindernis für Präsident Jacques Chiracs Ausgabenpläne betrachten." Inzwischen ist die Europäische Zentralbank dem Beispiel der Fed gefolgt und hat die Zinsen auf das niedrigste Niveau seit Jahrzehnten gesenkt.

Japan, die zweitgrößte Volkswirtschaft der Welt, hat mit einer langsamen Deflation zu kämpfen, seit Anfang der 1990er-Jahre die Spekulationsblasen auf dem Immobilien- und dem Aktienmarkt platzten. Der Auslöser waren massive faule Kredite in den Büchern der großen japanischen Banken. Offenbar weiß niemand, was man damit tun soll. Wenn die Banken sie abschreiben, bleibt ihnen zu wenig Kapital, um neue Kredite zu finanzieren, und ganze Branchen wie Bau und Finanzen, die derzeit von den Kreditlinien der Banken abhängig sind, werden zusammenbrechen. Wenn die Banken die faulen Kredite aber in den Büchern behalten, wird die Wirtschaft des Landes weiter stagnieren. In einem vergeblichen Versuch, die Wirtschaft anzukurbeln, hat die japanische Zentralbank die Zinsen bis auf null gesenkt. Sie haben richtig gelesen: Kredite kosten dort nichts. Die Regierung hat ein Förderprogramm nach dem anderen ausprobiert und dabei eine Staatsverschuldung angehäuft, die in Prozent des BIP noch höher ist als die amerikanische. Jetzt denkt die Regierung – deren Bonität von den großen Rating-Agenturen schon herabgestuft worden ist – darüber nach, den Not leidenden Banken zu helfen, indem sie die faulen Kredite aufkauft, sie in Anleihen verpackt (erinnern Sie sich an die Beschreibung der amerikanischen Verbriefungsmaschinerie in Kapitel 3) und sie mit einer Art von Regierungsgarantie auf dem Weltmarkt verkauft. Und – last but not least – sagte der neue Gouverneur der Bank von Japan, Toshihiko Fukui, dass er, wie die amerikanische Fed, wenn nötig damit beginnen wird, langfristige japanische Anleihen zu kaufen.

Ein weiteres Problem Japans ist ein Spiegelbild des amerikanischen Handelsbilanzdefizits: Weil Japan mit dem Rest der Welt einen gigantischen Handelsbilanzüberschuss verzeichnet, muss es mit einem massiven Zufluss von Dollars fertig werden. Japan könnte sich auf das Gesetz von Angebot und Nachfrage verlassen, was zu einer Aufwertung des Yens gegenüber dem Dollar führen würde. Aber das würde die Güterpreise in Yen erhöhen und so den japanischen Exporteuren schaden. Und weil die Exporte derzeit so ziemlich das einzig wirklich Positive für Japan sind, zögern die Verantwortlichen, eine solche Aufwertung zuzulassen. Daher kauft die Zentralbank seit langem Dollars und hat massive Reservebestände angehäuft. Um Dollars zu kaufen, muss sie Yens ausgeben, und daher lässt sie ihre Notenpressen auf Hochtouren laufen.

Das ist also die aktuelle Situation. Alle bedeutenden Volkswirtschaften der Welt leben weit über ihre Verhältnisse und verschulden sich, um die Differenz auszugleichen. Und sie werden, das scheint mittlerweile sicher, weiterhin so viel „Fiat"-Währung erschaffen, wie es erforderlich ist, um den Tag der Abrechnung zu verschieben. Kurz gesagt sind die Voraussetzungen für einen Kollaps wie in der Weimarer Republik oder im Argentinien der 1990er-Jahre geschaffen, indem die Welt ganz einfach das Vertrauen insbesondere in den Dollar und auch in „Fiat"-Währungen im Allgemeinen verlieren wird. In einer solchen „Flucht aus der Währung" wird die Nachfrage nach Dollars versiegen. Wer Bargeld erhält, wird es sofort wieder ausgeben. Die Preise (in Dollar) werden durch die Decke gehen. Wertpapiere, einschließlich Anleihen und viele Aktien, wird man meiden wie die Pest. Und wir werden uns in Massen der einzigen Art von Geld zuwenden, die gegen die Unfähigkeit von Regierungen immun ist: Gold.

Teil 2

GELD – DAMALS UND HEUTE

Von allen Erfindungen, die ersonnen wurden,
um die arbeitenden Menschen zu betrügen,
war keine wirkungsvoller als die Illusion des Papiergelds.

Daniel Webster

Kapitel 6

WAS IST GELD?

Bisher sind wir mit Bezeichnungen wie „Geld" und „Währung" ein wenig nachlässig umgegangen. Wenn Sie sich über die exakte Bedeutung dieser Begriffe nicht im Klaren sind, dann sind Sie damit nicht allein. Heutzutage denkt kaum jemand über solche Dinge nach. Bevor wir also auf die einstige und die zukünftige Rolle des Goldes in der Weltwirtschaft eingehen, wollen wir uns einige Gedanken über die wahre Natur des Geldes machen.

In jedem Einführungstext über Wirtschaftswissenschaften wird Geld als etwas definiert, das drei Zwecke erfüllt:

- Wertstandard. Geld ist ein allgemein akzeptierter Maßstab, um die Preise von Gütern und Dienstleistungen auszudrücken.
- Wertspeicher. Geld behält seine Kaufkraft über lange Zeiträume und ermöglicht es den Menschen, zu sparen und ihre Ausgaben auf einen zukünftigen Zeitpunkt zu verschieben.
- Wechselmedium. Geld kann problemlos im Austausch für Güter und Dienstleistungen von einer Person an eine andere übergeben werden.

Diese Definition ist so weit ganz akzeptabel. Aber ein tieferes Verständnis des Geldes ist dann möglich, wenn man es sich als Kommunikationsmedium vorstellt. Wie es uns die gesprochene Sprache ermöglicht, Ideen zu kommunizieren, ist Geld das geistige Werkzeug, das wir alle dazu nutzen, unsere eigenen subjektiven Wertvorstellungen in einem Tauschgeschäft auszudrücken. Nehmen wir an, ein Verkäufer bietet Ihnen etwas zu einem bestimmten Preis an, der seiner Meinung (oder seiner Hoffnung) über den Wert dieses Gegenstands entspricht. Sie kontern mit einem niedrigeren Preis, und schließlich treffen Sie sich irgendwo in der Mitte, bei einem Preis, den Sie beide akzeptieren können. Geld ist sowohl der begriffliche Rahmen, in dem dieses Gespräch stattfindet, als auch das Werkzeug für den verständlichen Ausdruck der jeweiligen Wertvorstellungen. Daher ermöglicht Geld ökonomische Kalkulation und somit auch unsere auf den Regeln des Marktes basierende Wirtschaft.

Ebenso wie ein bestimmtes Wort seine Bedeutung über Jahre und Jahrhunderte behält und es der Sprache ermöglicht, Ideen von einer Generation an die andere weiterzugeben, kommuniziert Geld den Maßstab für Wohlstand. Ein Gramm Gold ist eine unveränderliche Maßeinheit, wie ein Zoll oder ein Meter. Anhand seiner Kaufkraft vermittelt

EIN BARREL ROHÖL IN GRAMM GOLD

Dezember 1945 bis Dezember 2003

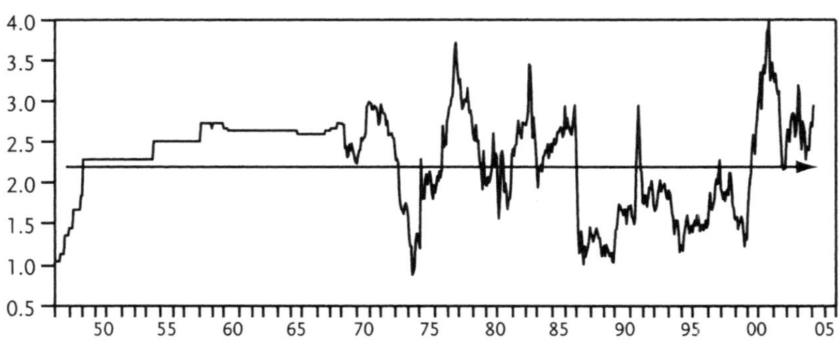

es sinnvolles Wissen. Zum Beispiel konnte man mit einem Gramm Gold seit dem Mittelalter stets in etwa die gleiche Menge Weizen kaufen. Und wie der unten stehende Chart zeigt, war die Relation zwischen Gold und Öl in unserer industrialisierten Wirtschaft bemerkenswert stabil.

Wenn eine Maßeinheit unveränderlich ist (denken Sie noch einmal an Zoll oder Meter, deren Länge sich im Lauf der Zeit nicht verändert), dann ist Geld, das auf dieser Maßeinheit basiert, „gesund". Das bedeutet, es ermöglicht die effektive Übertragung von Wohlstand über die Zeit. Wie Sie in den folgenden Kapiteln sehen werden, war das Britische Pfund 200 Jahre lang gesund, weil es während all dieser Zeit als 0,2354 Feinunzen Gold definiert war. Und der US-Dollar war von 1900 bis 1933 gesund, weil er als 23,22 Grains Feingold definiert war. Diese Währungen waren lediglich Bezeichnungen für eine bestimmte Menge Gold.

Der Dollar von heute ist dagegen absolut nicht gesund, weil er nicht auf eine unveränderliche Art und Weise definiert ist. Ein Dollar ist keine bestimmte Menge Gold, Silber oder dergleichen. Er ist nur eine buch-

EIN BARREL ROHÖL IN US-DOLLARS

Dezember 1945 bis Dezember 2005

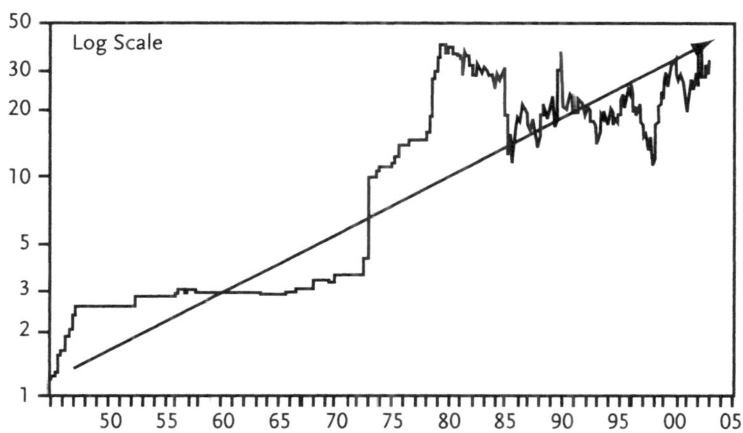

halterische Einheit, eine Schuldverschreibung von Banken, denen die amerikanische Regierung gestattet hat, Dollars zu drucken. Wenn Sie den Chart auf Seite 67 mit dem Chart auf Seite 66 vergleichen, bekommen Sie eine Vorstellung vom Unterschied zwischen gesundem und ungesundem Geld.

Aber gesundes Geld und stabile Kaufkraft sind nicht dasselbe. Wie der Gold/Öl-Chart zeigt, konnte man mit einer Unze Gold im Lauf der Jahre ziemlich unterschiedliche Mengen an Öl kaufen. Warum? Weil Angebot und Nachfrage bei beiden Gütern und beim Geld sich ständig ändern, was zu Preisverschiebungen führt. Der Unterschied besteht darin, dass sich diese Verschiebungen bei gesundem Geld im Lauf der Zeit ausgleichen und dass die Preise um ihre historischen Mittelwerte pendeln. Die Kaufkraft von ungesundem Geld bewegt sich, wie Sie noch aus Kapitel 2 wissen, meist nur in eine Richtung, nämlich nach unten.

Eine Währung ist die physische Erscheinungsform von Geld, die im Austausch für Güter und Dienstleistungen von Hand zu Hand geht. Wenn sie die Form des Wertstandards einer Gesellschaft annimmt, wie es bei Gold- und Silbermünzen der Fall ist (oder, wie wir noch sehen werden, bei älteren Arten von Geld wie Ziegen oder Sklaven), dann ist eine Währung auch Geld. In Form von, sagen wir, Papiernoten, ist eine Währung kein Geld, sondern ein „Geldersatz". Und wenn eine Währung nicht in Geldeinheiten definiert ist, sondern von einer nationalen Regierung geschaffen und kontrolliert wird, dann ist sie eine „Fiat"-Währung, weil sie nur durch Anordnung (lateinisch: „Fiat") dieser Regierung existiert.

Buchhalterisch ausgedrückt ist Geld ein greifbarer Vermögensgegenstand, während Geldersatz eine Forderung an eine Bank ist, deren Vermögensgegenstände aus Geld bestehen können oder auch nicht. Praktisch ausgedrückt kann nur Geld die Zahlungsverpflichtungen für Güter oder Dienstleistungen erfüllen. Ein Tausch ist dann abgeschlossen, wenn Vermögensgegenstände gegen Vermögensgegenstände getauscht werden. Wenn man beim Verkauf eines Produkts einen Geldersatz akzeptiert (zum Beispiel Dollars), dann ist der Tausch erst abgeschlossen, nachdem der Geldersatz (diese Dollars) zum Erwerb eines anderen Guts oder einer Dienstleistung verwendet worden ist.

Warum behält Gold – oder jedes andere gesunde Geld – seinen Wert? Nicht weil es so etwas wie einen „inneren Wert" hat. Wenn man an seine Verwendungszwecke in der heutigen Wirtschaft denkt – hauptsächlich in der Schmuckbranche und bei einigen Anwendungen in der Elektronik –, sollte Gold als rein industrieller Rohstoff weit weniger wert sein als unverzichtbare Rohstoffe wie Öl oder Weizen. Aber Gold ist kein industrieller Rohstoff. Es ist Geld, das akkumuliert und nicht wie andere Rohstoffe verbraucht wird. Daher hängt sein Wert *von unserem Glauben an seine Fähigkeit ab, als Geld zu fungieren.* Wir vertrauen auf gesundes Geld, weil es nur in begrenztem Umfang verfügbar und definitionsgemäß immun gegen Manipulationen durch Regierungen ist. „Fiat"-Währungen dagegen werden von Regierungen kontrolliert, die, wie Sie jetzt wissen, grundsätzlich unfähig sind, ihre Geldangelegenheiten zu managen.

Behalten Sie diese Unterschiede im Gedächtnis; sie sind der Schlüssel für das bevorstehende Drama von Dollar und Gold.

Kapitel 7

DAS ERSTE GOLDENE ZEITALTER

Im Lauf der Jahrhunderte hat die Menschheit erstaunlich viele Dinge als Geld ausprobiert. Die alten Ägypter verwendeten Gerste; in Tibet verwendete man Ziegel aus gepressten Teeblättern (von denen man, um Wechselgeld zu erhalten, kleine Stücke abschnitt); auf den Solomon-Inseln verwendete man Armreifen aus den Schalen von Riesenmuscheln. Und fast jede Gesellschaft hat an irgendeinem Punkt ihrer Entwicklung Lebewesen als Tauschmittel benutzt: Ziegen, Kamele, menschliche Sklaven und so weiter.

Aber alle diese frühen Formen von Geld hatten aus offensichtlichen Gründen ihre Nachteile. Muscheln sind zerbrechlich, und nach einem Sturm steigt meist das Angebot. Die verfügbare Menge an Tee hängt von der Erntequalität ab. Ziegen und Sklaven sind nicht untereinander austauschbar, behalten im Lauf der Zeit nicht ihren Wert und, na ja, sie wehren sich auch dagegen, wenn man sie zerschneiden will, falls man Wechselgeld braucht. Daher benutzten nach einigen Versuchen und Irrtümern die meisten Gesellschaften Metalle als Geld. Bronze, Kupfer, Silber und Gold waren haltbarer als Ziegen und weniger schwankungsanfällig als Tee. Man konnte sie fördern, einschmelzen und daraus erkennbare, mehr oder weniger identische Münzen prägen, die getauscht und gelagert wurden. Bronze und Kupfer waren Kleingeld, weil sie häufiger vorkamen und weniger attraktiv waren. Silber nahm den Mittelplatz ein, und das seltene, schöne Gold war das wertvollste Metall.

Die ersten echten Goldmünzen wurden etwa 600 v. Chr. in Lydien auf dem Gebiet der heutigen Türkei geprägt. In den folgenden Jahrhunderten wurde die Prägetechnik von den Griechen, Persern und Römern verfeinert (die, wie wir in Kapital 2 gelesen haben, viele verschiedene Münzen entwarfen und dann entwerteten).

Nachdem Gold sich als Geld etabliert hatte, wurde es zum Synonym für Reichtum und Macht, und als Europa das dunkle Zeitalter überwunden hatte und sich nach außen orientierte, wurde die Suche nach neuen Goldquellen zu einem wichtigen Antriebsfaktor der modernen Geschichte. Die „Conquistadores" des 16. Jahrhunderts, wie Hernando Cortés und Francisco Pizarro, waren die Anführer von Invasionen in die Neue Welt. Auf der Suche nach sagenhaften Goldstädten zerstörten sie die Hochkulturen Lateinamerikas und bereiteten die Kolonisierung des amerikanischen Kontinents vor. Drei Jahrhunderte später, 1848, wurde auf einer Farm in Sacramento eine Hand voll Goldnuggets gefunden, was den Goldrausch in Kalifornien auslöste. In weniger als zehn Jahren strömten eine halbe Million Menschen in den dünn besiedelten Westen der USA. Das war der Beginn einer Migrationsbewegung, die bis weit ins 20. Jahrhundert hinein andauerte.

DIE ERSTEN PAPIERWÄHRUNGEN

Irgendwann wurden allerdings die Nachteile von Gold- und Silbergeld zum Problem. Metallmünzen waren zu laut und zu unhandlich für große Mengen an Geld. Auch nutzten sie sich mit der Zeit ab, wodurch ein kleiner, aber bedeutsamer Teil des Wohlstands einer Gesellschaft verloren ging. Daher hatten die Gründer der Bank von England, die in den folgenden zwei Jahrhunderten zur mächtigsten Bank der Welt werden sollte, in den 1690er-Jahren eine Eingebung: Warum sollte man

Gold- und Silbermünzen in Umlauf bringen, wenn man sie in einem Gewölbe einschließen und an ihrer Stelle Papiernoten ausgeben konnte? Die Bank begann Papier-„Pounds" auszugeben, die mit dem Versprechen verbunden waren, sie jederzeit gegen Münzen aus Gold oder Silber eintauschen zu können. Die Konvertibilität, so lautete diese radikal neue Theorie, würde Papiergeld akzeptabel machen, weil sie keinen Zweifel an seinem wahren Wert ließ.

Das Ergebnis war ein konzeptueller Durchbruch: der erste weit verbreitete Geldersatz. Während Geld (definiert als Wertstandard und Wertspeicher) und Währung (definiert als Tauschmittel) früher ein und dasselbe gewesen waren, nämlich ein greifbarer Vermögensgegenstand, waren es jetzt zwei verschiedene Dinge. Bald lagerte ein großer Teil des Geldes der Bank von England in Form von Gold und Silber in den Gewölben der Bank, während ihre Währung, die jetzt eine Schuldverschreibung war, in Form von Papierstücken zirkulierte.

Die schöne Zeit dauerte etwa drei Jahre, in denen die Bürger sich darüber freuten, leichte, lautlose Pfundnoten bei sich zu tragen. Es wurde aber bald klar – und dieser Prozess wiederholte sich in den folgenden Jahrhunderten immer wieder –, dass die für die Geldversorgung Verantwortlichen mehr Papiernoten herausgaben, als durch das Gold und Silber in ihren Gewölben gedeckt waren. Es kam zu einem der ersten Anstürme auf eine Bank in der Geschichte, die Besitzer der Pfundnoten beeilten sich, ihr Papier in Metall zu tauschen, und das System geriet an den Rand des Zusammenbruchs. In seiner Verzweiflung ernannte König William III. 1699 den genialen Sir Isaac Newton zum Oberaufseher über das Münzwesen. Sir Isaac ging mit aller Gründlichkeit vor. Er erkannte, dass Papiergeld zwar eine wichtige Neuerung, aber kein Geld war. Daher würde es zur Katastrophe führen, den Bürokraten die Kontrolle über die Notenpresse zu überlassen.

Um überlebensfähig zu sein, benötigte die Papierwährung einen externen Maßstab zu seiner Messung und Kontrolle. Daher definierte Newton das Pfund als eine genau festgelegte Menge Gold und koppelte die Menge der umlaufenden Papierwährung an das Gewicht des Goldes, das in den Kellern der Bank von England lag. Silber, das bis zu diesem Zeitpunkt die wichtigste Form von Geld in England gewesen war, verlor diese Funktion. Die Papierwährung zirkulierte als Ersatz für Geld (das heißt: Gold), während Gold den Maßstab lieferte, an dem der Wert der Papierwährung gemessen wurde. Die Koppelung einer von Banken emittierten Währung an Gold ging als der klassische Goldstandard in die Geschichte ein. Und obwohl er in Kriegszeiten manchmal außer Kraft gesetzt wurde, leistete er dem Britischen Empire zwei Jahrhunderte lang gute Dienste.

IN DER ZWISCHENZEIT, AUF DER ANDEREN SEITE DES GROSSEN TEICHS ...

Die USA schlossen sich später dem Goldstandard an, aber da sie noch ein Entwicklungsland waren, war die Erlangung monetärer Stabilität mit den üblichen Wachstumsschmerzen verbunden. Zum Beispiel gab der Kongress zur Finanzierung des Unabhängigkeitskriegs eine Papierwährung mit der Bezeichnung Continental heraus, die auf Dollars lautete und nur durch die Erwartung zukünftiger Steuereinnahmen gedeckt war. Die mit dem Krieg verbundenen Probleme führten unvermeidlicherweise dazu, dass die Behörden die Notenpressen auf vollen Touren laufen ließen, und die Banknoten wurden bald so gut wie wertlos. George Washington soll geklagt haben: „Mit einer Wagenladung unserer Währung kann man kaum eine Wagenladung Lebensmittel kaufen."

1793 kehrten die gerade unabhängig gewordenen USA zum Bewährten zurück und begannen Münzen aus Gold und Silber zu prägen, wobei der Dollar als 371 1/4 Grains Feinsilber definiert war. Aber in den ersten Jahren der USA mischte sich die Regierung nicht ein, wenn irgendwelche andere Münzen angeboten und akzeptiert wurden. Ein Gast in einem Pub in Boston konnte der Kellnerin ebensogut eine Münze aus Spanien, England oder Frankreich als Trinkgeld geben wie eine aus Philadelphia. In der Tat hat ein Historiker den spanischen Dollar als die „inoffizielle Währung der amerikanischen Kolonien während des größten Teils des 17. und 18. Jahrhunderts" bezeichnet. Um Wechselgeld zu erhalten, wurden die Münzen tatsächlich in acht Stücke oder „Bits" zerschnitten. Von daher kommen auch Bezeichnungen wie „ein Achteldollar" oder „zwei Bits".

Als die Erinnerung an die katastrophalen Erfahrungen mit einer von der Regierung herausgegebenen „Fiat"-Währung am Beginn des 19. Jahrhunderts allmählich verblasste, ließen sich die USA langsam wieder auf einen Geldersatz ein. Die Bank of the United States und die Second Bank of the United States wurden ermächtigt, Banknoten herauszugeben und einige andere zentralbankähnliche Funktionen zu erfüllen. Diese Banken zogen jedoch den Zorn von Verfechtern einer Politik des gesunden Geldes auf sich. Zu ihnen gehörte Andrew Jackson, der – wie Isaac Newton vor ihm – die Risiken erkannte, die damit verbunden sind, statt echten Geldes einen Geldersatz zu verwenden. Nachdem er 1828 zum Präsidenten gewählt worden war, verweigerte er der Second Bank eine Verlängerung ihrer Lizenz. Damit begann die Ära des „freien Bankwesens": eines Vierteljahrhunderts, in dem sich die Regierung kaum in das Bank- und Geldwesen einmischte. Die Banken begannen durch ihre Edelmetallreserven gedeckte Geldscheine herauszugeben, und um 1860 waren Dutzende privater Währungen im Umlauf, die von geschätzten 8.000 Privatbanken emittiert worden waren. Die meisten von ihnen erwiesen sich innerhalb des Territoriums der emittierenden Bank als ziemlich wertstabil. Die damaligen Reise- und Kommunikationsbedingungen sorgten allerdings dafür, dass sie an weiter entfernten Orten mit einem gewissen Abschlag gehandelt wurden, der mit zunehmender Distanz größer wurde. Alles in allem handelte es sich um ein interessantes Experiment. Hätte es die Chance gehabt, sich im Gleichschritt mit der Transport- und Kommunikationstechnologie weiterzuentwickeln, dann wäre vielleicht eine völlig andere moderne Wirtschaft entstanden. Aber wie so viele andere viel versprechende Dinge endete auch das freie Bankwesen, als ein Krieg ausbrach. Diesmal war es der Amerikanische Bürgerkrieg.

1861 steckte die Lincoln-Administration in finanziellen Schwierigkeiten und begann damit, eine Papierwährung herauszugeben (was, und das sei hier mit allem Nachdruck festgehalten, nicht zu den verfassungsgemäßen Rechten und Aufgaben der Bundesregierung zählt). Die neue Währung, Greenback genannt, war zwar nicht direkt durch das Gold des Schatzamts gedeckt, wurde in den Nordstaaten aber zunächst akzeptiert. Als der Krieg jedoch die Edelmetallvorräte Washingtons dahinschmelzen ließ und große Mengen von Greenbacks gedruckt wurden, verloren die Banknoten massiv an Wert. Daraufhin votierte Präsident Lincoln für eine Zentralisierung und unterzeichnete 1863 den National Banking Act, der ein nationales Bankensystem dazu ermächtigte, eine staatliche Einheitswährung zu schaffen. Zwei Jahre später erhob die Bundesregierung eine zehnprozentige Steuer auf die von staatlich ermächtigten Banken herausgegebene Währung. Dadurch wurden die nicht vom Staat ermächtigten Banken aus dem Währungsgeschäft gedrängt, und nur noch die neu gebildeten Nationalbanken hatten das Recht, Banknoten herauszugeben.

In den Jahren nach dem Bürgerkrieg basierte das nun zentralisierte monetäre System auf einem „Zwei-Metall"-Standard. Der Dollar war als eine bestimmte Menge Silber definiert, und Silber diente als Maßeinheit für Gold. Als im Westen der USA riesige Silbervorkommen wie Comstock Lode in Nevada entdeckt wurden, stieg das Angebot an Silber, und seine Kaufkraft begann zu sinken. Die Staaten im Westen übten zunehmend Druck auf Washington aus, den Wert des Silbers durch Aufkäufe der dortigen Silberproduktion zu stützen. Der Sherman Silver Purchase Act von 1890 verpflichtete die US-Regierung, ihre jährlichen Silberkäufe zu verdoppeln und aus dem Metall Münzen zu prägen. Doch 1893 führten Befürchtungen, eine so starke Geldmengenerweiterung könnte das Wertverhältnis zwischen Gold und Silber völlig durcheinander bringen, zu einer Panik am Finanzmarkt. Präsident Grover Cleveland berief eine Sondersitzung des Kongresses ein, um den Sherman Act außer Kraft zu setzen. Anschließend führten die USA ein Einmetall-System ein und schlossen sich endlich Großbritannien, Deutschland und den meisten anderen Ländern an, wo der Goldstandard längst in Kraft war. Der klassische Goldstandard verdient eine eingehendere Untersuchung, weil er sich so stark von allem unterscheidet, was davor und danach kam – und weil er das bei weitem erfolgreichste monetäre System ist, das die Menschheit je erdacht hat. In diesem System sind Währungen als bestimmte Mengen an Gold definiert, ebenso wie Kleiderstoff in einer unveränderlichen Einheit gemessen wird, die wir Zoll oder auch Meter nennen. Anders als in der heutigen Welt, wo jede Regierung die Geldversorgung ihres Landes kontrolliert, war der Anpassungsmechanismus des Goldstandards automatisch und unabhängig. Nehmen wir zum Beispiel an, dass die britischen Verbraucher ein Handelsdefizit mit den deutschen aufwiesen (das heißt, sie kauften mehr Dinge von den Deutschen als die Deutschen von ihnen). Unter dem Goldstandard wäre nun britisches Gold nach Deutschland geflossen, die Geldversorgung in Großbritannien wäre gesunken. Die darauf folgende Kreditverknappung hätte die dortige Wirtschaft abgebremst, die Bürger hätten sich weniger wohlhabend gefühlt und daher weniger im Ausland gekauft. Die Deutschen dagegen hätten nun mehr Geld für Ausgaben und Investitionen gehabt, was zu einem Sinken der Zinsen und somit steigendem Wirtschaftswachstum geführt hätte. Ein Teil dieses neuen Reichtums wäre für ausländische Güter ausgegeben worden, Handel und Kapitalströme wären wieder ins Gleichgewicht gekommen.

Dieser Angleichungsmechanismus funktionierte ständig. Er hielt einzelne Nationen davon ab, zu weit vom rechten Weg abzuweichen. Konjunkturelle Schwankungen elimierte er allerdings nicht. Im Gegenteil, es gab in den Zeiten des Goldstandards einige spektakuläre Booms und Einbrüche. Diese wurden jedoch hauptsächlich durch eine andere Neuerung verursacht, die man teilweise Reservebankpolitik nennt. Dieses Konzept spielt bei dem Sturm, der sich derzeit zusammenbraut, eine wichtige Rolle, und daher sollte man es verstehen. Beginnen wir mit seinem Vorgänger und diametralen Gegenteil, dem 100-prozentigen Reservesystem.

Wenn zum Beispiel ein Einwohner von Venedig im 15. Jahrhundert seine Ersparnisse beim örtlichen Goldschmied deponierte (Banken waren damals noch nicht erfunden), dann war der Goldschmied verpflichtet, jederzeit genug Gold vorrätig zu haben, um seinen Kunden auf Verlangen auszuzahlen (obwohl er das Gold zwischenzeitlich zur Herstellung von Juwelen, Barren oder dergleichen verwenden konnte). Diese Art der Deponierung von Gold entspricht eher dem Konzept eines modernen Lagerhauses als dem einer Bank. Weil der Goldschmied das Geld seines Kunden nicht an jemand anderen verlieh, verlangte er für die sichere Aufbewahrung oft eine kleine Gebühr.

In einem 100-prozentigen Reservesystem wächst die Geldmenge im Gleichschritt mit der verfügbaren Menge an Gold und/oder Silber, also sehr langsam. Wenn sich die Technologie weiterentwickelt und die Produktivität der Arbeiter wächst, dürften die Preise in einem solchen System also von Jahr zu Jahr eher fallen als steigen. Im Licht des gesunden Geldes betrachtet, ist diese Art von Deflation normal und unschädlich. Wenn nicht gerade ein Krieg oder die Pest ausbricht, sollte eine solche Volkswirtschaft über lange Zeiträume stetig wachsen können, ohne dass es zu exzessiver Anhäufung von Schulden oder Geldwertinstabilität kommt.

Aber mit langsamem und stetigem Wachstum sind die temperamentvolleren Mitglieder der finanziellen Oberschicht selten zufrieden. Im 17. Jahrhundert hatten italienische und englische Goldschmiede entdeckt, dass sie einen Teil des Goldes ihrer Kunden Gewinn bringend verleihen konnten. Weil immer nur ein paar von den Kunden ihr Gold zurückverlangten, genügte der Teil der Einlagen, den die Goldschmiede in Reserve hielten (daher der Ausdruck „teilweise Reserve") zur Erfüllung ihrer Verpflichtungen. Und weil sie mit dem Verleihen Geld verdienten, konnten sie den Kunden Zinsen zahlen, statt von ihnen eine Aufbewahrungsgebühr zu verlangen. So waren alle zufrieden.

Blicken wir nun ins Europa des 19. Jahrhundert, wo unter Führung der damals dominierenden Bank von England die Politik der „teilweisen Reserve" in nie zuvor dagewesenem Ausmaß praktiziert wurde. Nehmen wir an, eine Londoner Bank erhielt eine Einlage von 100 Pfund und war verpflichtet, zehn Prozent der von ihr vergebenen Kredite als Reserve zu halten. Sie konnte also 90 Pfund an neuen Krediten vergeben und musste zehn Pfund den Reserven zuschreiben. Die Kunden brachten das Geld zu anderen Banken, die nun für 81 Pfund Kredite vergaben, neun Pfund in die Reserven steckten und so weiter, bis die gesamte Kreditsumme in diesem System die Höhe der ursprünglichen Einlage bei weitem überstieg. Das Ergebnis war eine „flexible" Geldmenge, die man ausweiten konnte, um die Bedürfnisse einer wachsenden Weltwirtschaft zu erfüllen. Flexibel ist allerdings gleichbedeutend mit volatil. In guten Zeiten, wenn sich die Bürger bereitwillig verschulden und die Banken bereitwillig Kredite vergeben, wächst die Kreditvergabe schneller als die Geldmenge. In schlechten Zeiten legt die Kreditmaschinerie den Rückwärtsgang ein, und das erklärt, warum Booms und Konjunktureinbrüche auch unter dem scheinbar stabilen Goldstandard möglich waren.

Trotz dieses destabilisierenden Effekts waren in den meisten Ländern, die den Goldstandard anwendeten, die Zinsen niedrig, weil die grundlegende Geldmenge – das heißt, die Menge an Gold – jedes Jahr nur um einige Prozentpunkte wuchs. Dies begrenzte die Papierwährungsausgabe der Regierungen, minimierte das Inflationsrisiko und machte auf Goldstandard-Währungen lautende Kredite für Investoren attraktiv. Daher waren die vier Jahrzehnte zwischen 1870 und 1914, wie wir im folgenden Kapitel sehen werden, erstaunlich gute Zeiten. Was die Kombination von Wirtschaftswachstum und Preisstabilität angeht, stehen sie in der Menschheitsgeschichte einzigartig da.

Kapitel 8

DER AUFSTIEG DER „FIAT"-WÄHRUNGEN

Zwischen 1890 und 1912 traten buchstäblich alle wichtigen Handelsnationen dem Goldstandard-Club bei. Wie zuvor das Römische Reich oder heute Microsofts Betriebssystem Windows, war Gold der „Standard", weithin akzeptiert und unveränderlich. Das Ergebnis war in mancherlei Hinsicht eine Welt, wie sie der heutigen Globalisierungsbewegung vorschwebt: Kapital floss ungehindert dorthin, wo es den größten Nutzen versprach, Handelsbarrieren spielten keine Rolle, und das Wirtschaftsleben war allgemein robust.

In diesem Umfeld des „vernünftigen Geldes" gab es keine Inflation (in den meisten Jahren fielen die Preise), und die Zinsen waren niedrig, meist im Bereich von zwei, drei Prozent. Und da die ganze Welt im Prinzip dieselbe Währung verwendete, gab es im Grunde keinen Unterschied zwischen Investitionen im Inland und im Ausland. In manchen Jahren flossen 40 Prozent aller britischen Investitionen ins Ausland, was jungen Ländern wie den USA den Übergang von der Landwirtschafts- zur Industriegesellschaft erleichterte.

Natürlich waren Chancen auf der ganzen Welt keine Garantie für Gewinne. Aber der freie Handel bot Investoren die denkbar größte Auswahl, und alles in allem wählten sie gut. Das Ergebnis war eine stetige und weltweite Effizienzsteigerung. Produktion fand dort statt, wo die örtlichen Gegebenheiten einen Vorteil boten, und es gab einen dramatischen Anstieg des Wohlstands. In den sechs Jahrzehnten vor 1914 wuchsen die Volkswirtschaften der Welt im Durchschnitt um etwa drei Prozent im Jahr, bereinigt um die fallenden Preise in diesem Zeitraum. In den wichtigen Goldstandard-Ländern gab es nur selten Abwertungen, und Millionen von Menschen stiegen von der Armut in die soziale Mittelschicht auf.

Und die ganze Zeit über blieb die Rolle der Regierungen nach heutigen Maßstäben begrenzt. Dies war möglich, weil, wie Sie noch aus Kapitel 6 wissen, die ständige Anpassung des Goldstandards eine Ausweitung des Regierungseinflusses verhinderte: Eine steigende Belastung des privaten Sektors hätte dafür gesorgt, dass Gold ins Ausland geflossen wäre. Das wiederum hätte zu steigenden Zinsen geführt und das Wirtschaftswachstum verlangsamt, wodurch die Vorteile höherer Regierungsausgaben wieder verloren gegangen wären. Anders ausgedrückt: In den Zeiten des Goldstandards konnten die Menschen mit der Brieftasche wählen, indem sie ihre Banknoten gegen Gold tauschten. Diese Form der unmittelbaren Demokratie bremste die Ambitionen der Regierungen – zumindest für eine ganze Weile.

Wenn sie den klassischen Goldstandard kommentieren, kommen Historiker oft ins Schwärmen. Sogar der britische Wirtschaftswissenschaftler John Maynard Keynes, der später als Feind des Goldes galt, beschrieb diese Ära als eine Art Wirtschaftsparadies:

> Für die Mittel- und Oberschicht bot das Leben – zu geringen Kosten und ohne Probleme – Annehmlichkeiten, Komfort und Bequemlichkeit, die außerhalb der Reichweite selbst der reichsten und mächtigsten Monarchen anderen Zeitalter lagen. Ein Einwohner von London konnte per Telefon Produkte aus der ganzen Welt bestellen, während er im Bett seinen Tee trank … er konnte gleichzeitig und mit denselben Mitteln sein Geld in Bodenschätze und neue Unternehmen auf der ganzen Welt investieren und

> ohne Anstrengung oder Probleme ihre voraussichtlichen Früchte und Vorteile genießen. ... Er konnte ... preiswert und bequem in jedes Land und jede Klimazone reisen, ohne Pass oder andere Formalitäten ... Aber vor allem betrachtete er diesen Zustand als normal, sicher und dauerhaft. Wenn es Veränderungen geben sollte, dann nur zum Besseren, und jede Verschlechterung wäre abwegig, skandalös und vermeidbar.

Wie es immer der Fall ist, wuchs jedoch der Druck auf die Regierungen, einige Härten des Lebens auszugleichen, und Ende des 19. Jahrhunderts waren alle Goldstandard-Länder am unvermeidlichen Scheideweg angelangt. Der eine Weg bedeutete fortgesetzte Disziplin mit der begründeten Aussicht auf künftiges Wachstum, das im Lauf der Zeit Millionen von Menschen in die Mittelschicht aufsteigen lassen würde – allerdings auf Kosten von Unruhen und von Risiken für die Karrieren der politisch Verantwortlichen. Der andere Weg war die kurzfristige Lösung, eine Ausweitung der Rolle der Regierung, um hier und jetzt Unterstützung zu gewährleisten – mit nicht genau definierbaren Kosten für Wachstum und Stabilität in der Zukunft.

Da die Politiker nun einmal so sind, wie sie sind, entschieden sie sich für die Zweckmäßigkeit und gegen das vernünftige Geld. 1883 schuf der deutsche Reichskanzler Otto von Bismarck den ersten Wohlfahrtsstaat und führte die Pflicht zur Krankenversicherung ein. Es folgten Sozialversicherung, Unfallversicherung und Arbeitslosenversicherung. Zwischen 1898 und 1911 folgten Neuseeland, Österreich-Ungarn, Norwegen, Schweden, Italien, das Vereinigte Königreich und Russland diesem Beispiel. Washington hielt sich mit neuen Sozialausgaben zurück, verstärkte allerdings die Kontrolle über den Bankensektor durch die Gründung des Federal-Reserve-Systems im Jahr 1913.

Doch auch 1914 galt der Goldstandard noch allgemein als einzig legitime Funktionsmöglichkeit der Weltwirtschaft. Die wenigen, die für einen Wechsel zu „Fiat“-Währungen eintraten (also zu Währungen, die nicht gegen Gold eingelöst werden können und nicht als eine bestimmte Menge Gold definiert sind), galten als radikale Randgruppe –

ganz ähnlich wie heute die Anhänger einer Rückkehr zum Goldstandard. In einer friedlichen Welt wäre der stärker werdende Wunsch nach einem sozialen Sicherheitsnetz unter den Bedingungen des klassischen Goldstandards vielleicht realisierbar gewesen. Aber ehe ein Kompromiss erarbeitet werden konnte, erschoss ein serbischer Attentäter einen österreichischen Erzherzog, und Europa ging in Flammen auf. Die in den Krieg verwickelten Länder ließen die Notenpressen laufen, die Inflation stieg, und eine europäische Regierung nach der anderen löste die Goldbindung auf. 1917 galt der Goldstandard nur noch in den USA.

1925, als die Verwüstungen des Ersten Weltkriegs größtenteils beseitigt waren, kehrte Großbritannien zu einer Art von Goldstandard zurück. Aber, um es ganz offen zu sagen: Sie haben die Sache vermasselt. Die Briten ignorierten die Tatsache, dass die Menge der umlaufenden Pfund-Währung während des Kriegs stark angestiegen war, und setzten den Vorkriegswert von 0,2354 Unzen Gold je Pfund wieder ein. Das schuf ein Ungleichgewicht, denn je Unze Gold in den Kellern der Bank von England war viel zu viel Papierwährung im Umlauf. Wer diese Währung besaß, tauschte sie in Gold, denn sonst wäre er ja dumm gewesen. Weil die umgetauschten Banknoten vom Markt genommen wurden, sank die Geldmenge, und das führte zu einer langwierigen Deflation. Die Preise fielen, und die Tilgung von Schulden wurde erschwert.

In den USA lösten die während des Kriegs zusätzlichen gedruckten Dollars eine ungebremste Kreditvergabe aus. Aktienkurse und Immobilienpreise stiegen stark an, weil immer mehr Menschen an der Spekulation auf Kredit Gefallen fanden. Als es 1929 zum unvermeidlichen Crash kam, reagierten die Politiker in den USA und Europa mit einer ganzen Serie katastrophaler Fehlentscheidungen. Dazu gehörten der Smoot-Hawley-Tarif und ein Abwertungswettbewerb unter den wichtigsten Handelspartnern. Die Wirtschaft in den westlichen Industrieländern, die nur zwei Jahrzehnte zuvor scheinbar unverwundbar gewesen war, brach zusammen.

Wegen massiver Goldabflüsse gab Großbritannien 1931 den Goldstandard auf. In den USA begannen die Sparer, ihr Geld von den Banken abzuheben und Dollars in Gold zu tauschen. Sie waren mit Geldersatz nicht mehr zufrieden und wollten richtiges Geld. Tausende amerikanische Banken gingen zugrunde, weil ihre Goldreserven nicht ausreichten, um ihre Kunden auszuzahlen. Die Kreditmaschinerie hatte den Rückwärtsgang eingelegt, denn die verbliebenen Banken kündigten bestehende Kredite und vergaben keine neuen mehr. Unternehmen, die von der Kapitalzufuhr abgeschnitten waren, gingen in Konkurs, und ihre arbeitslos gewordenen Beschäftigten stoppten ihre Ausgaben. Die Preise fielen stark, es wurde schwieriger, Kredite zu tilgen, und immer mehr Unternehmen gerieten in die Pleite. Eine Weile schien die Abwärtsspirale kein Ende nehmen zu wollen. Der neu gewählte Präsident Franklin Delano Roosevelt reagierte darauf, indem er den Goldstandard des Dollars aufgab, einen Bank-„Urlaub“ anordnete und damit begann, in Privatbesitz befindliches Gold zu konfiszieren. Angesichts dieses „fortgesetzten Notstands“ lautete seine plumpe Anordnung:

> Ich, Franklin D. Roosevelt, Präsident der Vereinigten Staaten von Amerika … verbiete hiermit den Privatbesitz von Goldmünzen, Goldbarren und Goldzertifikaten auf dem Gebiet der USA.
>
> Alle Personen werden hiermit aufgefordert, spätestens am 1. Mai 1933 alle Goldmünzen, Goldbarren und Goldzertifikate, die sie derzeit besitzen oder in deren Besitz sie bis zum 28. April 1993 kommen werden, bei einer Zweigstelle oder Agentur der Bundesbank oder bei einer Mitgliedsbank des Federal Reserve Systems abzuliefern.
>
> Wer wissentlich gegen einen Punkt dieser Anordnung verstößt, kann mit einer Geldstrafe bis zu 10.000 Dollar, einer Freiheitsstrafe bis zu zehn Jahren oder mit beidem bestraft werden.

Auf diese Weise nahm die Regierung unseren Großeltern viel von deren Gold ab, und zwar zum „offiziellen“ Wechselkurs von 20,67 Dollar je Unze. Als die Konfiszierung 1934 abgeschlossen war, wertete das Schatzamt den Dollar um 69 Prozent ab, indem es den Wechselkurs des Goldes auf 35 Dollar je Unze heraufsetzte. Wir bezeichnen das als glatten Raub, aber die Größe dieses Verbrechens ging im Durcheinander der Weltwirtschaftskrise und dem Abgleiten Europas in einen weiteren katastrophalen Krieg unter.

Nach dem Zweiten Weltkrieg, als ein großer Teil Europas in Schutt und Asche lag, unternahm der Westen einen weiteren Versuch zur Schaffung eines stabilen Währungssystems. Bei ihrem Treffen in Bretton Woods, New Hampshire, bastelten die amerikanischen und europäischen Machthaber einen Pseudo-Goldstandard zusammen, wobei der US-Dollar (zu 35 Dollar je Unze Gold) als wichtigste Reservewährung der Welt diente und die meisten anderen Länder ihre Währungen an den Dollar koppelten. Die nächsten 15 Jahre waren eine kurze und im Rückblick verständliche Pause auf dem Weg zur Währungsentwertung. Verbraucher, Unternehmen und Regierungen waren durch die Umwälzungen der drei vorangegangenen Jahrzehnte geläutert und nicht in der Stimmung für Experimente. Banken vergaben Kredite nur an Schuldner mit guter Bonität, die Unternehmen stellten nur dann neue Mitarbeiter ein und expandierten, wenn dies baldige und überzeugende Resultate versprach, die Arbeiter waren dankbar für Jobs und verhielten sich dementsprechend, und die Regierungen hielten ihre Haushalte in Ordnung. In vielerlei Hinsicht führte dies dazu, dass die Welt der Stabilität der Goldstandardjahre näher kam, als es seither je wieder der Fall war.

Aber die 1950er-Jahre waren leider nur ein Zwischenspiel. In den 1960er-Jahren wurde der Expansionsdruck auf alle westlichen Regierungen unwiderstehlich. Für die USA führte die Notwendigkeit, die UdSSR im Zaum zu halten, zu teuren Kriegen in Korea und Vietnam. Innenpolitisch führte die Überzeugung, Armut könne durch die Regierung überwunden werden, zu den „Great Society“-Wohlfahrtsprogrammen wie Medicare. Wie üblich lautete das Motto der Politik nicht „Gewehre oder Butter“, sondern „Gewehre *und* Butter“, finanziert mit frisch gedruckten Dollars.

Diese Flut an Dollars führte zwangsläufig zu steigender Goldnachfrage. 1968 gestanden die Zentralbanken der Welt das Scheitern ihrer Versuche ein, ihre Landeswährungen zu managen, und sie verkündeten, es gebe von nun an einen „offiziellen“ Goldpreis und einen Goldpreis auf dem freien Markt. Das verschlechterte die Lage, zeigte es doch den offenkundigen Wunsch der Zentralbanken, ihre Währungen noch stärker vom Gold zu lösen. Präsident Richard Nixon reagierte darauf nicht etwa mit einer Dollar-Abwertung (wie es FDR getan hatte) oder mit einer Ausgabenkürzung. Stattdessen schaffte er die Konvertibilität des Dollars in Gold ab. Der Dollar, so erklärte er, sei nun nicht länger in der Gewalt der „internationalen Spekulation".

Im Dezember 1971 trafen sich die Vertreter der wichtigsten Industrienationen in Washington, D. C., um die letzten Spuren des Goldstandards auszulöschen. Sie schusterten etwas zusammen, das als Smithsonian Agreement bekannt wurde und eine Abwertung des Dollars von 35 auf 38 Dollar je Unze Gold vorsah, ohne Bindung des Dollars an Gold oder an irgendeine andere Währung. Präsident Nixon pries die Vereinbarung als „das bedeutendste monetäre Abkommen in der Geschichte der Welt".

Das Smithsonian Agreement hatte ganze zwei Jahre Bestand, bis der erste Ölschock und die folgende weltweite Rezession von 1973 eine weitere Dollar-Abwertung erzwangen, und zwar auf ziemlich willkürlich klingende 42,22 Dollar je Unze Gold. Als die Weltwirtschaft im Chaos zu versinken drohte, warfen die Zentralbanken der Welt schließlich das Handtuch und ließen es zu, dass ihre Währungen gegenüber dem Gold an Wert verloren. In den USA wurde das seit der Depression bestehende Verbot privaten Goldbesitzes aufgehoben. Das Resultat konnte niemanden überraschen: Es kam zu einer wilden Flucht aus dem Dollar. 1978 stieg die Inflationsrate in den zweistelligen Bereich. Verschlimmert wurde die Lage noch durch den zweiten Ölschock und eine Politik der Carter-Administration, die das Vorgehen der Nixon-Regierung vergleichsweise vernünftig erscheinen ließ. Gegenüber relativ gut gemanagten Währungen wie dem Schweizer Franken verlor der Dollar massiv an Wert. Gold als einzige nicht verderbliche Form von Geld stieg im Januar 1980 auf mehr als 800 Dollar je Unze (25,72 Dollar/gg).

Seit den 1970er-Jahren lassen die USA und der Rest der Welt ihre Währungen frei fluktuieren, ohne offizielle Goldbindung. Steuern, Ausgaben und die Emission neuer Banknoten werden ausschließlich von

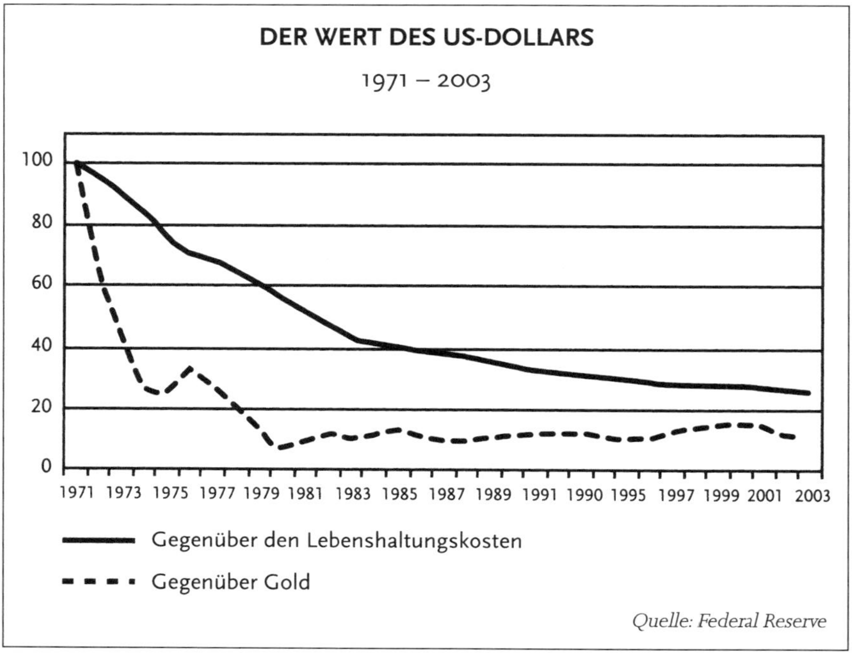

der vorherrschenden politischen Stimmungslage bestimmt. Und obwohl die Inflationsraten in den vergangenen Jahren niedrig waren, war der kumulative Schaden für den Wert des Dollars enorm. Wie der Chart oben zeigt, hat der Dollar seit dem Ende des Goldstandards 1971 gegenüber dem Gold erstaunliche 90 Prozent seines Werts verloren. Relativ zu den Lebenshaltungskosten verlor er 70 Prozent.

INFLATION, ENTWERTUNG ODER BEIDES?

„Inflation" und „Entwertung" sind Begriffe, die in Diskussionen über monetäre Fragen häufig auftauchen und für den Laien so ziemlich dasselbe zu bedeuten scheinen. Aber in Wirklichkeit beschreiben sie zwei verschiedene Arten monetärer Zerrüttung.

Laut *Webster's* lautet die allgemeine Definition von Entwertung: „Herabsetzung des Status, des Ansehens oder der Qualität". Es kann aber auch bedeuten: „Reduzierung des inneren Wertes von Münzen durch Erhöhung des Basismetallanteils". Entwertetes oder verschlechtertes Geld verliert an Wert, weil jede Geldeinheit weniger von dem Material enthält, das ihr Wert verleiht. Andererseits bedeutet Inflation die Erhöhung einer Menge, in diesem Fall der in Umlauf befindlichen Geldmenge. Eine inflationierte Währung verliert infolge eines Überangebots an Wert.

Die USA machen alle nur erdenklichen Fehler und bringen es fertig, den Dollar gleichzeitig sowohl zu entwerten als auch zu inflationieren. Lassen Sie uns zum besseren Verständnis mit dem Konzept einer monetären Bilanz beginnen, die, wie die Bilanz eines Unternehmens oder einer Familie, einfach eine Aufzählung aller relevanten Vermögensgegenstände und Verbindlichkeiten ist, in diesem Fall des amerikanischen Geldkartells – der Federal Reserve Bank und der Geschäftsbanken. Wir verwenden das Wort *Kartell* absichtlich, denn nur der Federal Reserve und den amerikanischen Banken hat die Regierung das lukrative Privileg zur Schaffung von Dollars zugestanden. Microsoft kann das nicht, Chicago, der Staat New York und jede andere Nichtbank können es auch nicht.

Heutige Dollars sind lediglich Schuldscheine (das heißt: Zahlungsversprechen) des Geldkartells. In diesem Kartell sorgt die Federal Reserve für die physische Währung in Form von Banknoten, die Sie in der Brieftasche haben. Die Geschäftsbanken sorgen für die Kontenwährung, die in Form von Schecks und Überweisungen zirkuliert. Wenn man alle diese Schuldscheine zusammenzählt, erhält man die Geldmenge M3, die der Gesamtmenge aller im Umlauf befindlichen Dollars oder den Gesamtverbindlichkeiten des Geldkartells entspricht.

„Fiat"-Währungen sind durch die Vermögensgegenstände des Bankensystems „gedeckt" – oder beziehen ihren Wert aus ihnen. Was den Dollar betrifft, bestehen diese Vermögensgegenstände aus Goldzertifikaten, die in den Tresoren der Federal Reserve lagern, und aus den Schuldverschreibungen, die die Banken und die Federal Reserve besitzen. Mittlerweile handelt es sich dabei vor allem um Staatsanleihen, die den Banken gehören, und um an die Bankkunden ausgehändigte Kredite.

Vielleicht erkennen Sie schon, wohin das führt. Die Vermögensgegenstände, die den Dollar stützen, sind einerseits Gold, das greifbar und somit unabhängig davon ist, ob ein Vertragspartner seinen Verpflichtungen nachkommt, und andererseits die Schuldscheine von Regierungen, Bürgern und Unternehmen, die sehr wohl davon abhängig sind und daher das wert sein können, was sie angeblich wert sind – oder auch nicht. Der Dollar selbst hat keinen inneren Wert; er ist nur ein Schuldschein des Bankkartells. Je höher also die Golddeckung des Dollars ist, desto besser, denn die Geschichte hat bewiesen, dass ein greifbarer Vermögensgegenstand wie Gold verlässlicher ist als ein Zahlungsversprechen von wem auch immer.

Wie man eine Münze durch Reduzierung ihres Goldgehalts entwerten kann, führt auch eine Reduzierung der Golddeckung zur Entwertung des Dollars. Wenn Sie verstehen wollen, warum das schlecht ist, erinnern Sie sich daran, dass Gold und Silber zwei verschiedene Werte hatten, als sie noch als Münzen im Umlauf waren – den Wert des enthaltenen Metalls und den eingeprägten „Nennwert". Münzen wurden normalerweise zum Nennwert getauscht – das heißt, als Währung verwendet –, auch wenn der Metallgehalt infolge Abnützung unter dem erforderlichen Gewicht lag. Von Zeit zu Zeit wurden alte Münzen aus dem Verkehr gezogen und durch neue ersetzt, wobei derjenige, der sie herausgab, das Gold oder Silber lieferte, das das Metall in den alten Münzen ersetzte. Wenn aber die Kreditwürdigkeit dieser Herausgebers – der Regierung – in Zweifel gezogen wurde, akzeptierten die Menschen entwertete, untergewichtige Münzen nicht mehr und tauschten sie gegen neue. Bald gingen den Banken die neuen Münzen aus, und eine Währungskrise war die Folge.

Mit diesem Hintergrundwissen wollen wir nun untersuchen, was mit dem Dollar geschehen ist. Die Tabelle auf der nächsten Seite enthält zwei Momentaufnahmen der monetären Bilanz der USA, eine von 1979 und eine andere von 2003. Wie Sie sehen, lag M3, die Gesamtmenge der Währung in diesem System, 1979 bei etwa 1,8 Billionen Dollar, während die Golddeckung etwa 142 Milliarden Dollar wert war. Mit anderen Worten: Das Gold entsprach etwa 7,85 Prozent des Dollar-Werts.

Im Juni 2003 hatte sich das Bild dramatisch verändert. In weniger als 23 Jahren war M3 fast auf das Fünffache gewachsen, was eine Dollar-Inflation bedeutet (das heißt, die verfügbare Menge ist gestiegen). Gleichzeitig war der Wert das Goldes in der Bilanz um 35 Prozent gesunken, teils wegen einiger Verkäufe, teils auch, weil der Wechselkurs des Goldes gesunken war. Das Ergebnis dieser Explosion des Dollar-Angebots und des Rückgangs der Goldvorräte der Zentralbank ist, dass der Dollar heute nur noch zu minimalen 1,04 Prozent durch Gold gedeckt ist. Wie eine Münze, die früher aus reinem Gold war, jetzt aber zu 99 Prozent aus Kupfer besteht, ist der Dollar von heute nur noch ein Schatten seiner Vergangenheit.

MONETÄRE BILANZ DES US-DOLLARS

31. Dezember 1979 – in Milliarden Dollar

Vermögensgegenstände	Wert	Verbindlichkeiten	Wert
Gold à 536,50 Dollar/Unze	142,0	Banknoten	104,8
Forderungen	1.666,3	Bankeinlagen	1.703,5
	1.808,3	M3	1.808,3

Golddeckung des Dollars: 7,85 %

Quelle: Federal Reserve

MONETÄRE BILANZ DES US-DOLLARS

30. Juni 2003 – in Milliarden Dollar

Vermögensgegenstände	Wert	Verbindlichkeiten	Wert
Gold à 347,70 Dollar/Unze	91,0	Banknoten	646,4
Forderungen	8.666,9	Bankeinlagen	8.111,5
	8.757,9	M3	8.757,9

Golddeckung des Dollars: 1,04 %

Quelle: Federal Reserve

GOLD UND DIE VERFASSUNG

Wenn Gold im Wettbewerb zum Dollar steht, ist der Besitz von Gold dann unpatriotisch? Überhaupt nicht. Gold und Silber waren nämlich nicht nur Amerikas erste Geldarten, sondern sie genießen bis heute Verfassungsrang. Erinnern Sie sich daran, dass die Väter der Verfassung gegen eine sie unterdrückende Regierung um ihre Freiheit gekämpft und unter dem Zusammenbruch des Continental, der Papierwährung, mit der in Kriegszeiten experimentiert worden war, gelitten hatten. Daher konzipierten sie die Verfassung ausdrücklich mit dem Zweck, die Macht der Bundesregierung zu begrenzen, teilweise durch Einschränkung von Washingtons Fähigkeit, Papiergeld zu drucken. Zu diesem Thema sagt die Verfassung Folgendes:

Artikel 1, Abschnitt 8 gewährt dem Kongress die Befugnis „Geld zu prägen und deren Wert zu regulieren ...“

Artikel 1, Abschnitt 10 erklärt, dass „ ... kein Staat Münzen prägen, Geldscheine drucken und etwas anderes als Gold und Silber als Zahlungsmittel zulassen darf; ... „

Der fünfte Zusatzartikel zur Verfassung verbietet es der Regierung, Bürgern „ ... das Leben, die Freiheit oder das Eigentum ohne einen angemessenen Gerichtsprozess zu nehmen; auch soll kein Privateigentum ohne angemessene Kompensation öffentlicher Verwendung zugeführt werden.“

Artikel 1, Abschnitt 8 gewährt dem Kongress das Recht, jedes Gesetz zu erlassen, das „notwendig und geeignet ist“, seine Machtbefugnisse auszuüben.

Wenn man diese vier Passagen durch unsere moderne Sicht der Welt filtert, scheint unsere Verfassung einer „Fiat“-Währung nur geringe Hindernisse in den Weg zu legen. Der Kongress ist ermächtigt, Geld zu „prägen“ und zu „regulieren“, was, solange dadurch niemandem „Leben, Freiheit und Eigentum“ genommen werden, auch Papiergeld zu legitimieren scheint. Dass die Staaten nur Gold und Silber als legales Zahlungsmittel akzeptieren dürfen, ist natürlich ein massives Hindernis, aber wozu gibt es schließlich Juristen?

Wo ist also das Problem? Die Verfassung ist nicht im heute gebräuchlichen Englisch geschrieben, und im Lauf der Jahrhunderte haben viele entscheidende Wörter eine Bedeutung angenommen, die die Väter der Verfassung nicht im Sinn hatten. Als die Regierung dazu ermächtigt wurde, Geld zu „regulieren", bedeutete dies nicht die Fähigkeit, unbegrenzte Mengen an Geld in Umlauf zu bringen, sondern den Kurs festzulegen, zu dem zwei Geldarten – Gold und Silber – gegeneinander getauscht werden konnten, gleichgültig ob sie im Inland oder im Ausland geprägt worden waren. Mit anderen Worten: Die Regierung konnte Münzen prägen – in Konkurrenz zu den privaten Prägestätten der damaligen Zeit –, aber sie konnte keine anderen Dinge zu Geld erklären, sie nach Gutdünken erschaffen und in Umlauf bringen. Sie war tatsächlich nicht ermächtigt, Geld zu „drucken".

Das Drucken immer größerer Mengen von Papierwährung, die allmählich an Wert verliert, nimmt Bürgern ihr Eigentum, weil der Wert ihrer Ersparnisse immer geringer wird. Damit verstößt es gegen den fünften Zusatzartikel zur Verfassung. Alles in allem scheinen diese Passagen die Bedeutung der Ermahnung in Artikel 1, Abschnitt 10 zu erklären, dass Gold und Silber als Geld akzeptiert werden müssen: Die Väter der Verfassung wollten „vernünftiges" Geld für ihre neue Union, und darunter verstanden sie Gold und Silber. Sie unterstrichen diese Auffassung im Mint Act von 1792, einem der ersten Erlasse der neu gebildeten Regierung, in dem der Dollar als 371 1/4 Grains Silber definiert wurde. Kurz: Die Verfassung scheint zu sagen, dass *nur* Gold und Silber als Geld verwendet werden können.

Wie kam es dann dazu, dass Papiergeld zugelassen wurde? Auf die Väter der Verfassung folgten Generationen, die die britische Unterdrückung und den Zusammenbruch des Continental nicht mehr erlebt hatten. Der Staatsapparat wuchs, begann, wie üblich, sich an den durch das vernünftige Geld auferlegten Einschränkungen zu reiben und fand Wege, sie zu umgehen. Eine vollständige Erklärung des Übergangs vom gesunden Geld zum Papiergeld ist im Rahmen dieses Buches nicht möglich. Begnügen wir uns mit der Feststellung, dass es ein allmählicher Prozess war und dass sich auf jeder Stufe dieses Prozesses diejenigen widersetzten, denen die damit verbundenen Risiken klar waren. Daniel Webster klagte bereits 1833: „Wir laufen Gefahr, von nicht einlösbarem Papier überwältigt zu werden, bloßem Papier, das nicht Gold oder Silber repräsentiert, sondern nichts als gebrochene Versprechen, Vertrauensbruch, bankrotte Unternehmen, betrogene Gläubiger und ruinierte Menschen."

Die Schlacht gegen das Papiergeld wurde auf rhetorischem und juristischem Gebiet geschlagen, und die Auseinandersetzungen landeten oft vor dem obersten Bundesgericht. Der oberste Gerichtshof entschied jedoch ständig zugunsten der Regierung – oder umging das Thema der verfassungsgemäßen Definition von Geld. Warum? Weil Richter nicht ohne politischen oder ideologischen Ballast in ihre Ämter gelangen. In vielen Fällen verdanken sie ihren Aufstieg einer politischen Partei, und wenn sie im Amt sind, bleiben sie ihren alten Freunden treu oder fühlen sich sogar zu äußerster Loyalität verpflichtet. Gerichte, die einer Ausdehnung der Macht der Bundesregierung über die 17 in der Verfassung verankerten Vollmachten hinaus positiv gegenüberstanden, verwandelten das „notwendig und geeignet" aus Artikel 1 in ein Schlupfloch, das groß genug war, wirklich jede Maßnahme der Bundesregierung zu rechtfertigen. Was den Dollar betrifft: Wenn eine Papierwährung „notwendig" war, um die Funktionsfähigkeit der Regierung zu gewährleisten, dann, so urteilten die Gerichte, gehörte ihre Einführung zu den in der Verfassung „angedeuteten" Vollmachten Washingtons und war somit nicht zu beanstanden.

Kapitel 9

DIE ROLLE DES GOLDES IN DER WELT VON HEUTE

Als die Welt am Ende der 1970er-Jahre in ein monetäres und politisches Chaos abglitt, meinten einige, das freie Unternehmertum und sogar die Demokratie seien obsolet geworden. In den kommenden Jahrzehnten, so die vorherrschende Meinung, werde es eine Konvergenz der politischen Modelle in den USA und in der UdSSR geben, die schließlich zu einer Planwirtschaft mit begrenzten Eigentumsrechten führen würde, gefesselt durch Ölpreise von 100 Dollar je Barrel.

Aber dann rappelte sich der Westen auf, wie es in freien Gesellschaften zu geschehen pflegt.

In den späten 1970er-Jahren zeigte sich der neu ernannte Chairman der Federal Reserve Paul Volcker dazu bereit, die Zinsen so weit zu erhöhen, wie es nötig war, um die Inflation einzudämmen und den Respekt für den Dollar wiederherzustellen. In den frühen 1980er-Jahren senkten Präsident Ronald Reagan und die britische Premierministerin Margaret Thatcher die Steuern, brachen kompromisslos die Macht der Gewerkschaften und forderten die Sowjetunion sowohl auf geopolitischem als auch auf ökonomischem Gebiet heraus. Diese riskante Vorgehensweise zahlte sich aus, und der private Sektor gewann ein Stück seiner alten Stärke zurück. In den USA begann die Wirtschaft wieder zu wachsen, dieses Wachstum breitete sich im Rest der Welt aus, und es keimte wieder Hoffnung auf, dass freie Individuen ihre eigenen Angelegenheiten vielleicht doch selbst in die Hand nehmen könnten.

Mitte der 1980er-Jahre hatte sich der Kapitalismus vom Schlimmsten erholt. Er war auf der Siegerstraße, denn die Aktienkurse stiegen und die Zinsen sanken. Mit dem Zerfall der Sowjetunion 1990 schien die Diskussion beendet, auf welche Weise man eine menschliche Gesellschaft am besten organisieren kann. Der Kapitalismus und die Demokratie hatten gewonnen, und nun ging es nur noch um Details. War das entindividualisierte Gesellschaftsmodell Japans, die Partnerschaft zwischen Unternehmen, Arbeitnehmern und Regierung wie in Deutschland und Frankreich oder die Laissez-faire-Einstellung wie in den USA und in Großbritannien die beste Lösung? Jedenfalls standen Stabilität und Wachstum auf der Tagesordnung, und in der 1990er-Jahren stiegen Aktien und andere Finanztitel im Wert, während der Dollar an Stärke gewann. Unter der Führung von Silicon Valley und Wall Street dachte die Menschheit, sie habe die Zukunft im Griff.

Vor dem Hintergrund all dieser großartigen Ereignisse sank die Bedeutung des Goldes, dieses bewährten, sicheren Hafens gegen finanzielle Unsicherheiten. Nachdem es 1980 seinen Höchstwert erreicht hatte, begann ein nur von kurzen Konsolidierungen unterbrochener Wertverlust, der 1999 bei 252 Dollar je Unze (8,10 Dollar/gg) sein Extrem erreichte. In nur zwei Jahrzehnten war Gold, früher das Herzstück des weltweiten Finanzsystem, fast in der Bedeutungslosigkeit versunken. Das dunkle Zeitalter des Goldes schien (zumindest nach dem Empfinden seiner Anhänger) ewig zu dauern.

Heute spielt Gold auf vier Gebieten eine Rolle:

Zentralbankreserven. Obwohl keine formale Bindung an eine bedeutende Währung mehr besteht, wird Gold von Zentralbanken neben Dollars, Euros und anderen Währungen immer noch als Reserve zur Stützung des Werts ihrer Landeswährungen gehalten. Ende 2002 hielten die Zentralbanken der Welt geschätzte 18.000 Tonnen Gold (nach deren Angaben sind es allerdings 32.000 Tonnen; wir werden auf diese Diskrepanz gleich zu sprechen kommen), was etwa zwölf Prozent der derzeitigen weltweiten Gesamtvorräte entspricht.

Für die Zentralbanken ist Gold Fluch und Segen zugleich. Im Gegensatz zu nationalen Währungen ist es ein greifbarer Vermögensgegenstand, kein Zahlungsversprechen. Und in den vergangenen Jahrzehnten war es die einzige Reserve, die ihre Kaufkraft behielt. Während man allerdings Dollars zum jeweils herrschenden Zinssatz verleihen kann, was die Reserven einer Zentralbank im Lauf der Zeit erhöht, kann man mit dem Verleihen von Gold nur etwa ein Prozent pro Jahr vereinnahmen. Woher kommt dieser Unterschied? Geldersatz existiert, wie Sie wissen, lediglich durch die Zentralbanken, die dazu neigen, zu viel davon in Umlauf zu bringen. Wer Dollars oder Euros verleiht, verlangt daher vernünftigerweise hohe Renditen (bekannt als „Risikoprämien") als Kompensation dafür, dass die Rückzahlung möglicherweise in weniger wertvoller Währung erfolgen wird. Gold dagegen kann nicht einfach aus Luft erschaffen werden, und das macht es relativ sicher. Daher begnügt sich der Markt mit niedrigeren Zinsen.

Zentralbanken haben eine instinktive Abneigung gegen jede Währung, die sie nicht erschaffen und manipulieren können. Daher liegt es für sie nahe, einen Teil ihrer Goldvorräte zu verkaufen und den Erlös in Wertgegenstände zu investieren, die einen höheren Ertrag bringen. In den 1990er-Jahren haben viele von ihnen, darunter Kanada, die Niederlande, Belgien, Österreich, die Schweiz und das Vereinigte Königreich, genau dies getan. Gleichzeitig wendeten sie auch andere Mittel an – Verleihen, Swaps (eine Variante des Verleihens) und Derivate wie etwa Optionen –, um ihr Gold in Cash zu verwandeln. Bei der Goldleihe zum Beispiel transferiert eine Zentralbank Gold zu einer großen Privatbank (Bullion-Bank), die der Zentralbank dafür einen geringen, aber immerhin positiven Zinssatz zahlt und das Gold dann auf dem freien Markt verkauft. Ende 2003 waren etwa 14.000 Tonnen der 32.000 Tonnen an weltweiten Zentralbankreserven auf diese Weise verliehen. Aber die

Zentralbanken konnten immer noch das Eigentum an 32.000 Tonnen für sich reklamieren, denn im Rahmen ihrer reichlich trügerischen Bilanzregeln dürfen sie das Gold in ihren Tresoren und das verliehene Gold zu einem einzigen Bilanzposten zusammenfassen.

1999 hatten die Verkäufe und die Verleihgeschäfte der Zentralbanken (sowie die Verkäufe durch die Bullion-Banken) den Goldpreis unter 300 Dollar je Unze (9,64 Dollar/gg) gedrückt. Man machte sich allmählich Sorgen wegen möglicher Auswirkungen auf Gold produzierende Nationen und auf diejenigen Zentralbanken, die sich gegen einen Verkauf entschieden hatten. Daher einigten sich die europäischen Zentralbanken im Schnellverfahren auf das Washingtoner Abkommen, das die Goldverkäufe der elf Länder der Eurozone, der Europäischen Zentralbank, der Schweiz, Schwedens und des Vereinigten Königreichs bis einschließlich 2004 auf 400 Tonnen pro Jahr begrenzte. Die Vertragspartner einigten sich auch darauf, ihre Goldverleihgeschäfte während der Laufzeit des Abkommens nicht auszuweiten. In das Jahr 1999 fiel zufällig auch das Goldpreistief in diesem Zyklus: 252 Dollar je Unze (8,10 Dollar/gg).

Münzen. Eine andere Möglichkeit der Zentralbanken zum Abbau oder Verkauf ihrer Goldvorräte ist die Herausgabe von Münzen. Neben bekannten Münzen wie dem kanadischen Maple Leaf oder dem amerikanischen Gold Eagle kann man heute unter anderem auch Goldmünzen aus Österreich, Südafrika, Australien, China und Frankreich kaufen. Mit 100 Tonnen pro Jahr ist dies nur ein kleiner Teil des Goldmarkts, aber in der Summe hat er inzwischen Bedeutung erlangt.

Schmuck. Nach Angaben des World Gold Council beträgt die Nachfrage der Schmuckindustrie stolze 3.000 Tonnen pro Jahr. Aber diese Statistik ist trügerisch. In Wahrheit werden 80 Prozent des Goldschmucks nach Asien und in den Nahen Osten verkauft, wo er für die Menschen dieselbe Rolle spielt wie Goldmünzen in den westlichen Ländern: Geld.

Industrielle Anwendungen. Gold hat einige Eigenschaften, die es zum perfekten Material für die High-Tech-Anwendungen des 21. Jahrhunderts machen. Es ist verformbar, reflektierend, resistent gegen Korrosion und ein unerreichter Wärme- und Elektrizitätsleiter. Für die Elektronikindustrie ist es teils nützlich, teils unverzichtbar in Computern, Fernsehgeräten, modernen Waffen, Raumschiffen und dergleichen. Goldlegierungen werden in Raketenantrieben verwendet, Golddrähte verbinden Komponenten von Schaltkreisen, und Goldkontakte finden in Handy-Tastaturen Anwendung. Die Liste ist lang und wird schnell immer länger. Doch mit lediglich 50 Tonnen pro Jahr spielt die industrielle Nachfrage noch keine bedeutende Rolle für den Goldpreis.

Teil 3

WARUM DER GOLDPREIS STEIGEN WIRD

In drei oder vier Jahren werden wir auf den heutigen Goldpreis
von 400 Dollar zurückblicken und uns fragen:
„Was zum Teufel haben wir uns damals gedacht? Wo waren wir?
Bei 400 Dollar war Gold billiger als Dreck.
Warum haben wir das im Jahr 2003 nicht erkannt?

RICHARD RUSSEL
Herausgeber der *Dow Theory Letters*

Kapitel 10

DIE FUNDAMENTALDATEN DES GOLDES SIND POSITIV

Angesichts der steigenden US-Staatsverschuldung und der Bereitwilligkeit der Fed, die Welt mit Dollars zu überschwemmen, fällt die Argumentation nicht schwer, dass die langfristigen Perspektiven des Goldes besser sind als jemals zuvor. Aber wie sieht es kurzfristig aus? Bei jedem Wertgegenstand ist die Prognose der Preisentwicklung innerhalb des nächsten Jahres schwierig, und wegen seiner Anfälligkeit gegen politische und ökonomische Strömungen gilt dies für Gold in besonderem Maß. Unmöglich ist die Prognose allerdings nicht. Ein Analyst an der Wall Street vergleicht Aktien mit Anleihen und kommt zum Ergebnis, dass die einen oder die anderen unterbewertet sind. Analog dazu ist es möglich, Angebots/Nachfrage-Trends und den Wert des Goldes relativ zu anderen Vermögensgegenständen abzuschätzen, um eine Vorstellung davon zu erhalten, wie es sich kurzfristig entwickeln könnte. Hier sind zwei solche Vorgehensweisen, und überraschenderweise liefern beide extreme Kaufsignale.

IM VERGLEICH ZU AKTIEN IST GOLD BILLIG

Kein Vermögensgegenstand existiert in einem Vakuum, und das gilt auch für Gold. Aktien, Anleihen, Immobilien und Edelmetalle stehen sämtlich im Wettbewerb um eine begrenzte Menge von Kapital. Wenn Gold attraktiv sein soll, müssen seine Perspektiven nicht nur gut sein, sondern besser als zum Beispiel die von Wachstumsaktien. Eine Möglichkeit dieses Vergleichs ist die Dow-Gold-Relation, die anzeigt, wie viel Gold man braucht, um den aus bedeutenden amerikanischen Aktien bestehenden Dow Jones Industrial Average zu kaufen. Wie der untenstehende Chart zeigt, weist diese Relation starke Schwankungen auf.

1971 kostete Gold 40 Dollar je Unze (1,28 Dollar/gg), und der Dow Jones stand bei 890 Punkten. Man brauchte also etwa 22 Unzen Gold, um den Dow Jones zu kaufen. Neun Jahre später brauchte man dazu weniger als eine einzige Unze. Ende 1999 hatten sich beide wieder auseinander entwickelt: Der Dow stand bei 11.497 Punkten, und die Dow-Gold-Relation erreichte mit 41 einen weit höheren Wert als beim Hoch am Anfang der 1970er-Jahre. Beachten Sie aber, dass diesmal beide, Dow und Gold, eine Stelle mehr aufwiesen als damals. Das lag an der Inflation. Die Kaufkraft eines Dollars entspricht heute zehn Cent von 1971, daher brauchen wir zehnmal mehr Dollars, um eine Unze Gold oder den Dow Jones zu kaufen.

DER DOW JONES, GEMESSEN IN GOLD

Dezember 1913 bis Februar 2003

Eine Dow-Gold-Relation am oberen Ende ihres langjährigen Spektrums bedeutet zweierlei. Erstens: Wenn man den historischen Erfahrungen trauen kann, wird Gold in den nächsten Jahren eher steigen als fallen. Zweitens: Der Unterschied zwischen dem Hoch von 1971 und dem Tief von 1980 gibt uns einen Hinweis darauf, wie teuer Gold diesmal werden kann; vor allem, wenn es, wie jetzt, finanziellen Rückenwind erhält.

DIE MONETÄRE NACHFRAGE WIRD STEIGEN

Einer der schockierendsten Aspekte des Goldes ist, wie wenig es davon gibt. In 4.000 Jahren manchmal fanatischer Suche nach Gold haben wir vielleicht 135.000 Tonnen davon gefunden. Die gesamten heutigen Goldvorräte hätten in einem (zugegebenermaßen sehr schweren) Würfel mit einer Seitenlänge von 20 Metern Platz. Das entspricht etwa drei Wohnhäusern oder zehn Prozent des Washington-Denkmals. Zum Vergleich: In den USA werden *pro Tag* etwa 240.000 Tonnen Stahl produziert.

Aber im Gegensatz zu Stahl, dessen Produktion einfach durch den Bau neuer Fabriken erhöht werden kann, steigt das Goldangebot nur dann, wenn neue Vorkommen gefunden und ausgebeutet werden. Seit 1492 gab es kein Jahr mehr, in dem die weltweiten Goldvorräte um mehr als fünf Prozent gestiegen sind. Im 19. Jahrhundert lag der Durchschnitt bei zwei Prozent – einer der Gründe, warum in den Goldstandardländern Inflation nicht existierte. Die Geldmenge war von Natur aus auf ein niedriges einstelliges Wachstum begrenzt.

Obwohl Gold nicht mehr als Währung im Umlauf ist, findet es noch immer monetäre und kommerzielle Verwendung. Die Nachfrage aus diesen Quellen wird auf 4.000 Tonnen pro Jahr geschätzt. Die weltweite Minenproduktion liegt derzeit bei etwa 2.500 Tonnen, wodurch ein jährlicher Nachfrageüberhang von 1.500 Tonnen oder etwa 50 Millionen Unzen entsteht.

Bei den meisten Rohstoffen würde ein derart großes Ungleichgewicht zwischen Angebot und Nachfrage entweder den Preis oder die

Produktion massiv steigen lassen – wahrscheinlich sogar beide. Aber Rohstoffe werden nach ihrer Produktion verbraucht, und Sie wissen ja, dass Gold mehr ist als nur ein Rohstoff. Gold ist Geld, das, nachdem es entdeckt worden ist, meist gehortet wird. Daher ist der größte Teil des jemals geförderten Goldes noch vorhanden, und das aktuelle Defizit wird von den Besitzern in früheren Jahren geförderten Goldes abgedeckt. Wie Sie wissen, verkaufen und/oder verleihen Zentralbanken jedes Jahr Millionen von Unzen und füllen diese Lücke. Hinzu kommen andere Formen der „Enthortung", zum Beispiel Verkäufe von Schmuck und Goldmünzen durch Privatpersonen. Ein jährlicher Nachfrageüberhang von 50 Millionen Unzen ist zwar positiv für Gold, aber solange die Nachfrage nicht massiv steigt, reichen die bisher geförderten Vorräte problemlos aus, um die Differenz auszugleichen. Mit anderen Worten: *Die aktuelle Produktion der Minen ist für den Wechselkurs des Goldes bei weitem nicht so bedeutsam wie Nachfragetrends.*

Und an der Nachfragefront sieht es gut aus, weil die schlafenden Riesen Asiens allmächlich aufwachen. Alle Welt baut Fabriken in China, sowohl um von billigen, hoch motivierten Arbeitskräften zu profitieren als auch um Zugang zu Milliarden von neuen Kunden zu erhalten. Für Fabrikarbeiter in den USA und Europa sind das schlechte Nachrichten, aber für China bedeutet es steigenden Wohlstand, einschließlich eines Handelsüberschusses von mehr als 100 Millionen Dollar pro Jahr allein mit den USA. Ende 2003 lagen Chinas Fremdwährungsreserven – hauptsächlich in Form von Dollars – bei mehr als 400 Milliarden Dollar. Und die chinesischen Machthaber beweisen historisches Wissen, das im Westen derzeit fehlt. Es heißt, Peking kaufe einen großen Teil des Goldes, das westliche Zentralbanken verkaufen (und erheblich mehr als die 100 Tonnen pro Jahr, die es in den vergangenen beiden Jahren an den Internationalen Währungsfonds gemeldet hat).

2002 schaffte Peking das aus der kommunistischen Ära stammende Verbot privaten Goldbesitzes ab. Laut einer in der Hongkong-Ausgabe von *China Daily* veröffentlichten Umfrage gaben 20 Prozent aller befragten Chinesen an, sie seien bereit, zehn bis 30 Prozent ihrer Ersparnisse in Gold zu stecken. Ein im gleichen Artikel zitierter Analyst schätzte die daraus resultierende Steigerung der Goldnachfrage auf etwa 36 Millionen Unzen (300 Tonnen) pro Jahr.

Indien zieht mittlerweile fast ebenso viel ausländisches Kapital an wie China und schaffte im Oktober 2003 das seit vier Jahrzehnten bestehende Verbot des Goldhandels ab. Indien war schon immer ein riesiger Markt für Edelmetalle; ein großer Teil des im Westen geförderten Goldes füllt Safes in Indien und schmückt indische Frauen. Die Kombination aus steigenden Einkommen und liberaleren Eigentumsregeln sollte hier die gleiche Wirkung haben wie in China.

Wie wird diese plötzlich viel größer gewordene Lücke geschlossen werden? Möglicherweise werden die Zentralbanken ihre Verkäufe ausdehnen; sie sind eher an niedrigen Goldwechselkursen als an einer Wertsteigerung ihrer Goldreserven interessiert, wie wir noch sehen werden. Und ganz sicher werden sie durch Anti-Gold-Propaganda versuchen, den Wechselkurs zu drücken. Aber beides wird nicht funktionieren, weil die Reserven der Regierung an Gold und an öffentlicher Glaubwürdigkeit begrenzt sind. Viel wahrscheinlicher ist, dass der Wechselkurs des Goldes steigen wird, bis wir unseren Schmuck und unsere Goldmünzen in Dollars tauschen.

Kapitel 11

DER ANGST-INDEX: WIR FANGEN EBEN ERST AN, UNS SORGEN ZU MACHEN

Die vielleicht treffendste Einschätzung der für die nächsten Jahre zu erwartenden Goldpreisentwicklung liefert der so genannte Angst-Index. Wie sein Name schon sagt, misst er unsere Sorgen um den Dollar und um das Währungs- und Bankensystem in den USA. James hat ihn vor 20 Jahren konzipiert, und seither folgte auf jedes Kaufsignal des Index ein – manchmal spektakulärer – Anstieg des Goldwechselkurses.

Um die Funktionsweise des Index zu verstehen, denken Sie an die Diskussion über Inflation versus Entwertung aus Kapitel 3. Der Dollar ist eine Bilanzwährung, eine buchhalterische Fiktion. Er bezieht seinen Wert aus den Vermögensgegenständen der Federal Reserve und der Geschäftsbanken. Einige dieser Gegenstände, wie Gold, sind real und greifbar; andere wie Bankkredite, Devisen und Derivate sind es nicht. Der Angst-Index misst die relative Bedeutung des Goldes in dieser Mischung. Man berechnet ihn, indem man die US-Goldreserven (das Gewicht an Gold, das derzeit unter Kontrolle des Schatzamts steht) mit dem Goldwechselkurs multipliziert, um den Marktwert der Reserven zu erhalten. Dieser Wert wird durch M3 geteilt, also durch die Geldmenge in ihrer weitesten Definition.

$$\frac{\text{(US-Goldreserven) x (Wechselkurs des Goldes)}}{\text{M3}} = \text{Angst-Index}$$

Ein Indexwert von, sagen wir, zwei Prozent bedeutet, dass für je 100 Dollar, die als Geldmenge M3 zirkulieren, das Schatzamt Gold im Wert von zwei Dollar in den Tresoren hat. In diesem Fall ist der Dollar zu zwei Prozent durch Gold gedeckt, die anderen 98 Prozent hängen von den finanziellen Assets der Fed und der amerikanischen Banken ab. Die Berechnung für den 31. Dezember 2003 erbrachte folgendes Ergebnis:

$$\frac{\text{(261,5 Millionen Unzen Gold) x (415,00 Dollar je Unze)}}{\text{8.850 Milliarden Dollar (M3)}} = \text{1,23 Prozent}$$

Wenn der Angst-Index sinkt (das heißt, wenn die Zahl der Dollars im Umlauf schneller steigt als der Marktwert der amerikanischen Goldreserven, oder wenn die Zahl der Dollars langsamer sinkt als dieser Wert), dann lautet die Schlussfolgerung, dass mehr Menschen dazu bereit sind, zusätzliche Dollars zu halten, weil sie die Aussichten des Dollars und/oder der US-Wirtschaft optimistisch einschätzen. Wenn der Index steigt (was geschieht, wenn Geld in Goldanlagen fließt, dessen Wechselkurs nach oben treibt und somit den Marktwert der US-Goldreserven steigert), dann machen sich die Menschen in der Regel Sorgen um den Dollar oder den Zustand des US-Bankensystems und suchen nach anderen Möglichkeiten der Wertsicherung.

Wenn der Angst-Index über seinen gleitenden 21-Monats-Durchschnitt* steigt und dieser Durchschnitt höher liegt als im Vormonat, er-

* Ein gleitender Durchschnitt ist der Durchschnittspreis eines Wertpapiers oder eines Rohstoffs in einem bestimmten Zeitraum. Um einen 21-Tage-Durchschnitt für den Goldpreis zu berechnen, addiert man die Schlusswerte des Wechselkurses an den letzten 21 Handelstagen und dividiert die Summe durch 21.

folgt ein Kaufsignal, das anzeigt, dass Gold teurer werden wird. Wie Sie auf dem Chart unten erkennen, gab es in den vergangenen 35 Jahren nur fünf solche Kaufsignale, und es folgte jeweils ein massiver Goldpreisanstieg. Wir wollen sie nun einzeln betrachten.

MAI 1972

Wie Sie wissen, legte die US-Regierung den Wechselkurs zwischen Gold und Dollar von 1934 bis 1971 auf 35 Dollar je Unze fest (mit anderen Worten: Sie definierte den Dollar als 1/35 einer Feinunze Gold) und war dazu verpflichtet, auf Verlangen anderer Länder deren Dollars gegen Gold einzulösen. Aber in den 1960er-Jahren wurde der Dollar sowohl durch eine von US-Banken ausgelöste Kreditexpansion als auch durch die rücksichtslose „Gewehre und Butter"-Ausgabenpolitik der Bundesregierung geschwächt. Es wurde damals immer offensichtlicher, dass eine Unze Gold mehr als 35 Dollar wert war. Da man die Zukunft des Dollars immer skeptischer beurteilte, drohten die US-Goldreserven

DER ANGST-INDEX – MONATLICHE WERTE

Dezember 1967 bis Februar 2003

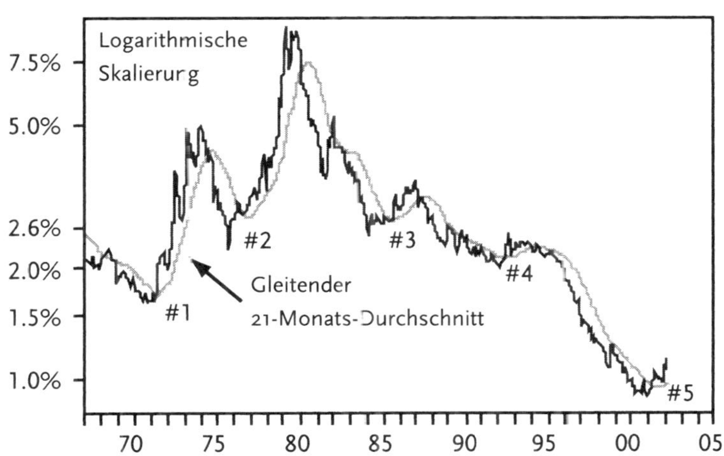

nicht mehr auszureichen, um die Einlösung von Dollars gegen Gold zu gewährleisten.

Präsident Roosevelt hatte in einer ähnlichen Lage den Dollar abgewertet, Präsident Nixon dagegen schloss im August 1971 das „Goldfenster“ und schaffte die Einlösbarkeit von Dollars gegen Gold ab. Gegen Gold eingestellte Propagandisten innerhalb und außerhalb der Regierung sagten damals voraus, Gold werde ohne die Unterstützung aus Washington in der Bedeutungslosigkeit versinken. Stattdessen wurde es teurer. Im Mai 1972 erreichte es 59 Dollar je Unze (1,89 Dollar/gg) und löste das erste Kaufsignal des Angst-Index aus.

Die Zweifel am Dollar sollten sich schon bald als begründet erweisen, weil der Kreditboom des vorangegangenen Jahrzehnts in die unvermeidliche Rezession mündete. Banken brachen zusammen, darunter im Juni 1974 die deutsche Herstatt-Bank, wodurch – was den zerbrechlichen Zustand des Weltwährungssytems illustriert – fast die ganze westliche Finanzwelt mit in den Abgrund gezogen worden wäre. Die Angst wuchs tatsächlich. Der Zyklus erreichte kurz nach Präsident Nixons erzwungenem Rücktritt im August 1974 seinen Höhepunkt, und der Angst-Index lieferte im Juni des folgendes Jahres ein Verkaufssignal, nachdem der Goldwechselkurs um fast 300 Prozent auf 162 Dollar je Unze (5,21 Dollar/gg) gestiegen war.

OKTOBER 1977

Als klar wurde, dass der Westen, trotz aller Erschütterungen, überleben würde, begann das Vertrauen zu steigen, und Gold wurde billiger. Aber – denken sie daran: Wir reden über die 1970er-Jahre – diese kurze Pause erwies sich als die Ruhe vor dem Sturm. Der Ölschock wirkte auf die von Energie abhängigen westlichen Volkswirtschaften wie eine riesige Steuererhöhung, die man, wie jede andere Steuererhöhung, durch Engerschnallen des Gürtels auf anderen Gebieten hätte überwinden können. Stattdessen versuchte die Federal Reserve die kurzfristigen Schmerzen zu lindern, indem sie das System mit Geld überschwemmte. Die Banken betrieben erneut eine massive Kreditexpansion – mit dem unvermeidlichen Resultat: Der Dollar wurde weiter entwertet. Die Zinsen fielen, Gold stieg auf 161 Dollar (5,18 Dollar/gg), und der Angst-Index lieferte im Oktober 1977 erneut ein klares Kaufsignal. Dann schien die Welt kurzfristig den Verstand zu verlieren. Der Ölpreis schoss wieder nach oben, der Dollar kollabierte gegenüber dem Schweizer Franken, der Deutschen Mark und anderen wichtigen Währungen, militante Iraner nahmen einige hundert amerikanische Diplomaten gefangen, und die Sowjetunion marschierte in Afghanistan ein. Die Inflationsraten stiegen auf zweistellige Werte, die man seit Menschengedenken nicht mehr gesehen hatte. Gold, für die meisten Amerikaner die einzig verfügbare Art wertstabilen Geldes, legte stetig zu und explodierte dann im Januar 1980 auf 850 Dollar je Unze (27,33 Dollar/gg). Gold war nicht nur ein Inflationsschutz – es war die Zuflucht aus einem gescheiterten Währungssystem. Der Angst-Index erreichte in der Spitze 9,4 Prozent und lag sechs Mal so hoch wie nur neun Jahre zuvor.

Trotz dieser Umwälzungen brach das System nicht auseinander. Der neu ernannte Fed-Chairman Paul Volcker begann die Wachstumsrate der Geldmenge M3 zu senken (die, wie Sie wissen, der Nenner in der Angst-Index-Formel ist), und bald fiel der Index unter seinen Gleitenden Durchschnitt, was im Januar 1981 bei einem Unzenpreis von 507 Dollar (16,30 Dollar/gg) zu einem Verkaufssignal führte.

JULI 1986

Die Kombination aus hohen Zinsen, Steuersenkungen und fallenden Energiepreisen führte am Beginn der Volcker/Reagan-Ära zu einem langwierigen Absinken des Angst-Index. 1982 überstieg er kurzfristig den Gleitenden Durchschnitt als Reaktion auf die Krise der Penn Square Bank und die Schuldenkrise in Mexiko, löste aber kein Kaufsignal aus, weil das zweite Kriterium – ein höherer Stand als im Vormonat – nicht erfüllt war. Der Wechselkurs des Goldes sank, wie es in Zeichen von Frieden und Wohlstand üblich ist, und erreichte im Februar 1985 ein Tief von 288 Dollar (9,26 Dollar/gg).

Mitte der 1980er-Jahre braute sich jedoch eine weitere Finanzkrise zusammen. Auf Bankkrisen in Ohio und Maryland folgte rasch der Zusammenbruch der vom Öl abhängigen Kreditportfolios texanischer Banken. Bei einem Stand von 357 Dollar (11,48 Dollar/gg) lieferte der Index im Juli 1986 ein Kaufsignal – gerade rechtzeitig, ehe sich die Krise international ausweitete und der Dollar gegen die Deutsche Mark und andere wichtige Währungen massiv an Wert verlor. Dann kam der Aktiencrash vom Oktober 1987, und kurze Zeit später folgte die Sparkassenkrise. Die Sparkassen, früher eher langweilige Anlaufstellen für Hypothekenkredite, waren nun mit faulen Hypotheken und Unternehmenskrediten sowie Portfolios voller Junk Bonds belastet, die bald nahezu wertlos wurden. Es kam zu Pleiten in einer Zahl, die man seit der Weltwirtschaftskrise nicht mehr gesehen hatte. Gold stieg nach dem Kaufsignal auf 506 Dollar (16,27 Dollar/gg) oder um etwa 40 Prozent. Aber wieder einmal – bemerken Sie das Muster? – reagierte die Regierung aggressiv, um den Zusammenbruch des monetären Systems zu verhindern. Sie übernahm Dutzende gescheiterter Banken oder bürgte für sie. Ein gewisses Maß an Vertrauen kehrte zurück, und der Angst-Index rutschte im Februar 1988 unter seinen gleitenden 21-Monats-Durchschnitt.

APRIL 1993

In den frühen 1990er-Jahren verzeichneten die Weltwirtschaft und insbesondere die USA eine schrittweise Erholung, und der Fokus der Instabilität hatte sich auf die Wechselkurse verlagert. Europäische Staaten koppelten ihre Währungen aneinander und betrieben eine relativ rasche Kreditexpansion. In den USA behielt Fed-Chairman Alan Greenspan die „disinflationäre" Politik des teuren Geldes bei, die sein Vorgänger eingeführt hatte, wodurch M3 in den zwölf Monaten bis September 1992 tatsächlich sank. Dieses wachsende Ungleichgewicht zwischen dem Angebot an Dollars und an europäischen Währungen führte zur Zersplitterung des Europäischen Wechselkurssystems. Da die Regierungen den Druck der Disinflation spürten, begannen die Zentralbanken die Leitzinsen langsam, aber sicher zu senken und ihre Geldmengen auszuweiten. Sie wollten die Banken zur Kreditexpansion anstacheln, um das Wachstum auf ein politisch akzeptables Niveau steigen zu lassen. Weil die Investoren einen neuen Ausbruch der Inflation befürchteten, trieben sie den Goldpreis auf 356 Dollar (11,45 Dollar/gg), wodurch der Angst-Index im April 1993 ein Kaufsignal lieferte. Gold stieg dann noch bis auf 405 Dollar (13,02 Dollar/gg), ehe es im November 1994 auf 383 Dollar (12,31 Dollar/gg) sank und den gleitenden 21-Monats-Durchschnitt unterschritt.

MAI 2002: DIE WIRKLICHE HAUSSE BEGINNT

Als der Boom der 1990er-Jahre an Schwung gewann, stieg das Vertrauen, und Geld floss in andere, scheinbar modernere Anlagevehikel wie Technologie-Aktien und auf Kredit gekaufte Immobilien. Weil diese Wertgegenstände bei der Inflationsstatistik der Fed kaum und in manchen Fällen überhaupt nicht ins Gewicht fallen, schien die Inflation auf dem Rückzug, und Gold trat in eine quälende, 32 Monate währende Baisse ein. Im Juli 1999 wurde ein Tief von 252 Dollar (8,10 Dollar/gg) erreicht. Während der für das Ende eines Zyklus typischen Euphorie über das scheinbar unbegrenzte Potenzial von Technologie-Aktien wurde Gold in seriösen Finanzkreisen nur noch selten erwähnt. Ironischerweise hatte die Form von Geld, die sich im Lauf der Geschichte am besten bewährt hatte, noch nie so irrelevant ausgesehen.

Aber übermäßige Zuversicht führt dazu, dass hohe Risiken eingegangen werden. Das wiederum führt zu Instabilität, und in den späten 1990er-Jahren wurde dem globalen Finanzsystem die Rechnung für seinen Überschwang präsentiert. Wie Sie noch aus Kapitel 5 wissen, folgten auf die „Asien-Grippe" der finanzielle Zusammenbruch Russlands, das Debakel bei Long-Term Capital Management und das Blutbad bei den Technologie-Aktien. Und Gold begann langsam zu steigen. Im Mai 2002 lieferte der Angst-Index sein fünftes Kaufsignal. Gold stand damals bei 326 Dollar (10,48 Dollar/gg). Hier ist die Berechnung:

$$\frac{\text{(261,6 Millionen Unzen Gold) x (326,00 Dollar je Unze)}}{\text{8.135 Milliarden Dollar (M3)}} = \text{1,05 Prozent}$$

Der Indexwert von 1,05 Prozent bedeutet, dass im Mai 2002 der Wert des Dollars nur zu 1,05 Prozent durch Gold gedeckt war. (Beachten Sie, dass wir die Golddeckung des Dollars im Abschnitt „Inflation, Entwertung oder beides?“ genauso definiert haben.) Dieser Wert ist einer der niedrigsten aller Zeiten, und das bringt uns zum zweiten Beitrag, den der Angst-Index für das Verständnis des Goldes liefert. Er ist nicht nur ein guter Trendindikator, sondern zudem ein viel besserer Maßstab für den Wert des Goldes relativ zum Dollar als der Wechselkurs des Goldes, weil er die Entwertung des Dollars mit berücksichtigt.

Wenn man sich den Wechselkurs des Goldes anschaut, könnte man zum Beispiel schlussfolgern, dass er bereits stark gestiegen und nun sehr hoch ist, weil er beim Zehnfachen seines Werts in den frühen 1970er-Jahren liegt. Aber diese Interpretation ist irrig, weil der Dollar heute nicht mehr dieselbe Maßeinheit ist wie in den 1970er-Jahren. Seine Kaufkraft ist seither um etwa 90 Prozent gesunken. Der Angst-Index dagegen berücksichtigt, dass heute mehr Dollars im Umlauf sind als damals, und er liefert uns ein genaues Bild vom wahren Wert des Goldes. Wie Sie im Angst-Index-Chart in diesem Kapitel sehen, liegt der Indexwert (und folglich der Wechselkurs des Goldes) heute viel tiefer als zu irgendeinem anderen Zeitpunkt in den vergangenen drei Jahrzehnten. Gold ist also wertvoller als an jedem der vier vorangegangenen Wendepunkte.

Alles in allem liefert der Index zwei Botschaften: Gold wird in der näheren Zukunft steigen, und es ist gegenüber dem Dollar derart unterbewertet, dass dieser Anstieg alle vorangegangenen bei weitem übertreffen könnte.

Kapitel 12

DER GROSSE SHORT SQUEEZE DER ZENTRALBANKEN

Auf den Aktiencrash vom Oktober 1987 folgte eine chaotische Zeit. Der Aktienmarkt hatte gerade den stärksten Tagesverlust aller Zeiten erlitten, der Dollar befand sich gegenüber anderen bedeutenden Währungen im freien Fall, und Gold war erwartungsgemäß auf 506 Dollar je Unze (16,27 Dollar/gg) gestiegen, das höchste Niveau seit sechs Jahren. Aber der Anstieg war bald vorbei, weil die Bundesregierung in den folgenden Wochen 525.000 Unzen Gold aus ihren Vorräten abgab oder verkaufte, was dazu beitrug, dass Gold wieder unter 500 Dollar (16,01 Dollar/gg) fiel. Das war Washingtons stärkste Intervention am Goldmarkt seit den 1970er-Jahren; Zeitpunkt und Ausmaß legen nahe, dass sie den Anstieg des Goldpreises stoppen sollte. Die Tatsache, dass die Aktion des Schatzamts offiziell kaum Erwähnung fand (der Rückgang der Goldvorräte wurde lediglich in der Wochenbilanz der Federal Reserve erwähnt), zeigt, dass die Sache möglichst lautlos über die Bühne gehen sollte.

Als einmalige Reaktion auf den Aktiencrash wäre diese Intervention vielleicht verständlich und zu rechtfertigen. Sie war aber kein einmaliges

Ereignis. Sie war im Gegenteil der Beginn eines Verhaltensmusters, das in den vergangenen Jahren immer deutlicher spürbar geworden ist. Heute liegt klar auf der Hand, dass das US-Schatzamt und die anderen Zentralbanken der Welt ihre massiven Goldvorräte dazu benutzen, den Wechselkurs des Metalls künstlich niedrig zu halten. *Und damit haben sie fast sicher erreicht, dass ihr schlimmster Alptraum wahr werden wird: ein massiver „Short Squeeze", der Gold durch die Decke schießen lassen wird.* Wir werden diese Annahme gleich belegen, aber zuerst wollen wir untersuchen, was Zentralbanken sind und was sie tun.

Eine Zentralbank ist eine Finanzinstitution, die von einer Staatsregierung dazu ermächtigt ist, die Geldversorgung der Nation zu regeln. Früher, zum Beispiel im Fall der Bank von England in den Zeiten des klassischen Goldstandards, handelte es sich dabei im Grunde um eine passive Rolle. Die Bank stellte lediglich sicher, dass die Regeln des Goldstandards eingehalten wurden, indem sie anbot, auf Verlangen Pfundnoten gegen Gold zu tauschen. Diese Einlösbarkeit bewahrte das Gleichgewicht zwischen der Menge Gold in den Tresoren und der Menge an umlaufendem Geldersatz. Gold war der unveränderliche Wertmaßstab, und Währungen waren als bestimmte Mengen Gold definiert. Dieses System war bis 1971 in Kraft, als Präsident Nixon auf das Abnehmen der amerikanischen Goldreserven mit der Abschaffung der formalen Bindung des Dollars an das Gold reagierte.

Seither hat sich die passive Rolle der Zentralbanken in ihr Spiegelbild verwandelt. Früher war Gold der Wertmaßstab für Währungen, heute definieren Zentralbanken Gold in Dollar-Einheiten. Weil alle „Fiat"-Währungen an Wert verlieren, bedeutet das Management von Gold im Prinzip nichts anderes, als seinen Wechselkurs niedrig zu halten. Und spätestens seit 1987 gibt es eine überwältigende Fülle an Beweisen, dass die Zentralbanken heimlich ihre Währungen stützen, indem sie den Wechselkurs des Goldes drücken. Eine dieser heimlichen Interventionen fand am Freitag, den 11. April 1997, statt. Ein paar Tage später schrieb James Folgendes:

Am Vormittag wurde der Produzentenpreisindex (PPI) veröffentlicht, und er war um 0,4 Prozent gestiegen – weit stärker als erwartet und weit über seinen jüngsten Trend hinaus. An diesem Morgen war auch zu beobachten, dass Gold und andere Edelmetalle relativ fest tendierten. Als der PPI veröffentlich wurde, geschah zweierlei: Wie bei einem Inflationsanstieg zu erwarten, begann der Goldpreis zu steigen, während die 30-jährigen Staatsanleihen deutlich nachgaben. Diese Trends dauerten jedoch nicht lange. Es schien so, **als habe sich ein machtvoller Marktteilnehmer eingemischt**. (Hervorhebung von uns hinzugefügt).

Als Gold zu steigen begann, stellte sich jemand dagegen, und er tat es ohne Erbarmen. Man konnte die Abfolge der Ereignisse genau beobachten. Zunächst bemerkten Day Trader, die Gold gekauft hatten, das Ausmaß der Verkäufe. Also schlossen sie sich an, verkauften ihre Positionen und begannen mit Leerverkäufen. Das setzte den Markt zusätzlich unter Druck. Stopps wurden ausgelöst, und weitere Marktteilnehmer verkauften. Dann schlugen sich auch Hedge-Fonds und Rohstoff-Pools auf die Seite der Leerverkäufer, und trotz des viel versprechenden Starts befand sich Gold auf ganzer Linie auf dem Rückzug. Der Goldpreis sank an diesem Tag um 1,60 Dollar, und er lag am Ende nur deshalb über seinen Tagestiefs, weil Leerverkäufer ihre Positionen eindeckten.

Was war das für eine einflussreiche Macht, die die Goldrallye stoppte, ehe sie richtig begonnen hatte? In den folgenden fünf Jahren sorgten Nachforschungen von James, einigen Freunden vom Gold Anti Trust Commitee (GATA) und einigen Verbündeten des GATA für völlige Klarheit: Ebenso wie 1987 war es das US-Schatzamt in Zusammenarbeit mit den anderen Zentralbanken der Welt. Die Beweise sind so umfangreich und komplex, dass wir sie in diesem Buch unmöglich vollständig aufzählen können. Einzelheiten können bei www.gata.org und www.fgmr.com eingesehen werden. Wir empfehlen auch dringend, dass Sie sich „Not Free, Not Fair: The Long-Term Manipulation of the Gold Price" herunterladen; veröffentlicht im August 2004 von Sprott Asset Management (www.sprott.com), einer der führenden Investmentfirmen Nordamerikas.

Hier sind einige der wichtigsten Punkte:

DEN ZENTRALBANKEN AUF DER SPUR

1. ***Greenspan sagt uns, was geschieht.*** Am 24. Juli 1998 sagte Fed-Chef Alan Greenspan in seiner Rede vor dem House Banking Committee: „... die Zentralbanken stehen bereit, in wachsendem Ausmaß Gold zu verleihen, falls der Preis steigen sollte". Mr. Greenspan beschrieb nicht nur die Maßnahmen, mit denen die Zentralbanken den Wechselkurs des Goldes beeinflussen, sondern er ließ auch über den Zweck keinen Zweifel.

2. ***Anhäufungen durch die Zentralbanken.*** Im Mai 1999 verkündete die Bank von England (BOE) ihre Absicht, die Hälfte ihrer Goldreserven abzubauen. Abgesehen vom seltsamen Timing des Verkaufs, als der Wechselkurs des Goldes schon niedrig war, schien die Tatsache, dass die BOE die Verkäufe im Voraus angekündigt hatte, den denkbar niedrigsten Preis für ihr Gold zu garantieren. Dieses Ergebnis lag sicherlich nicht im Interesse des britischen Volkes. Denken Sie nach: Kündigt Warren Buffett im Voraus an, wenn er beabsichtigt, bestimmte Aktien zu verkaufen? Natürlich nicht, denn das würde andere Marktteilnehmer alarmieren und den Kurs der Aktien sinken lassen. Es sieht also so aus, als sei ein anderer Faktor der Grund für die Ankündigung der BOE, und im Rückblick liegt dieser Faktor klar auf der Hand: Die BOE versuchte die Wirkung ihrer Verkäufe zu maximieren, indem sie andere Marktteilnehmer dazu verleitete, ebenfalls zu verkaufen.

3. ***Der ESF als Agent der Regierung.*** Am 9. April 2000 schrieb der GATA-Mitarbeiter Reg Howe: „Der ESF und Gold: Vergangenheit oder Vorspiel?". Der Artikel enthielt einige erstaunliche Informationen über den Exchange Stabilization Fund (ESF), eine quasi-regierungsamtliche Dienststelle, die nur dem Präsidenten und dem Finanzministerium verantwortlich ist. Der ESF wurde nach der Goldkonfiszierung von 1933 gegründet und mit den Profiten aus der Dollar-Abwertung gegenüber Gold im Jahr 1934 finanziert. Der ESF ist eine geheimnisvolle Instituti-

on, und als exklusiver Bereich der Exekutive arbeitet er weitgehend ohne Kontrolle durch den Kongress. Howe bemerkte, dass in den vierteljährlichen Berichten des ESF an den Kongress unerklärte Verluste auftauchten, wenn der Goldpreis stieg, während Gewinne ausgewiesen wurden, wenn er fiel. Das war seltsam, denn das Finanzministerium behauptet sowohl in öffentlichen Stellungnahmen als auch bei der Beantwortung von Anfragen, dass es keine Interventionen an den Devisenmärkten vornimmt. Howe bemerkte dazu: „Es gab keine anderen offensichtlichen Aktivitäten, die (diese) Verluste erklären könnten." Seine Schlussfolgerung: Der ESF interveniert am Goldmarkt.

4. *Das rauchende Gewehr.* Im Dezember 2000 bemerkte James, dass die von der US-Regierung selbst veröffentlichten Berichte unwiderlegbare Beweise für ihre Interventionen am Goldmarkt enthielten. Ohne hier in die Details der Berechnungen zu gehen (sie sind auf www.fgmr.com unter „The Smoking Gun" einsehbar), wollen wir uns mit der Feststellung begnügen, dass die Berichte eine Diskrepanz im Umfang von einer Million Unzen Gold aufdeckten, die Folge einer Transaktion des ESF war. Diese Diskrepanz gehörte zwar zu den größten ihrer Art, aber Ähnliches ließ sich Monat für Monat beobachten. Mit anderen Worten: Im Gegensatz zu ihren öffentlichen Aussagen intervenierte die amerikanische Regierung sehr wohl am Goldmarkt.

5. *Die Fed schreibt die Geschichte neu.* Nach der Publikation dieser Erkenntnisse fragte sich James, wie das Finanzministerium diese Diskrepanz zwischen den Aktivitäten des EFS am Goldmarkt und seinen früheren Äußerungen erklären würde, dass weder das US-Schatzamt noch der ESF am Goldhandel teilnimmt. Die Antwort kam schnell. Im Februar 2001 verwischte die Federal Reserve ihre Spuren. Sie verlor in den folgenden Berichten über die US-Währungsreserven nicht nur kein Wort mehr über den ESF, sondern sie veränderte sogar bereits publizierte Berichte. Es wurden nicht nur die Zahlen verändert, sondern auch alle früheren Erwähnungen des ESF wurden gestrichen.

6. *Die Fed macht einen Flüchtigkeitsfehler.* Anfang 2001 veröffentlichte die Fed die Protokolle der Sitzungen des Offenmarkt-Komitees aus

dem Jahr 1995. Diese Protokolle waren nicht nur fünf Jahre alt, sie waren auch überarbeitet worden, sodass ein Teil der Vorgänge geheim blieb. Aber in der Mitschrift der Sitzung vom 31. Januar 1995 hatte jemand vergessen, einige sehr aufschlussreiche Worte über den ESF und seine Aktivitäten am Goldmarkt zu streichen. Sie lauten wie folgt:

> MR. MATTINGLY. Es ist ziemlich klar, dass der ESF zu diesen Operationen ermächtigt ist. Ich sehe da kein rechtliches Problem. Das Statut (des ESF) ist sehr breit gefasst, was Wörter wie „Kredit" betrifft – **es deckt Dinge wie die Gold-Swaps ab** – und es verleiht weitgehende Machtbefugnisse. (Hervorhebung von uns.)

Der bevorstehende Short Squeeze. Dies alles, zusammen mit einem Berg anderer Argumente, beweist, dass die Zentralbanken dieser Welt den Wechselkurs des Goldes nach unten drücken. Es erklärt allerdings nicht, warum sie das tun. Hier ist der Grund: Weil Gold Geld ist, gehört es zu den Maßstäben, an denen die Währungen dieser Welt – die von den Zentralbanken gemanagt werden – gemessen werden. Wenn der Wechselkurs des Goldes gegenüber Dollar und Euro niedrig ist, dann erfüllen die Zentralbanken ihre Aufgabe offenbar gut, die Inflation niedrig und den Wert ihrer „Fiat"-Währungen hoch zu halten. Daher hatten die Zentralbanken zweifellos einen guten Grund, die Wechselkurse auf einem für sie günstigen Niveau zu halten. Sie sorgten dafür, dass Gold unterbewertet blieb, was sie selbst und ihre Währungen gut aussehen ließ.

Um zu erklären, warum die Manipulation durch die Zentralbanken einen dramatischen Goldpreisanstieg auslösen wird, wollen wir noch einmal die Erklärung aus Kapitel 8 betrachten, wie die Zentralbanken ihr Gold an private Bullion-Banken verleihen, die es dann auf dem freien Markt verkaufen. Weil die Bullion-Banken versprochen haben, den Zentralbanken das geborgte Gold zurückzuerstatten, sind sie in Wahrheit „short" in Gold. Das bedeutet, dass sie irgendwann in der Zukunft Gold kaufen müssen, um ihre Verbindlichkeiten bei den Zentralbanken einzulösen. Die Bullion-Banken profitieren also, wenn Gold billig ist, und sie erleiden Verluste, möglicherweise sehr ernste Verluste, wenn es steigt.

James schätzt, dass die Zentralbanken mindestens 12.000 Tonnen oder etwa 385,8 Millionen Unzen Gold verliehen haben. Das ist fast das Fünffache der jährlichen weltweiten Goldproduktion und entspricht bei den Wechselkursen von Anfang 2004 einem Gegenwert von 160 Milliarden Dollar. Wenn die Bullion-Banken dieses Gold zu durchschnittlich 350 Dollar (11,25 Dollar/gg) entliehen haben und der Wechselkurs auf 400 Dollar (12,86 Dollar/gg) steigt (der Einfachheit halber lassen wir hier den Euro aus dem Spiel), dann sehen sich die Bullion-Banken mit einem Verlust von 50 Dollar mal 385,8 Millionen Unzen oder 19 Milliarden Dollar konfrontiert. Haben die Banken zu 300 Dollar entliehen, dann sehen sie einem möglichen Verlust von 38 Milliarden Dollar ins Auge. Das ist mehr als genug, um einige der aggressiveren Marktteilnehmer zu ruinieren.

Wenn der Goldkauf teurer wird, werden alle Bullion-Banken, die die obigen Berechnungen durchgeführt haben, in Versuchung geraten, ihre Verluste durch Eindeckung ihrer Short-Positionen zu begrenzen. Das heißt, sie werden massenhaft Gold kaufen. Das Resultat wird ein klassischer „Short Squeeze“ sein, bei dem alle zur gleichen Zeit kaufen wollen, und der Wechselkurs des Goldes wird durch die Decke gehen.

Teil 4

WIE MAN VOM ZUSAMMENBRUCH DES DOLLARS PROFITIERT

Sie müssen sich entscheiden, worauf Sie vertrauen wollen:
Auf die natürliche Stabilität des Goldes oder auf die Ehrlichkeit und Intelligenz der Regierung. Bei allem schuldigen Respekt für diese Gentlemen rate ich Ihnen, solange das kapitalistische System existiert, für das Gold zu votieren.

George Bernard Shaw

Bisher war von den beunruhigenden Dingen die Rede, die in den kommenden zehn Jahren wahrscheinlich passieren werden. Das wirkliche Anliegen dieses Buchs ist aber aufzuzeigen, dass schwere Zeiten, Währungskrisen ausdrücklich eingeschlossen, nur dann hart sind, wenn man nicht auf sie vorbereitet ist. Wenn Sie jetzt die richtigen Maßnahmen ergreifen, könnten die kommenden Jahre zu den interessantesten, produktivsten und, jawohl, positivsten ihres Lebens zählen, so fürchterlich sie auch für Menschen ausfallen mögen, die nicht auf den Zusammenbruch des Dollars vorbereitet sind. Denken Sie daran, dass in den Mini-Krisen der 1970er-Jahre zwar viele Amerikaner unter der so genannten Stagflation zu leiden hatten, dass aber einige Weitblickende mit Gold, Silber, Schweizer Franken und Öl ein Vermögen verdient haben. Aber dieses Jahrzehnt war nur eine Aufwärmphase. Diesmal werden sowohl die Verwerfungen als auch die Chancen viel größer und die Auswahl an Möglichkeiten viel breiter ausfallen, und deshalb kann jeder eine exakt auf seine Ziele und sein Temperament zugeschnittene Strategie entwerfen.

Wenn wir allerdings eine große Vielzahl von Strategien vorstellen, die auf harten, greifbaren Vermögensgegenständen basieren, dann vergleichen wir in gewisser Weise Äpfel mit Birnen. Bevor Sie also weiterlesen, sollten Sie daher sicherstellen, dass Ihnen der Unterschied zwischen Geld und Investments klar ist, oder, genauer ausgedrückt: zwischen physischem Gold und Investments, die sich auf Gold beziehen. Münzen, Barren und digitales Gold (das wir gleich erklären werden) sind das Metall selbst, das man als Liquidität oder Bargeld betrachten kann. Mit anderen Worten: Gold in diesen Formen ist Geld, das Sie für Ihre Ausgaben verwenden können, während Sie auf das richtige Investment warten. Aber dieses Geld ist kein Investment, das „steigen" wird wie eine Aktie oder der Wert einer Immobilie. Stattdessen wird es seinen Wert behalten, während die „Fiat"-Währungn an Wert verlieren werden. Die Preise von Rohstoffen wie Öl oder Weizen werden, in Dollar gemessen, steigen; gemessen an Gold werden sie mehr oder weniger stabil bleiben. Sie werden mit Ihrem Gold scheinbar „Geld verdienen", weil sein Wechselkurs gegenüber dem Dollar steigt, aber in Wirklichkeit werden Sie Ihren Wohlstand eher bewahren als steigern, weil sie keine Kaufkraft verlieren. Anders ausgedrückt (um diesen entscheidenden Unterschied so deutlich wie möglich zu machen): Mit physischem Gold bewahren Sie Ihren Wohlstand, vermeiden Risiken und bleiben liquide, aber sie versuchen nicht, damit reich zu werden.

Zu den auf Gold basierenden Investments gehören dagegen Goldminen-Aktien, entsprechende Derivate und möglicherweise auch seltene Münzen. Ihr Wert hängt vom Wechselkurs des Goldes ab, aber auch von vielen anderen Dingen wie der Funktionsfähigkeit der amerikanischen Finanzmärkte und der Redlichkeit, dem Wissen und den Fähigkeiten der Goldminenmanager. Wenn die Auswahl gut ist, werden solche Goldinvestments nicht nur im Vergleich zum Dollar, sondern auch relativ zum Gold selbst im Wert steigen und Ihnen erlauben, Kapital aufzubauen. Sie können natürlich auch an Wert verlieren. Mit anderen Worten: Investments sind zur Steigerung des Wohlstands geeignet, aber nicht unbedingt zu dessen Bewahrung. Sie bieten Gewinnmöglichkeiten, sind aber auch mit Risiken verbunden. Denken Sie an diesen Unterschied, wenn Sie die folgenden Kapitel lesen.

Kapitel 13

PHYSISCHES GOLD

Seit Anbeginn der Geschichte war der Erwerb von physischem Gold – Münzen, hochkarätiger Schmuck oder auch rohe Nuggets, die man an einem sicheren Ort verwahrte – eine der sichersten Möglichkeiten zur Bewahrung von Wohlstand. Diese Strategie ist auch heute noch so klug, wie sie es schon immer war. Aber alle Arten des Kaufs und der Aufbewahrung haben ihre Nachteile, die sie für manche Zwecke ungeeignet machen. Einige bessere Möglichkeit werden kommen (siehe Kapitel 19 über das Gold des 21. Jahrhunderts), aber bis sie allgemein zugänglich sind, bleiben wir auf die traditionellen Methoden angewiesen.

Trotz der Kosten und mancher Unbequemlichkeiten ist es gut, physisches Gold zu besitzen, und wir empfehlen dies allen unseren Lesern. Lesen Sie nun, wie Sie unter den derzeit verfügbaren Möglichkeiten wählen sollten.

GOLDMÜNZEN UND GOLDBARREN

Die ohnehin schon schwindende Bedeutung des Goldes als Währung endete mit dem Konfiszierungserlass Franklin Delano Roosevelts im Jahr 1933. Aber das Interesse der Amerikaner am Gold ist ungebrochen.

Als die Einschränkungen des privaten Goldbesitzes 1974 aufgehoben wurden, begannen Prägestätten und Goldverarbeiter, Münzen und kleine Barren anzubieten, die eine Möglichkeit boten, physisches Gold – auch „Bullion" genannt – zu kaufen und aufzubewahren.

Vorreiter war Südafrika, das 1967 damit begann, Krügerrand-Münzen mit einem Feingewicht von einer Unze zu prägen, und im Währungschaos der 1970er-Jahre Millionen davon verkaufte. Seither sind mehrere Länder und zahlreiche private Prägeanstalten in dieses Geschäft eingestiegen. Physisches Gold ist in Form vom Münzen mit einem Feingewicht von 1/10 Unze bis zu Barren von 400 Unzen erhältlich. Man kann es im Internet oder telefonisch bestellen, in der Hand halten und/oder an einem sicheren Ort eigener Wahl aufbewahren. Münzen wie American Eagle, Krügerrand oder Maple Leaf sind als Bullion Coins bekannt, weil sie nichts anderes sind als in eine vertraute Form gegossenes physisches Gold ohne numismatischen oder Seltenheitswert. Sie können einen „Nennwert" (eine bestimmte Summe einer Währung) haben oder auch nicht, der auf der Münze eingeprägt ist. Sie können „gesetzliches Zahlungsmittel" sein oder nicht. Jedenfalls hängt ihr wahrer Wert nicht von ihrer Seltenheit oder dem Herkunftsland ab, sondern von ihrem Goldgehalt.

Neben diesen Münzen mit hohem Feingewicht kann man sich eine Sammlung zusammenstellen, die den französischen Hahn, den chinesischen Panda und die österreichischen Philharmoniker umfasst, zudem Barren verschiedener Größe von Banken wie Credit Suisse und UBS oder Goldverarbeitern wie Johnson Matthey. Münzen und Barren bieten denselben Vorteil: Sie sind physisches Gold in erkennbarer, transportabler Form, leicht aufzubewahren und, falls nötig, zu verkaufen (obwohl die Transaktionskosten so hoch sind, dass wir eindringlich davon abraten, Gold als Trading-Vehikel zu verwenden). Diese Münzen und Barren sind Ihr Eigentum; Sie können sie im Safe, in einer Schachtel oder in einer im Garten vergrabenen Blechdose aufbewahren, je nachdem, welche Methode Sie für die sicherste halten. Physisches Gold hängt nicht davon ab, ob irgendjemand sein Zahlungsversprechen einhält. Kurz, es ist ein bewährter Schutz vor den ständig wiederkehrenden Finanzkrisen der Menschheitsgeschichte.

Sehen wir uns nun an, wie man sich ein Depot aus physischem Gold zusammenstellt.

Finden Sie einen guten Händler. Im Gegensatz zu US-Staatsanleihen kann man Goldmünzen und -barren normalerweise nicht direkt an der Quelle kaufen. Nationale Prägestätten und Goldverarbeiter verkaufen ihre Münzen und Barren an Händler, die sie dann mit einem gewissen Aufpreis weiterverkaufen. Wie auf jedem Markt gibt es auch hier Preis- und Service-Unterschiede zwischen einzelnen Händlern; daher ist es ein wichtiger erster Schritt, einen vertrauenswürdigen Händler zu finden. Es wäre schön, wenn es in der näheren Umgebung gleich mehrere davon gäbe. Aber in Wirklichkeit gibt es nicht viele Goldhändler, und daher kauft man physisches Gold meist telefonisch und bekommt es per Post geliefert. Sehen Sie aber dennoch in den Gelben Seiten nach, ob es in Ihrer Nähe Goldhändler gibt. Falls ja, fahren Sie hin und sehen Sie sich die Preise an, um sie mit anderen Angeboten vergleichen zu können.

Suchen Sie dann im Internet nach Händlern, indem Sie bei Google „Gold kaufen" eingeben. Sie werden Dutzende von Namen erhalten. Da es in dieser Branche, ebenso wie in den meisten anderen, auch weniger zuverlässige Anbieter gibt, sollten Sie sich auf die etablierten Händler konzentrieren, deren lange Firmengeschichte dafür spricht, dass der Großteil ihrer Kundschaft mit ihnen zufrieden ist. Die Tabelle auf der nächsten Seite enthält einige solche Händler.

Aber auch die Branchenführer weisen beträchtliche Unterschiede auf, was ihre Geschäftspraktiken und Spezialgebiete betrifft. Einige verkaufen zum Beispiel hauptsächlich Sammlermünzen (wir kommen in Kapitel 16 noch darauf zu sprechen) und bieten Bullion-Münzen hauptsächlich aus Service-Erwägungen an, andere haben sich auf Bullion-Münzen spezialisiert. Was den Service betrifft, kann es große Unterschiede geben. Um die Auswahl einzugrenzen, sollten Sie bei Better Business Bureau (BBB) nachsehen, über welche Händler es Beschwerden gibt und über welche nicht. Gehen Sie zu diesem Zweck auf die BBB-Website – www.bbb.org – und geben Sie den Namen des Händlers ein. Achten Sie darauf, dass es oft Firmen mit ganz ähnlichen Namen gibt, die auf den verschiedensten Gebieten tätig sind. Wenn Sie diese Abfrage bei mehreren Händlern durchführen, werden Sie die verschiedensten Berichte über Reklamationen von Kunden finden und auch darüber, wie mit Kundenbeschwerden umgegangen wurde. Wenn es ansonsten keine Unterschiede gibt, ist es natürlich sinnvoll, sich für die Firma zu entscheiden, die in dieser Hinsicht am besten abschneidet.

Wie Sie das beste Angebot finden. Wenn Ihre Händlerliste übersichtlich genug geworden ist, sollten Sie auf den Websites der Händler oder per Telefon einen Preisvergleich durchführen. Sie werden feststellen, dass sich die über den aktuellen „Spot-Preis" des Goldes hinausgehenden Händlerspannen unterscheiden. Die Tabelle auf dieser Seite enthält die Preise beliebter Münzen und Barren bei verschiedenen Händlern Anfang 2004, als der Spot-Preis bei 412,90 Dollar je Unze lag.

Wählen Sie physisches Gold in der richtigen Form. Wie schon erwähnt, haben Sie die Auswahl zwischen bekannten, sehr beliebten Münzen aus den USA, Kanada und Südafrika, obskuren, aber faszinierenden Münzen aus den entferntesten Ecken der Welt und Barren von verschiedenen Banken und Goldverarbeitern. Was die Größe betrifft, reicht das

EDELMETALLHÄNDLER

Händler	Website	Telefonnummer
American Gold Exchange	www.amergold.com	800-613-9323
Blanchard	www.blanchardonline.com	866-550-9093
Investment Rarities	www.investmentrarities.com	800-328-1860
Jefferson Coin & Bullion	www.jeffersoncoinandbullion.com	800-593-2585
Kitco	www.kitco.com	877-775-4826
USA Gold	www.usagold.com	800-869-5115

Goldmünzen und -barren	Preise in US$ in den USA am 20. 1. 2004		
	Kitco	American Gold Exchange	Jefferson Coin & Bullion
Gold Eagle (Zehn-Dollar-Münze)	434,66	434,25	432,00
Canadian Maple Leaf, 1 oz.	434,60	432,50	428,50
Südafrikanischer Rand, 1 oz.	420,24	424,75	422,00
Goldbarren, 1 oz.	424,00	NA	430,00
Goldbarren, 10 oz.	4.242,00	NA	NA
Goldbarren, 100 gr.	NA	NA	NA
Goldbarren, 1 kg	13.422,93	NA	NA
Spot Gold/oz.	**412,90**		

* Preis bei Bestellungen von mindestens zehn Münzen

Spektrum von Münzen, die kleiner sind als ein Zehn-Cent-Stück, bis zu Barren, die so groß sind wie Ziegelsteine. Was für Sie die beste Wahl ist, hängt von Ihren Zielen und Bedürfnissen ab, aber einige Dinge sollten Sie in jedem Fall beachten:

Gewicht. Die Herstellung einer 1/4-Unzen-Münze kostet genauso viel wie die einer größeren, und daher bieten große Münzen meist mehr Gold fürs Geld. Die Herstellung großer Barren ist billiger als die von Münzen, und daher weisen sie die niedrigsten Handelsspannen auf, gefolgt von Ein-Unzen-Münzen und kleineren Münzen.

Art der Münze oder des Barrens. Die bekannten Bullion-Münzen sind leicht zu verkaufen, weil sie sofort erkannt und akzeptiert werden. Mit Barren ist es ein wenig schwieriger. Barren müssen oft geprüft werden, ehe man sie verkaufen kann, weil man sicherstellen will, dass es sich nicht nur um vergoldetes Blei handelt. Dieses Fehlen allgemeiner Akzeptanz ist ein Nachteil, wenn Sie Ihr Gold des Öfteren kaufen und wieder verkaufen wollen. Wenn Sie es aber für längere Zeit aufbewahren wollen (was Sie auch tun sollten), ist der Verkauf weniger wichtig.

Wenn Sie für Ihr Geld also so viel Gold wie möglich bekommen wollen, fällt die Wahl leicht: Kaufen Sie den größten Barren, den Sie sich leisten können. 100-Gramm-Barren (eine Unze entspricht 31,1034 Gramm) wiegen ein wenig mehr als drei Unzen und sind eine gute, kostengünstige Wahl. Wie die Tabelle auf Seite 133 zeigt, sind sie allerdings noch nicht allgemein verbreitet. Wenn Sie bereit sind, für die Vertrautheit und allgemeine Akzeptanz von Münzen einen gewissen Aufpreis zu bezahlen, weisen Ein-Unzen-Münzen die – relativ – vernünftigste Händlerspanne auf. Wenn Sie sich über solche Münzen informieren, werden Sie feststellen, dass einige von ihnen „reiner" sind als andere. So weist die österreichische Philharmoniker-Münze einen Reinheitsgrad von 99,99 Prozent auf, der Gold Eagle besteht nur zu 91,67 Prozent aus Gold. Dieses Kriterium täuscht jedoch, denn es hat mit dem Goldgehalt der Münze nichts zu tun. Beide enthalten eine volle Unze. Die Reinheit bezieht sich auf den Gehalt an anderen Metallen – in der Regel Kupfer oder andere Basismetalle –, die während des Schmelzvorgangs zugefügt werden, um die Münze härter und widerstandsfähiger gegen Abnutzung zu machen. Aus diesem Grund ist der Gold Eagle ein wenig härter und schwerer, aber wenn Sie die Münzen an einem sicheren Ort verwahren wollen, spielt deren Reinheit keine Rolle.

Wie Sie Ihren Kaufauftrag erteilen. Wenn Sie Ihre Wahl getroffen haben, sollten Sie die Händler anrufen oder auf deren Websites nachsehen, welche Preise sie für die Art von physischem Gold verlangen, für die Sie sich entschieden haben. Goldhändler nehmen meist keine Online-Bestellungen an; deshalb werden Sie wohl telefonisch bestellen müssen. Ihr Ansprechpartner kann den Preis für den Zeitpunkt Ihres Auftrags nennen und Ihnen sagen, ob es Sonderangebote gibt. Manchmal kann man eine bestimmte Kombination von Münzen zu einem Sonderpreis erwerben, einen Preisabschlag bei weniger gefragten Münzen erreichen oder die Versandkosten sparen, wenn der Auftrag ein bestimmtes Volumen überschreitet. Über das alles sollten Sie sich informieren, wenn Sie ein möglichst gutes Geschäft machen wollen.

Zum Abschluss der Bestellung geben Sie entweder Ihre Kreditkartennummer an (nicht zur Bezahlung der Münzen, sondern zur Sicherheit des Händlers, falls der Goldpreis fällt und Sie nicht bezahlen), schicken einen Scheck oder überweisen den entsprechenden Betrag. Sobald der Händler sein Geld hat, schickt er Ihnen das Gold per Einschreiben, das Sie gegenzeichnen müssen, oder er schickt es in Verwahrung. Dieses Verfahren werden wir gleich erklären. Wie können Sie sicher sein, dass Sie tatsächlich erhalten, was Sie bestellt haben (oder dass sie überhaupt etwas bekommen)? Das ist eine sehr gute Frage, die uns wieder zum ersten Ratschlag in diesem Kapitel bringt: Wenn Sie Ihre Bestellungen bei angesehenen Firmen aufgeben, die jahrelang ihre Versprechen gehalten haben, werden Sie auch das bekommen, wofür Sie bezahlt haben.

Die Aufbewahrung Ihres Goldes. Bei Barren ist es oft einfacher, sie vom Händler selbst oder von einem Treuhänder verwahren zu lassen. So wird die „Kette der Integrität" bewahrt, was den Verkauf der Barren erleichtert. Münzen, die allgemein bekannt und akzeptiert sind, lassen sich besser privat verwahren. Die Entscheidung ist aber stets schwierig und birgt gewisse Risiken, und daher gehen wir hier detailliert auf dieses Thema ein. Wenn Sie Ihr Gold von jemand anderem verwahren lassen, müssen Sie sich über die folgende Unterscheidung im Klaren sein:

Getrennte versus Sammelverwahrung. Dies sind die beiden verbreitetsten Methoden der Verwahrung. Bei getrennter Aufbewahrung bleiben Sie der Eigentümer Ihres Goldes. Eine Übertragung findet nicht statt. Sie liefern dem Treuhänder Gold, der es in seinem Tresor verwahrt, und treffen mit ihm eine vertragliche Vereinbarung, dass Ihnen auf Verlangen exakt dieselben Barren wieder ausgehändigt werden. Der Inhalt des Tresors ist durch einen absolut vertrauenswürdigen Dritten versichert (das sollten Sie nachprüfen), sodass Sie Ihr Gold oder dessen Gegenwert sogar dann zurückerstattet bekommen, wenn der Tresor ausgeraubt oder von einem Erdbeben verschluckt wird. Für diese Dienstleistung bezahlen Sie eine jährliche Verwahrungsgebühr von ein oder zwei Prozent des Werts Ihres Goldes.

Bei der Sammelverwahrung liefern Sie Ihr Gold an eine Bullion-Bank, die Ihnen verspricht, Ihnen auf Verlangen eine bestimmte Menge Gold zurückzuerstatten – allerdings kein ganz bestimmtes Stück Gold. Auf diese Weise werden Sie zum Gläubiger der Bullion-Bank, und zwar ohne Sicherheiten. Damit gehen Sie das Risiko ein, dass diese Bank insolvent wird – und das wird in den kommenden Jahren in vielen Fällen geschehen. Wenn Sie Ihr Gold also nicht selbst aufbewahren möchten, dann wählen Sie die getrennte Verwahrung.

Pool-Konten. Hierbei handelt es sich um Konten, in denen Ihr Gold mit dem Gold anderer Leute vermischt wird (was kein Problem darstellt, weil Gold ein fungibler Rohstoff ist). Aufgrund des großen Volumens solcher Pools können die anbietenden Unternehmen die Gebühren angenehm niedrig halten. Auch hier gibt es getrennte und Sammelverwahrung. Im erstgenannten Fall sind die Kunden des Pools Eigentümer ganz bestimmter Goldbarren. Meist wird das Gold der Kunden jedoch gesammelt verwahrt, und das bedeutet, dass sie Ihr Gold im Prinzip an die Bank oder den Händler verleihen, der den Pool betreibt. Das ist, wie schon erwähnt, ein schlechtes Geschäft. Tun Sie es nicht.

Goldzertifikate. Diese Zertifikate sind weit verbreitet, und sie sind wahrscheinlich die am meisten missverstandene Art der Aufbewahrung, weil sie mit Aufbewahrung eigentlich nichts zu tun haben. Ein Goldzertifikat ist lediglich ein Versprechen, in Zukunft Gold zu liefern, was der eigentliche Kern jedes „Zertifikats“ ist. Nehmen wir zum Beispiel an, Sie zahlen Dollars bei Ihrer Bank ein. Die Bank gibt Ihnen ein „Einzahlungszertifikat“. Das Geld gehört Ihnen nicht mehr. Stattdessen sind Sie nun Gläubiger der Bank – ohne Sicherheiten. Goldzertifikate funktionieren genauso: Sie sind nicht der Eigentümer des Goldes, sondern ein ungesicherter Gläubiger der Bank, der Handelsfirma oder der Prägestätte, die das Zertifikat ausgestellt hat. Ebenso wie ein Sammelkonto in einem

Gold-Pool ist dies definitiv nicht dasselbe wie das Eigentum an Gold, und wir empfehlen es nicht.

Gold selbst aufbewahren. Nehmen wir an, Sie haben sich dafür entschieden, die Aufbewahrung Ihres Goldes nicht jemand anderem anzuvertrauen, sondern die Sache selbst in die Hand zu nehmen. Der große Tag kommt, die Familie ist um den Küchentisch versammelt und starrt mit großen Augen auf eine Kiste voller glänzender Goldbarren oder Münzen. Was nun? Sie können das Gold nicht einfach in die Küchenschublade legen. Ein stabiler Safe ist eine logischere Wahl, aber er zeigt Einbrechern auch ganz genau, wo Sie Ihren Reichtum aufbewahren, und er kann von ein paar kräftigen Männern ganz einfach weggetragen werden. Wenn Sie sich dafür entscheiden, muss Ihr Safe gut versteckt oder absolut fest verankert sein, sodass er nicht gestohlen werden kann. Eine weitere Möglichkeit ist die Anmietung eines Bankschließfachs. Es kostet nur ein paar Dollar im Jahr, und es gibt damit nur sehr selten Probleme. Absolut sicher ist es jedoch auch nicht, und daher sollten Sie eine Versicherung abschließen, entweder als Zusatz zu Ihrer Hausratversicherung oder bei der Bank selbst. Und denken Sie an Folgendes: Sollte in Zukunft wieder einmal eine räuberische Regierung beschließen, das Gold ihrer Bürger zu konfiszieren, dann kann der Inhalt Ihres Bankschließfachs mit einem einzigen Federstrich eingefroren werden.

Sie können Ihre Münzen auch an einem Ort verstecken, der nur Ihnen selbst bekannt ist. Gold rostet nicht. Daher können Sie es buchstäblich im Garten vergraben (und viele Leute tun das tatsächlich). Sie können Ihr Gold auch auf verschiedene Verstecke verteilen; den einen Teil in einen Safe, den anderen unter einem Brett im Fußboden. Sie müssen sich aber später noch daran erinnern können! Und da Sie Ihr Geheimnis wohl nicht mit ins Grab nehmen wollen, sollten Sie bei einem Notar oder einem vertrauenswürdigen Freund eine Schatzkarte hinterlegen.

Wie man verkauft. Wenn es an der Zeit ist, Ihr Gold auszugeben, drehen Sie den oben erwähnten Prozess einfach um. Finden Sie denjenigen vertrauenswürdigen Händler, der Ihnen den besten Preis bietet. Vielleicht erhalten Sie ein bisschen weniger als den Spot-Preis (die Händler leben schließlich von dieser Differenz), aber wenn sich die Welt so entwickelt, wie wir es erwarten, werden Sie sich wegen ein paar Dollars nicht aufregen.

Kapitel 14

GOLD IM BODEN: MINEN-AKTIEN

Der Kauf von Goldminen-Aktien ist die lukrativste Möglichkeit, von der Wiederentdeckung des Goldes zu profitieren. Aus Gründen, die wir gleich erklären werden, steigen Minen-Aktien noch schneller im Wert als Gold selbst. Man kann sie problemlos kaufen und verkaufen, wie jede andere Aktie auch. Man muss sie nicht aufbewahren oder versichern, und oft schütten sie Dividenden aus, die in vielen Fällen zwei bis drei Mal so hoch liegen wie die aktuellen Renditen von Geldmarktfonds. Derzeit sind Minen-Aktien besonders interessant, weil sie, wie das Gold selbst, Seltenheitswert haben.

Es gibt auf der Welt nur wenige bedeutende Goldminen, und nach 4.000 Jahren der Suche ist es auch unwahrscheinlich, dass es in Zukunft deutlich mehr von ihnen geben wird. Infolge der zwei Jahrzehnte währenden Baisse auf dem Goldmarkt ist der Goldminensektor vergleichsweise winzig. Trotz der kräftigen Erholung seit dem Tief im Jahr 2000 beträgt die Marktkapitalisierung sämtlicher Goldminen der Welt nur etwa 100 Milliarden Dollar. Das entspricht einem Drittel des Börsenwerts von Microsoft und weniger als zwei Prozent des gesammelten Werts aller Unternehmen im S&P-500-Index. Die Marktkapitalisierung von Newmont Mining, des größten Goldproduzenten der Welt, der als einziger im S&P-500 vertreten ist, beträgt nur 17,6 Milliarden Dollar.

Wenn erst wirklich Geld in diesen Sektor fließt, werden wir Kursanstiege sehen wie bei den Technologie-Aktien in den Jahren bis 1999. Aber – und dieser Punkt ist sehr wichtig – das bedeutet nicht, dass Sie ein beliebiges Portefeuille aus Goldminen-Aktien kaufen und es vergessen sollten. Wie in jedem anderen Sektor gibt es auch bei den Goldminen gute und schlechte Unternehmen. Manche wachsen beständig, andere sind hochspekulativ. Und wenn man sie gekauft hat, muss man sie beobachten. Wenn Sie also wirklich von der bevorstehenden Superhausse in diesem Sektor profitieren wollen, sollten Sie sich ein Depot zusammenstellen, das zu ihren finanziellen Möglichkeiten und zu Ihrem Temperament passt.

In diesem Kapitel werden wir Ihnen zeigen, wie das geht, aber zunächst eine kurze Warnung: Die Analyse von Goldminen und ihren Aktien ist nicht einfach, und einige der hier behandelten Themen stecken voller Fachausdrücke aus den Bereichen Bergbau und Bilanzierung. Wenn Sie das Gefühl haben, nicht weiterzukommen, dann überblättern Sie die entsprechenden Passagen einfach und lesen Sie sie später, wenn Sie für tiefer gehende Informationen bereit sind.

WAS MAN ÜBER GOLDMINEN WISSEN SOLLTE

Ehe Sie entscheiden können, ob eine bestimmte Goldmine ein gutes Investment ist, sollten Sie wissen, wie diese Branche funktioniert. Wir beginnen ganz am Anfang, der, was unser Thema betrifft, etwa drei Milliarden Jahre zurückliegt, als sich mikroskopisch kleine Teile eines schweren Elements, das wir heute Gold nennen, in Quarz- und Sulfidgestein ablagerten. Die Konzentration reichte dabei von wenigen Gramm bis zu – in seltenen Fällen – Hunderten von Gramm je Tonne umgebenden Gesteins. Irgendwann begannen die Sulfide zu zerbröckeln, und das Gold wurde freigesetzt, wobei es sich manchmal in den Goldadern sammelte, die in der Menschheitsgeschichte eine so bedeutende

Rolle spielen sollten. Wenn sie sich gebildet hatten, standen diesen Goldadern unterschiedliche Schicksale bevor. Einige, die nahe an der Erdoberfläche entstanden oder durch vulkanische Aktivitäten dorthin gehoben wurden, sind dem Einfluss der Elemente ausgesetzt. Das sie umgebende Gestein erodiert und setzt das Gold frei. Es wird dann oft in Flussbetten gespült und bildet dort so genannte Schwemmablagerungen, die aus Goldfragmenten von Staubkorn- bis zu Nuggetgröße bestehen. (Das größte Nugget, von dem je berichtet wurde, ist übrigens der „Welcome Stranger". Er wurde 1869 in Australien gefunden, wiegt 2.284 Unzen oder 71,04 Kilo und ist fast 60 cm lang). Der Rest des Goldes dieser Welt bleibt tief in der Erde verborgen, bis es von einem unternehmungslustigen Minenunternehmen oder Geologen gefunden wird.

Nach seiner Entdeckung besteht der nächste Schritt darin, an das Gold heranzukommen. Allgemein gesagt gibt es dafür zwei Möglichkeiten. Wenn das Gold nahe an der Oberfläche liegt, ist die Lösung eine Tagebaumine, also ein riesiges Loch in der Erde, wo schwere Maschinen das erzhaltige Gestein abbauen und zur Verarbeitung bringen. Liegt das Gold tief im Boden, dann werden tiefe Schächte gegraben, die den Goldadern folgen. Und sie sind wirklich tief. In Südafrika gibt es Schächte, die mehr als 5.000 Meter in die Erde reichen, und die von diesen Schächten aus gegrabenen horizontalen Tunnel reichen meilenweit ins umgebende Gestein. Je nach Kapitalausstattung brechen die Arbeiter in den Tiefbauminen das Erz mit Pickeln, schweren Bohrgeräten oder großen Mengen Dynamit aus dem Fels. Die Gesteinsbrocken werden ans Tageslicht gebracht, auf Förderbänder oder Schienenfahrzeuge verladen und in die Verarbeitungsanlage der Mine transportiert.

Das Erz wird zu Pulver zermahlen und mit Zyanid und anderen Chemikalien vermischt, die selbst an kleinsten Goldpartikeln hängen bleiben und mit ihnen eine wasserlösliche Gold-Zyanid-Verbindung eingehen, aus der das Gold später extrahiert werden kann. Diese „Heap Leaching" genannte Methode wurde 1887 in Schottland erfunden und vom U. S. Bureau of Mines in den 1960er-Jahren perfektioniert. Sie stellt einen enormen Fortschritt der Bergbautechnologie dar, weil sie es ermöglicht, aus einem Haufen Erz wirklich alles Gold herauszuholen, selbst mikroskopisch kleine Partikel.

Mit dieser Methode werden Goldbarren mit einem Reinheitsgrad von 60 bis 80 Prozent gewonnen. Sie werden zu Aufbereitungsanlagen gebracht, wo man mit Methoden wie der „Miller-Chlorination" oder der „Wohlwill-Elektrolyse" die verbliebenen Unreinheiten entfernt. Das resultierende, nahezu reine Gold wird zu Barren von weniger als einem Kilo bis zu 400 Unzen geformt und an Händler verkauft, die ihrerseits die Schmuck-, Elektronik- und Münzenmärkte beliefern.

Es gibt zu jeder Zeit Hunderte von Goldminen auf der Welt, und das Spektrum ist groß. Manche sind kaum funktionsfähig, andere sind Riesen wie Freeport McMorans Grasberg-Mine in Indonesien, die jedes Jahr mehr als zwei Millionen Unzen (62 Tonnen) Gold produziert. Minen gibt es fast auf der ganzen Welt, obwohl Gold häufiger in Südafrika (das etwa ein Drittel der heutigen Goldvorräte produziert hat) und Nordamerika vorzukommen scheint als in Europa.

GOLDPRODUKTION NACH REGIONEN

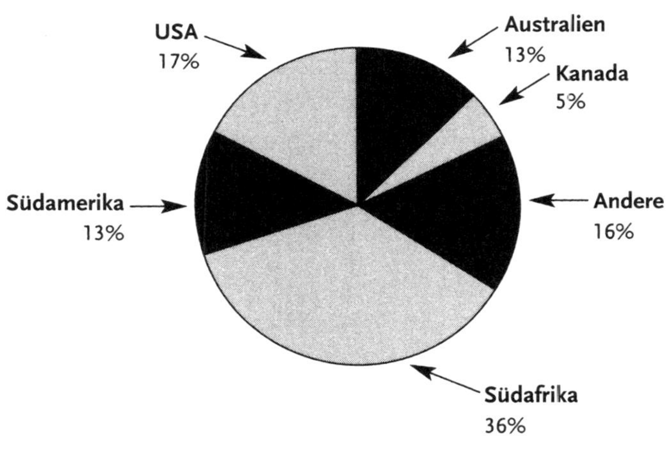

Quelle: World Gold Council

DIE ANALYSE DER MINENUNTERNEHMEN

Da wir jetzt in etwa wissen, was die Goldproduzenten tun, wollen wir untersuchen, welche Unterschiede es zwischen ihnen gibt. Diese Unterschiede sind beträchtlich. In diesem Dschungel gibt es Elefanten und Mäuse – und viele Tiger. Und so kann man sie voneinander unterscheiden:

Größe zählt. Die Größe der Minenunternehmen weist ein recht kontinuierliches Spektrum von winzig bis riesig auf, aber für unsere Zwecke werden wir sie in fünf Gruppen innerhalb von zwei breit gefassten Kategorien einteilen. Die erste Kategorie enthält diejenigen Firmen, die derzeit Gold fördern – mit anderen Worten: die eigentlichen Minenunternehmen –, die man wiederum in große, mittlere und kleinere einteilt, je nachdem, wie viel Gold sie produzieren. Die zweite Kategorie umfasst die Nichtproduzenten: Explorationsunternehmen, die neue Goldvorkommen zu entdecken hoffen, und Entwicklungsunternehmen, deren Ziel es ist, wirtschaftlich sinnvoll ausbeutbare Erzvorkommen in Minen zu verwandeln. Wir wollen diese beiden Gruppen „Property Plays" nennen.

Die Goldproduzenten. Die „Majors" sind die Großen der Branche. Sie managen umfangreiche Minenportfolios auf der ganzen Welt und produzieren mehrere Millionen Unzen pro Jahr. Meist wurden sie von aggressiven Management-Teams geschaffen, die kleinere Unternehmen und einzelne Goldvorkommen aufgekauft und dann gute Arbeit dabei geleistet haben, daraus ein effizientes Ganzes zu schmieden. Das größte – und wohl auch das am besten gemanagte – Unternehmen unter den Branchenführern ist Newmont Mining, das in den vergangenen Jahren bedeutende Konkurrenten wie Santa Fe Pacific Gold, Battle Mountain Gold und Normandy Mining aufgekauft und seine bereits vorhandenen Vorkommen zu ergiebigen Minen ausgebaut hat. Newmont bringt heute jährlich etwa sieben Millionen Unzen auf den Markt, mit einem Wert von 2,8 Milliarden Dollar bei einem Goldpreis von 400 Dollar je Unze (12,86 Dollar/gg).

Die „Majors" werden von vielen Analysten und Vermögensverwaltern beobachtet, und ihre Aktien sind weit verbreitet. In Medienberichten über den Wechselkurs des Goldes oder die Performance von Goldminen-Aktien werden sie oft erwähnt. Wegen dieser hohen Transparenz verläuft der Handel ihrer Aktien, ähnlich wie bei IBM oder Microsoft, sehr effizient. Das heißt, dass alle öffentlich zugänglichen Informationen sich schnell über die ganze Welt verbreiten und die Aktienkurse zu jeder Zeit den breiten Konsens informierter Anleger ausdrücken. Wenn man eine Aktie wie Newmont, Gold Fields oder Harmony kauft, dann wettet man darauf, dass der Goldpreis stärker steigt als von der Finanzwelt erwartet, aber nicht darauf, dass das Unternehmen Stärken besitzt, die dem Rest der Welt unbekannt sind. Anders ausgedrückt: Die „Majors" haben zwar regelmäßig eine glückliche Hand bei der Entdeckung neuer Vorkommen, aber man kauft solche Aktien nicht, weil man wegen erfolgreicher Explorationstätigkeiten einen Kursanstieg erwartet. Man kauft sie wegen des Cashflows und der Fähigkeit des Managements, durch effizienten Erzabbau und steigende Goldpreise eine attraktive Rendite auf das eingesetzte Kapital zu erwirtschaften.

Die „Mid-Tiers" und die „Juniors" sind etablierte Minenunternehmen, die eine bis eine Hand voll produzierender Minen betreiben. Zum Beispiel besitzt Glamis Gold Minen in den USA und in Honduras, die zusammen 250.000 Unzen pro Jahr fördern, und das Unternehmen baut neue Minen in Guatemala und Mexiko auf, die bald in Produktion gehen und den jährlichen Gesamtausstoß bis in ein paar Jahren verdoppeln sollen. Die mittelgroßen Unternehmen, vor allem die jüngeren von ihnen, sind für Investoren weniger transparent, weil sie hinsichtlich der Marktkapitalisierung und des Streubesitzanteils ihrer Aktien nicht groß genug sind, um die Aufmerksamkeit zahlreicher Analysten, Reporter oder Vermögensverwalter auf sich zu ziehen. Einem solchen Unternehmen ist es daher möglich, ohne viel öffentliches Aufsehen ein viel versprechendes neues Minenprojekt in Produktion zu bringen und manchmal für sehr große, sehr angenehme Überraschungen zu sorgen. So kostete die Aktie von Glamis in den späten 1990er-Jahren weniger als zwei Dollar. Der Goldpreis lag damals niedrig, und den Investoren war größtenteils nicht bekannt, dass das Unternehmen dabei war, einige eventuell sehr ergiebige Projekte zu entwickeln. Aber im Januar begann die Produktion in der Marigold-Mine in Nevada, und zwar zu niedrigen Kosten. Die Investoren begannen sich die Zahlen genauer anzusehen, und in den beiden folgenden Jahren stieg die Glamis-Aktie in einer ununterbrochenen Aufwärtsbewegung von 1,50 auf 15 Dollar.

Dieser Übergang von einem kleinen zu einem großen Produzenten kommt öfter vor, als Sie wahrscheinlich glauben. Der Markt für Goldminen-Aktien ist sehr eng, nur wenige Analysten machen sich die Mühe, mittlere und kleine Unternehmen zu beobachten und wenige Anleger sind bereit, ihr Geld auf ein hochriskantes Geschäft zu setzen, das sie nicht verstehen und nicht zu schätzen wissen. Folglich bieten mittelgroße und kleinere Minen eine Mischung von interessanten Eigenschaften. Sie sind florierende Unternehmen mit Produktion und Umsätzen, und sie haben oft viel versprechende neue Projekte in der Pipeline. Von den Investoren werden sie aber oft übersehen, und das macht es möglich, mit einigen Nachforschungen auf ein Juwel wie Glamis etwa im Jahr

ERFOLGREICHE MITTLERE UND KLEINERE GOLDMINENUNTERNEHMEN

Unternehmen	Symbol	Kurs am 1.1.2001 in $	Kurs am 31.12.2003 in $	Veränderung (%)
Golden Star Resources	GSS	0,90	6,97	574
Glamis Gold	GLG	1,36	11,37	762
Meridian Gold	MDG	6,27	15,60	149
Eldorado Gold	EGO	1,52*	3,25	113
Gold		**272/oz.**	**415/oz.**	
		($ 8,75/gg)	**($ 13,34/gg)**	**52**
		1366	**1114**	**–23**

* Preis des ersten Tages der Amex-Liste am 24. Januar 2003

2000 zu stoßen, das nur auf seine Entdeckung wartet. Die folgende Tabelle zeigt, wie viel Geld man mit einigen erfolgreichen mittelgroßen Minenunternehmen verdienen konnte, als der Goldpreis von 272 auf 415 Dollar stieg. Stellen Sie sich vor, wie diese Liste erst aussehen wird, nachdem Gold auf 1.000 Dollar gestiegen ist.

Property Plays. Explorations- und Entwicklungsfirmen sind im Prinzip keine Minenunternehmen, weil sie keine produzierenden Minen betreiben. Sie hoffen aber, dass sie dies eines Tages tun und sich und ihre Investoren dabei reich machen werden.

Wie der Name schon sagt, sind die Explorer damit beschäftigt, nach Goldvorkommen zu suchen, aus denen einmal funktionierende Minen werden könnten. Ihre Explorationsstrategien variieren, aber oft konzentrieren sie sich auf Gegenden, wo es schon andere Goldminen gibt, in der Annahme, dass „in der Nachbarschaft" weitere, noch unentdeckte Goldvorkommen lagern. Manchmal analysieren sie auch alte Explorationsarbeiten noch einmal, die in der Vergangenheit nicht adäquat durchgeführt wurden. In jedem Fall sind die richtigen geologischen Gegebenheiten entscheidend. Es gibt zum Beispiel viele Explorationsprojekte in Nevada, wo es zahlreiche Vorkommen gibt, und nur sehr wenige in Illinois, wo man, zumindest bis heute, noch nie Gold gefunden hat.

Entwicklungsunternehmen besitzen in der Regel ein Stück Land, wo es Spuren von Erzvorkommen gibt, und hoffen, dort eine produzierende Mine aufbauen zu können. Sie führen intensive Bohrarbeiten durch, um Klarheit über den Umfang des Vorkommens zu erhalten, und erstellen Machbarkeitsstudien, um zu bestimmen, ob das Erz profitabel abgebaut werden kann. Wenn die Ergebnisse positiv ausfallen, erstellen sie die nötige Infrastruktur, indem sie Straßen bauen, eine Tagebaumine anlegen oder Schächte absenken, Stromgeneratoren aufbauen und auch sonst alles Erforderliche tun, um die Ausbeutung des Vorkommens zu ermöglichen.

Explorations- und Entwicklungsunternehmen sind die Lotterielose in der Welt der Minen, und wenn sie sich als Treffer erweisen, machen sie ihre Investoren oft sehr reich. Francisco Gold aus Kanada, um nur ein Beispiel zu nennen, arbeitete Ende der 1990er-Jahre fast völlig unbeachtet daran, ein viel versprechendes Vorkommen in Mexiko zu entwickeln. Das Unternehmen wurde von einem sehr erfahrenen Team geleitet, das die Explorationsrechte zu einem Spottpreis erworben und beträchtliches Kapital von außenstehenden Investoren angesammelt hatte. 1999 verfügte Francisco über etwa 2,50 Dollar je Aktie an Barreserven, hatte keine Schulden, besaß Gold im Boden, das je Aktie etwa zehn bis 15 Dollar wert war – und die Aktie kostete ungefähr zwei Dollar. Außerhalb des Unternehmens waren sich nur einige Herausgeber von Gold-Aktien-Newsletters über diese Situation im Klaren. Zu ihnen gehörte Claude Cormier von *The OrMetal Report*, der jedem, der es hören wollte, erzählte, Francisco sei sein Favorit unter den Entwicklungsunternehmen im Goldsektor.

Als Bohrungsergebnisse auf größere Mengen Gold hinwiesen und das Management die Mine auf dem Weg zur Produktion voranbrachte, begann der Aktienkurs langsam zu steigen, aber Anfang 2002 lag er noch immer bei lediglich 3,50 Dollar. Die wenigen Investoren, die zu diesem Zeitpunkt ein Engagement wagten, mussten nicht lange auf den Zahltag warten, denn Glamis kaufte Francisco Gold im März 2002 für 13 Dollar je Aktie auf.

Aber wir haben den Ausdruck „Lotterielos" mit gutem Grund verwendet. Explorations- und Entwicklungsunternehmen hängen weniger von einem Steigen des Goldwechselkurses ab (der wichtigste Faktor für große und weitgehend auch für mittlere und kleinere Goldproduzenten), sondern hauptsächlich von ihrer Fähigkeit, ein unerschlossenes Stück Land in eine profitable Mine zu verwandeln. In diesem Marktsegment Gewinne zu erzielen ist daher sehr schwierig. Das „Makro"-Verständnis der Währungsentwertung, die Gold so attraktiv macht, ist dabei weniger wichtig als die Fähigkeit, Bohrungsergebnisse richtig lesen und verstehen sowie die Qualität des Managements einschätzen zu können. Auf diese Themen kommen wir gleich noch zu sprechen. Und denken Sie immer daran, dass auf einen Highflyer wie Francisco Gold Hunderte von Explorationsunternehmen kommen, die nie ein Erzvorkommen entdecken, auch wenn ihre CEOs noch so fähig und ihre Finanzen noch so solide sind. Das sind die kalten, harten Fakten der Goldexploration. Verlieren Sie also niemals die hohen Risiken aus dem Blickfeld, wenn Sie sich dazu entschließen, Ihr Portfolio mit einigen Property Plays zu ergänzen.

Wie man die Qualität eines Minenunternehmens beurteilt. Wie in vielen anderen Branchen ist auch bei den Goldminen die Größe nur ein wichtiger Aspekt unter mehreren. Gewinn und Marktwert, auf die es natürlich letzten Endes ankommt, hängen von den Produktionskosten je Gramm Gold ab und auch davon, wie lange der daraus resultierende Gewinnzufluss anhält. Um ein Minenunternehmen wirklich zu kennen, muss man daher die Qualität seiner Besitztümer einschätzen können. Und dazu muss man folgende Faktoren genau untersuchen:

Größe des Vorkommens. Die wichtigste Frage ist natürlich, wie viel Gold eine Mine enthält. Weil das Gold aber auf Millionen Tonnen Gestein verteilt ist, kann man sie erst dann zweifelsfrei beantworten, wenn man

GOLDMINENUNTERNEHMEN: GROSSE, KLEINE UND MITTLERE

	Property Play	Mittleres Unternehmen	Groß-unternehmen
Name/Börsenkürzel	*Nevsun/NSU.TO*	*Glamis/GLG*	*Newmont/NEM*
Goldproduktion 2003 (in Unzen)	0	252.000	7.300.000
Nachgewiesene und wahrscheinliche Reserven (in Millionen Unzen)	0	4,9	88
Jahresumsatz (in Millionen Dollar)	0	83	3.340
Ausstehende Aktien (in Millionen)	73,80	129,84	403,70
Marktkapitalisierung (in Millionen Dollar)	265	2.200	17.640
Analysten, die das Unternehmen beobachten	5	16	25

Alle Daten vom 31. 12. 2003 *Quellen: Jahresberichte der Unternehmen, Yahoo! Finance* es ausgegraben hat. Daher schätzt das Minenunternehmen Form, Umfang und Qualität des Erzkörpers ab, indem es eine Reihe von Löchern bohrt und das dabei zutage geförderte Material analysiert. Wenn die Bohrergebnisse und geologische Modelle eine Million Tonnen Erz anzeigen und jede Tonne eine Unze Gold enthält, dann wird das Unternehmen bekannt geben, dass seine „nachgewiesenen" Reserven eine Million Unzen betragen. Wenn ein Vorkommen „nachgewiesen" sein soll, dann müssen Bohrungen in regelmäßigem und engem Abstand von meist nicht mehr als 15 bis 22 Metern zueinander vorgenommen werden. Danach sieht das Grundstück aus wie ein Brett mit sauberen, regelmäßigen Bohrlöchern.

„Wahrscheinliche" Reserven stellen bei weitem nicht so hohe Anforderungen. Sie erfordern weniger Bohrungen und mehr Vertrauen auf geologische Modelle. Ein brauchbarer Maßstab für die Testqualität eines Minenunternehmens ist der Prozentsatz an wahrscheinlichen Reserven, die im Lauf der Zeit zu nachgewiesenen Reserven geworden sind. Ein hoher Prozentsatz legt nahe, dass das Vorkommen recht genau dem dafür entwickelten geologischen Modell entspricht. Ein niedriger Prozentsatz spricht für ein unregelmäßiges, nicht prognostizierbares Vorkommen, dass eventuell weniger Gold enthält, als ursprünglich geschätzt wurde.

Erzqualität. Manche Erzkörper enthalten viel mehr Gold als andere, und eine Tonne ergiebigen Erzes produziert natürlich mehr Gold als eine Tonne Erz von niedriger Qualität. Der Ausdruck dafür lautet „Goldgehalt" oder englisch „grade". Meist wird er metrisch in Gramm pro Tonne angegeben. Es gibt aber noch einige nordamerikanische Minen mit einem Hang zur Tradition, die ihn in Unzen je Tonne angeben. Derzeit können einige Minen mit einem Erzgehalt von weniger als einem Gramm je Tonne überleben, obwohl die qualitativ hochwertigsten Vorkommen – wie Goldcorps Red Lake-Mine, die 65 Gramm je Tonne enthält – natürlich wesentlich profitabler ausgebeutet werden können.

Kosten. Man kann es ganz einfach ausdrücken: Wenn Gold 400 Dollar je Unze (12,86 Dollar/gg) kostet, dann kann ein Minenunternehmen reich werden, wenn es Gold für 200 Dollar je Unze (6,43 Dollar/gg) produziert, und Pleite gehen, wenn seine Produktionskosten 450 Dollar /14,46 Dollar/gg) betragen. Die Erzqualität spielt hier natürlich eine entscheidende Rolle, aber auch andere Faktoren sind zu beachten. Dazu gehören:

- Wie schwierig ist es, an das Erz heranzukommen? Wenn es ein paar Zentimeter unter einer Blumenwiese in Ihrer Heimatstadt liegt, dann sind die Kosten für den Aufbau und Betrieb einer Mine wesentlich niedriger, als wenn es 3.000 Meter unter der Erdoberfläche liegt, dazu noch Hunderte Meilen entfernt von unverzichtbarer Infrastruktur wie Straßen und Elektrizität. Allgemein gesagt wird also eine Tagebaumine in einem leicht zugänglichen Gebiet geringere Produktionskosten aufweisen als eine Mine mit tiefen Schächten weit weg von jeglicher Zivilisation. Aber natürlich ist es selten derart simpel. In Tagebauminen muss viel mehr Material bewegt werden als in Untergrundminen, was ihren Kostenvorteil reduziert. Und nur selten liegt das Erz einfach so an der Oberfläche. In der Regel weist der Erzkörper eine unregelmäßige Form auf, erstreckt sich in seltsamen Ausformungen bis tief unter die Oberfläche und erfordert teure Grabungsarbeiten. Ein Minenunternehmen berücksichtigt diese Faktoren bei der Abschätzung der Produktionskosten.
- Produktionsniveau. Je mehr Erz eine Mine pro Tag verarbeiten kann – man spricht in diesem Zusammenhang auch von der Durchlaufmenge, – desto stärker wirkt der Skaleneffekt für ihren Betreiber, und desto niedriger liegen die Produktionskosten je Gramm Gold. Diese Zahl hängt sowohl von den geologischen Gegebenheiten der Mine als auch vom Kapital ab, das der Betreiber zum Kapazitätsaufbau aufgewendet hat. Weil die Unternehmen nicht auf Volumen, sondern auf Renditemaximierung abzielen, produzieren Minen in der Regel weniger, als sie könnten, wenn man alle verfügbaren Kapazitäten nutzen würde.

- Andere Mineralien. Manchmal findet man mehrere brauchbare Mineralien am selben Ort. Das in einer Goldmine geförderte Gestein enthält daher nicht selten auch Silber, Zink Kupfer oder andere nützliche Dinge. Man kann sie gemeinsam mit dem Gold extrahieren und einschmelzen, was die Kosten der Goldproduktion reduziert. Zum Beispiel produziert die LaRonde-Mine des in Toronto ansässigen Unternehmens Agnico-Eagle Silber, Kupfer und Zink als Nebenprodukte. Sogar der Name – Ag Ni Company, wobei Ag und Ni für Silber und Nickel stehen – verrät die Vergangenheit des Unternehmens als Produzent verschiedener Metalle. Ohne die Nebenprodukte lagen Agnicos Cash-Kosten 2003 bei 250 Dollar je Unze (8,04 Dollar/gg). Mit ihnen sanken die Kosten auf 155 Dollar (4,98 Dollar/gg). Interessanterweise ist die größte Silbermine der Welt – Cannington in Australien – eigentlich eine Kupfermine, die Silber als Nebenprodukt fördert.

Wenn man alles zusammenzählt – Durchlaufmenge, Erzqualität und Zugänglichkeit –, erhält man die Produktionskosten. Am unteren Ende des Spektrums liegt zum Beispiel Goldcorps Red Lake-Mine im Nordwesten von Ontario. Sie ist zwar eine Untergrundmine, weist allerdings einen sehr hohen Goldgehalt und somit Produktionskosten von lediglich 65 Dollar je Unze (2,09 Dollar/gg) auf. Am anderen Ende des Spektrums liegt das Joel-Vorkommen von AngloGold in Südafrika mit Kosten von 345 Dollar je Unze (11,09 Dollar/gg). Im Durchschnitt liegen die Produktionskosten der großen Goldförderer bei etwa 180 Dollar je Unze (5,79 Dollar/gg).

Beachten Sie aber, dass diese „Cash"-Kosten nur ein Teil der Kostenstruktur eines Minenunternehmens sind. Um die Profitabilität eines Minenbetreibers zu bestimmen, muss man auch seine übrigen Kosten einschließlich der Verwaltung (also Gehälter und allgemeine Fixkosten), Zinsen und Abschreibungen berücksichtigen. Wir werden auf diese Kosten gleich noch näher eingehen.

Expansionspotenzial. Es dauert Jahre, manchmal Jahrzehnte, einen reichhaltigen Erzkörper vollständig zu explorieren, und für ein Minenunternehmen ist es nicht sinnvoll, mehr Reserven zu entdecken, als es in einem angemessenen Zeitraum mit Gewinn ausbeuten kann. Daher enthalten manche Vorkommen mehr Erz als die „nachgewiesenen und wahrscheinlichen" Reserven, oft sogar viel mehr. Die Unternehmen bezeichnen solche erhofften Lagerstätten als „nicht nachgewiesene und wahrscheinliche Mineralisierung" oder „angezeigte und vermutete Reserven". Wie die Bezeichnungen schon sagen, ist die Existenz dieser Erzvorkommen nicht zweifelsfrei erwiesen, obwohl die Angaben in der Regel auf Untersuchungen und geologischen Modellen basieren und sich oft als zutreffend erweisen. Goldcorp schätzt die Mineralisierung seiner Vorkommen beispielsweise auf 5,5 Millionen Unzen. Bei Newmont sind es 55 Millionen Unzen, und einige südafrikanische Minen haben angezeigte und vermutete Reserven von mehr als 100 Millionen Unzen. Wie Sie im folgenden Abschnitt sehen werden, können diese noch nicht nachgewiesenen Reserven den Unterschied zwischen Überbewertung und Unterbewertung ausmachen.

Die Bewertung der Reserven. Wenn man Qualität und Größe der Erzvorkommen eines Unternehmens verstanden hat, muss man als Nächstes ihren Wert abschätzen und das Ergebnis mit dem aktuellen Aktienkurs vergleichen. Leider ist das nicht einfach, weil sich Goldminen von anderen Unternehmen unterscheiden. Während eine Fabrik oder ein Kaufhaus auf der Grundlage der Gewinne oder des Cashflows bewertet werden kann, die beziehungsweise den es erwirtschaftet, beruht der Wert einer Mine eher darauf, was sie enthält, und weniger darauf, was sie derzeit produziert. Produzierende Minen haben in der Regel weitaus mehr Gold im Boden, als sie Jahr für Jahr fördern. Hinzu kommen unterschiedliche Mengen an möglichen zusätzlichen Reserven.

Wenn sich der Wechselkurs des Goldes ändert, bewertet der Markt die gesamten Ressourcen eines Minenunternehmens neu, und daher sind Goldminen-Aktien wesentlich volatiler als das Gold selbst. In gewisser Hinsicht ist eine Goldminen-Aktie also ein Gold-Derivat – mit anderen Worten: eine Option auf die zukünftige Abwertung des Dollars.

Wie berechnet man den Wert eines Goldminenunternehmens? Eine sehr gute Methode haben wir William Fleckenstein zu verdanken, der ein außergewöhnlich guter Leerverkäufer und ein bekennender Edelmetall-Optimist ist. Wir nehmen Newmont Mining als Beispiel und beginnen mit den nachgewiesenen und wahrscheinlichen Reserven, die Ende 2003 bei etwa 88 Millionen Unzen lagen. Dann dividieren wir den Börsenwert des Unternehmens von Anfang 2004 (17,4 Milliarden Dollar) durch diese Zahl. Das Resultat – 198 Dollar – ist der Preis, den man pro Unze dieser Reserven zahlt, wenn man die Aktie kauft. Dann addieren wir Newmonts Cash-Produktionskosten von etwa 200 Dollar je Unze hinzu. Man bezahlt also effektiv 398 Dollar für jede Unze, die Newmont wahrscheinlich produzieren wird. Dann fügen wir die übrigen Kosten (Vorstandsgehälter, Abschreibungen und Explorationskosten) von 60 Dollar je Unze hinzu und kommen auf ein Ergebnis von 458 Dollar. Bei einem Goldpreis von 415 Dollar klingt das bisher nicht besonders verlockend.

Aber denken Sie daran, dass Sie mit den Aktien eines Goldproduzenten mehr bekommen als die nachgewiesenen und wahrscheinlichen Reserven. Neben den so gut wie sicher vorhandenen 88 Millionen Unzen besitzt Newmont weitere 55 Millionen Unzen an „Mineralisierung", die eines Tages zu nachgewiesenen Reserven werden könnten. Wenn man sie zu den 88 Millionen Unzen addiert, erhält man eine Gesamtsumme von 143 Millionen Unzen. Nehmen wir an, die Produktion koste 200 Dollar je Unze, und fügen wir die 60 Dollar an zusätzlichen Kosten hinzu. Dann sinken die Kosten pro Unze für die Newmont-Aktie auf 382 Dollar. Zum Schlusskurs von 2003 ist die Aktie bei einem Goldpreis von 415 Dollar je Unze ein Kauf, und ein absolut klarer Kauf, wenn man, wie wir, annimmt, dass Gold noch wesentlich teurer wird.

Weitere Überlegungen. Nachdem Sie den Wert der Reserven eines Minenunternehmens berechnet haben, sollten Sie auch noch die anderen

DIE BERECHNUNG DES WERTS VON NEWMONTS GOLD

Nachgewiesene und wahrscheinliche Reserven		
Nachgewiesene und wahrscheinliche Reserven (in Millionen Unzen)	88,0	
Marktkapitalisierung am 31. 12. 2003 (in Milliarden Dollar)	17,4	
Marktwert der nachgewiesenen und wahrscheinlichen Reserven (in Dollar/Unze)		198
Cash-Produktionskosten (in Dollar/Unze)	200	
Weitere Kosten (in Dollar/Unze)	60	
Kosten des Aktionärs je Unze nachgewiesener und wahrscheinlicher Reserven (in Dollar/Unze)		**458**

Gesamtmenge des Goldes im Boden		
Nachgewiesene und wahrscheinliche Reserven (in Millionen Unzen)	88,0	
Mineralisierung (in Dollar/Unze)	55,0	
Gesamtmenge des Goldes im Boden	143,0	
Marktwert des Goldes im Boden (in Dollar/Unze)		122
Cash-Produktionskosten (in Dollar/Unze)	200	
Weitere Kosten (in Dollar/Unze)	60	
Kosten des Aktionärs je Unze nachgewiesener und wahrscheinlicher Reserven (in Dollar/Unze)		**382**

Quellen: Jahresbericht von Newmont Mining, Yahoo! Finance

Faktoren berücksichtigen, die den Wert seiner Goldvorkommen beeinflussen. Dazu gehören:

Länderrisiko. Wenn ein Unternehmen eine Mine in einem kleinen, politisch instabilen Land besitzt, ist ihre Produktion weniger zuverlässig und daher auch weniger wertvoll als die einer anderen Mine, die zum Beispiel in Nordamerika liegt. Daher sind US-amerikanische und kanadische Minen-Aktien hinsichtlich der Gewinne, des Cashflows und der Reserven meist höher bewertet als südafrikanische oder lateinamerikanische. Die geografische Lage ist vor allem bei solchen Unternehmen von großer Bedeutung, die nur wenige Minen betreiben.

Minentyp. Wir wollen nicht auf Südafrika herumhacken, aber diese extrem tiefen Lagerstätten stellen Bergbauingenieure vor unglaubliche Probleme. Wenn ein Schacht in 3000 Metern Tiefe einbricht, wird man dort für lange Zeit kein Gold mehr fördern können. Tagebauminen wie Freeports riesige Grasberg-Mine sind allgemein stabiler, weil sie an der Erdoberfläche liegen, aber auch sie sind nicht immun gegen höhere Gewalt. Extreme Regenfälle können zum Beispiel die Grubenwände einstürzen lassen. Ob an der Erdoberfläche oder darunter: Der Ingenieurskunst sind Grenzen gesetzt, und daher ist Bergbau eine riskante Sache mit realen und manchmal tödlichen Risiken. Kurz gesagt: Man kann nur schwer eine allgemein gültige Aussage darüber treffen, welche Minentypen risikoreicher sind als andere, aber es ist in jedem Fall nützlich, die Unterschiede zwischen Tagebau und Minen mit tiefen Schächten zu kennen.

Diversifizierung. Das Eigentum an einer einzigen, sehr ergiebigen Mine ist eine angenehme und relativ simple Möglichkeit, ein Vermögen zu machen. Jedenfalls so lange, bis etwas schief geht. Die Aktionäre von Agnico-Eagle wurden 2003 mit dieser schmerzlichen Tatsache konfrontiert, als ein Erdsturz in Agnicos bei weitem wichtigster Mine LaRonde monatelang für einen Produktionsrückgang sorgte. Diese plötzliche Unterbrechung des früher beständigen Gewinnzuflusses verschreckte die Investoren, und die Agnico-Aktie verlor 40 Prozent ihres Kurswerts. Die Lehre daraus: Wer Minen an verschiedenen Orten besitzt, ist weniger durch eine Produktionsunterbrechung gefährdet – ob aus technischen oder politischen Gründen – als der Betreiber einer einzigen, für ihn extrem wichtigen Mine. Das andere Extrem stellt Newmont dar, das „wichtige" Minen auf vier Kontinenten besitzt, und eine fünfte wird bald folgen.

Umweltschutzprobleme. Das Zyanid-Extraktionsverfahren war für die Minenbranche ein Gottesgeschenk, das es ermöglichte, selbst mikroskopisch kleine Goldpartikel aus Erz zu holen, das in früheren Zeiten wertlos gewesen wäre. Aber Zyanid ist ein Gift, und obwohl die Bergbauindustrie allgemein eine recht gute Umweltbilanz aufweist, gab es einige Aufsehen erregende Fälle von Umweltverschmutzung, hervorgerufen durch Nachlässigkeiten von Minenbetreibern. Daher führen Sorgen über Umweltrisiken zu Konflikten zwischen Minenbetreibern auf der einen und der ortsansässigen Bevölkerung und Regierungen auf der anderen Seite. Das erhöht die Kosten, senkt die Produktion und führt zuweilen dazu, dass im Prinzip viel versprechende Vorkommen gar nicht erst ausgebeutet werden. Daher sind die Umweltbilanz eines Unternehmens und seine Beziehungen zu den Nachbarn sehr wichtige Aspekte bei der Beurteilung der Qualität seiner Reserven.

Solche Risiken werden in den 10-K-Berichten der Unternehmen unter Fußnoten-Überschriften wie „Litigation" oder „Environmental Issues" erwähnt. Es lohnt sich aber, über die Dokumente der Unternehmen hinauszublicken. So ergab eine Google-Suchabfrage mit den Suchworten „Newmont Gold Environmental" im Oktober 2003 Dutzende von Einträgen mit Titeln wie: „Newmonts Vorstandssprecher blockt auf der Hauptversammlung Angriffe von Umweltschützern ab", „Peruanische Kleinbauern kämpfen gegen Newmonts Goldmine" und „Las Vegas SUN: Umweltschützer versuchen Newmonts Goldmine zu blockieren". Kurz: Die geografische Lage einer Mine begrenzt oft die Möglichkeiten ihres Besitzers, sie zu erweitern oder zu betreiben. Wenn man die Assets eines Minenunternehmens zutreffend bewerten will, muss man wissen, wie sich Umweltschutzgesetze und ihre Interpretation auf seine wichtigsten Minen auswirken. Auch hier erweist sich Diversifikation als großer Pluspunkt, weil sie die Auswirkungen möglicher Umweltschutzprobleme bei einer bestimmten Mine dämpft.

Neue Minenprojekte. Mindestens ein prominenter Historiker hat Gold mit einer Droge verglichen, die die von ihr Abhängigen dazu verleitet hat, außergewöhnliche und schockierende Dinge zu tun. Wir wollen diese Analogie ein wenig ausweiten und anmerken, dass in einer sehr wichtigen Hinsicht Minenbetreiber den Pharmaunternehmen ähneln.

So wie Merck oder Pfizer ständig neue Produkte und Wirkstoffe testen, sind die Minenunternehmen ständig damit beschäftigt, zu explorieren, neue Minen zu entwickeln und in Produktion zu bringen. Wie wir am Beispiel von Glamis gelernt haben, kann eine große neue Mine für ein kleines Unternehmen den Durchbruch bedeuten – ähnlich wie ein extrem umsatzstarkes Medikament in der Pharmabranche. Oder sie ermöglicht es einem großen Goldproduzenten, seine Reserven aufzufüllen. Allerdings trifft auch das Gegenteil zu: So wie die Aktie eines großen Pharmaunternehmens abstürzt, wenn ein viel versprechendes Medikament die klinischen Tests nicht besteht, hat ein Bergbauunternehmen darunter zu leiden, wenn sich eine neue Mine nicht wie erhofft entwickelt. Zum Beispiel fiel die Aktie des mittelgroßen Goldproduzenten Meridian Anfang 2003 um etwa 50 Prozent (in einer Zeit, als der Goldpreis stieg), weil Proteste der ortsansässigen Bevölkerung die Entwicklung des viel versprechenden Esquel-Projekts in Argentinien stoppten.

Wenn die Bohrungen eines Minenunternehmens etwas Wertvolles zutage fördern – oder wenn sie nichts zutage fördern, was ebenfalls wichtig ist – dann werden diese Ergebnisse in der Regel veröffentlicht. Wie die Einzelheiten der klinischen Tests von Medikamenten sind solche Veröffentlichungen oft schwer zu entziffern, aber man kann aus ihnen viel über die Zukunft des Unternehmens erfahren.

Umsatzpolitik. Nachdem wir nun die physische Seite der Goldminenbranche untersucht haben, wollen wir uns der finanziellen Seite zuwenden. Woher bezieht ein Minenunternehmen sein Kapital, und wie wird es verwendet, um ein Portfolio an Minen aufzubauen und zu betreiben? Es gibt für Goldproduzenten mehrere Möglichkeiten, Metall zu Bargeld zu machen, und ihre Entscheidungen sagen viel über die Managementphilosophie und die Aussichten des Unternehmens im Fall einer Goldhausse aus. Man kann die Branche grob in drei Lager einteilen:

Die Hedger. Schmuckhersteller und Elektronikunternehmen, die Gold verarbeiten, wissen recht genau, wie viel davon sie im nächsten Jahr benötigen werden. Was sie nicht wissen, ist, wie viel dieses Gold kosten wird. Falls der Preis stark steigt, könnten ihre Produktionskosten so hoch werden, dass sie ihre Produkte nicht mehr mit Gewinn verkaufen können. Folglich sind sie bereit, einen kleinen Aufpreis zu zahlen, um ihren künftigen Goldbedarf abzusichern. Die Minenunternehmen stehen vor dem gegenteiligen Problem: Sie wissen, wie viel und mit welchen Kosten sie im nächsten Jahr fördern werden, aber die Preise könnten fallen und ihre Gewinnmargen schmälern. Daher schließen die verschiedenen Teilnehmer am Goldmarkt oft Verträge, in denen sie auf Monate oder Jahre im Voraus vereinbaren, eine bestimmte Menge Gold zu einem festgelegten Preis zu kaufen oder zu verkaufen.

Man nennt das „Hedging". Minenunternehmen können sich damit einen Gewinn sichern, allerdings auf Kosten entgangener Gewinne, falls der Goldpreis stark steigt. An sich ist diese Vorgehensweise nicht unvernünftig, und wenn der Wechselkurs des Goldes sinkt, wie es in der späten 1990er-Jahren der Fall war, ist sie sogar recht geschickt. Weil der „Forward-Preis" für Gold immer höher ist als der aktuelle Spot-Preis (eine Konstellation, die man „contango" nennt), kann ein Unternehmen, das seine Produktion hedgt, einen höheren Durchschnittspreis erzielen als andere Goldproduzenten, solange der Goldpreis konstant bleibt oder fällt. Steigt er aber über das Maß des „contango" hinaus an, dann verdient es weniger als die ungehedgten Produzenten.

Anfangs war das Hedging für die meisten Goldproduzenten genau das, als was wir es hier beschrieben haben: eine logische, offenbar risikolose Vorgehensweise, um Gewinne abzusichern und sich gegen extreme Preisschwankungen abzusichern. Und für die meisten Minenunternehmen ist es das immer noch. Doch in den vergangenen Jahren haben einig der bedeutendsten Hedger, allen voran Barrick Gold, damit begonnen, ihre Hedge-Bücher wie einen Kreditrahmen zu verwenden. Sie verkaufen heute ihre künftige Produktion und benutzen die Erlöse dazu, neue Minen zu entwickeln oder Zinseinkünfte zu erwirtschaften. Auf ihrem Höhepunkt erreichten diese nicht bilanzierten Kreditgeschäfte Schwindel erregende Ausmaße. Barricks Hedge-Buch umfasste

Ende 2002 24 Millionen Unzen. Das entspricht mehr als 20 Prozent der jährlichen weltweiten Goldproduktion.

Barricks Vorausverkäufe sind von der Art, die man „spot-deferred“ nennt. Das bedeutet, dass die Lieferverpflichtung in die Zukunft verschoben werden kann. Nehmen wir zum Beispiel an, Barrick habe sich dazu verpflichtet, eine Million Unzen zu 340 Dollar (10,93 Dollar/gg) zu liefern, aber der aktuelle Marktpreis liegt bei 375 Dollar (12,06 Dollar/gg). Barrick kann das Gold, das eigentlich zu 340 Dollar geliefert werden sollte, für 375 Dollar direkt am Markt verkaufen. Die Verpflichtung der Lieferung zu 340 Dollar wird einfach in die Zukunft verschoben. Der einzige Nachteil ist ein Rückgang des Werts im Hedge-Buch. Er geht nicht in die Bilanz ein und wirkt sich nicht auf die Unternehmensgewinne aus. In der Bilanz steht dagegen ein dicker Gewinn dank der Verkäufe auf dem Spotmarkt.

Dieses Hedging im großen Stil brachte Barrick, seinen eigenen Berechnungen zufolge, in den 1990er-Jahren einen zusätzlichen Gewinn von zwei Milliarden Dollar ein. Ein großer Teil dieses Gewinns ging allerdings in den vergangenen Jahren wieder verloren, weil der Goldpreis stieg. Hedging, das sich über mehr als ein Jahr erstreckt (und Barricks Hedging bezieht sich teilweise auf mehr als zehn Jahre), ist jedenfalls kein wirkliches Hedging mehr. Es ist eine Kreditaufnahme und sollte in der Bilanz des Unternehmens nicht anders analysiert werden wie jede andere Form von Verbindlichkeiten. So gesehen werden Barrick seine Hedging-Gewinne noch teuer zu stehen kommen, weil sich das Unternehmen dazu verpflichtet hat, Millionen Unzen Gold zu einem Preis zu liefern, der unserer Meinung nach weit unter den künftigen Spotpreisen liegt.

Unter dem Druck von Banken, die sich Sorgen über die immer weiter steigenden Verbindlichkeiten des Unternehmens machten (vielleicht auch wegen der schlechten Erfolgsaussichten in einem Gerichtsverfahren, das der Goldhändler Blanchard angestrengt und Barrick dabei vorgeworfen hatte, den Goldmarkt zu manipulieren), warf Barrick Ende 2003 das Handtuch und gab bekannt, sein Hedging-Programm zu beenden. Am Ende des Jahres hatte Barrick seine Lieferverpflichtungen von 24 auf 15,5 Millionen Unzen reduziert.

Zusammenfassend ist zu sagen, dass Hedging, in bescheidenem Umfang betrieben und mit einem Zeithorizont von sechs bis zwölf Monaten, bei fallenden Goldpreisen eine kluge und bei steigenden Goldpreisen eine hochriskante Maßnahme ist. Und da wir beim Gold nicht nur einen Anstieg, sondern eine deutliche Verteuerung erwarten, raten wir dazu, die Hedger pauschal zu meiden.

Die Nicht-Hedger. Diese Minenunternehmen produzieren Gold und verkaufen es zum jeweils aktuellen Marktpreis. Wenn Gold billiger wird, schneiden sie natürlich schlechter ab als ihre gehedgten Wettbewerber, und besser, wenn es teurer wird. Unter den großen Goldproduzenten ist Newmont der bedeutendste und lautstärkste Verfechter dieser Vorgehensweise. Nach dem Kauf des stark gehedgten australischen Goldförderers Normandy im Jahr 2002 hatte Newmont die Chance, seine Ankündigungen wahr zu machen. Und das geschah auch, denn Newmont tilgte Normandys miterworbenes Hedge-Buch im Umfang von neun Millionen Unzen innerhalb von 18 Monaten, zu Opportunitätskosten von fast 200 Millionen Dollar. Mit anderen Worten: Hätte Normandy kein Hedging betrieben, dann hätte das Unternehmen mit seinen Goldverkäufen zusätzliche 200 Millionen Dollar erlöst.

Die Halter. Die dritte und aggressivste Methode, Gold zu Bargeld zu machen, besteht darin, es nicht zu verkaufen, sondern einen Teil der jährlichen Produktion zu behalten. Damit geht man eine noch höhere Wette ein, dass Gold gegenüber dem Dollar steigen wird. Und (das wird Sie sicher nicht überraschen) wir halten das für eine brillante Strategie. Die beiden größten Halter sind Goldcorp und IAMGOLD. Zum Beispiel hielt Goldcorp am 30. September 2003 266.730 Unzen Gold, das sind etwa 30 Prozent mehr als die kanadische Zentralbank. Dann, am Jahresende, verkaufte das Unternehmen seinen Goldschatz mit hohem Gewinn, schüttete eine sehr großzügige Bardividende aus und begann erneut damit, Gold zu akkumulieren. Wir lieben diese Leute!

Hebelwirkung. Nun wollen wir uns dem Zusammenhang zwischen den Gewinnen eines Unternehmens und dem Wechselkurs des Goldes zuwenden. Mit anderen Worten: Wie hoch ist der zusätzliche Profit eines Unternehmens, wenn Gold um den Betrag X steigt, und welche Risiken geht es ein, um diesen Gewinn zu erreichen? Die allgemeine Bezeichnung für dieses Konzept lautet „Hebelwirkung", und es gibt sie in verschiedenen Erscheinungsformen:

Finanzielle Hebelwirkung. Die Entwicklung einer Goldmine ähnelt insofern stark dem Bau einer Fabrik, als die erste und wichtigste Entscheidung darin besteht, wie und unter welchen Bedingungen man das erforderliche Kapital erhalten kann. Man kann sich zum Beispiel in einer bestimmten Währung verschulden, muss die fälligen Zinsen aufbringen, kann aber den erzielten Gewinn in voller Höhe für sich behalten. Man kann es auch machen, wie am Beispiel von Barrick im vorigen Abschnitt beschrieben, und eine „Goldfinanzierung" anwenden, indem man seine Produktion im Voraus verkauft und somit einen Kredit auf diese künftige Produktion aufnimmt. Auf ähnliche Weise kann man auch „Royalties" verkaufen, die den Finanziers einen bestimmten Anteil am Umsatz der Mine zusichern.

Man kann auch Aktien ausgeben und damit einen Teil des Unternehmens an außenstehende Investoren verkaufen, entweder privat oder durch ein öffentlich ausgeschriebenes Zeichnungsangebot. Damit vermeidet man belastende Zinszahlungen, muss die künftigen Gewinne und möglicherweise auch die Kontrolle über das Unternehmen allerdings mit den neuen Partnern teilen. Man kann das nötige Kapital auch aus dem laufenden Geschäftsbetrieb abzweigen und damit die Nachteile von Krediten und Aktien vermeiden. Das ist aber eine langsame Prozedur, denn das laufende Geschäft wird wohl bei weitem nicht so viel Kapital erwirtschaften, wie man es sich von außen mit einem Federstrich besorgen könnte.

Jede der erwähnten Strategien hat ihre Vorteile und wird, allein oder in Kombination mit anderen, von gut geführten Minenunternehmen angewendet. Die Unterschiede zeigen sich in den Bilanzen der Unternehmen. Manche weisen im Vergleich zu den auf andere Weise erworbenen Kapitalmitteln hohe Verbindlichkeiten auf. Das wirkt sich auch auf die Gewinn- und Verlust-Rechnung aus: Wegen der hohen Zinsbelastungen verdienen sie weniger, der verbleibende Gewinn wird aber auch auf weniger Aktien verteilt.

Warum sollte man sich mit der Bilanz eines Minenunternehmens beschäftigen? Weil sie das Risikoprofil, die Gewinne und den Marktwert des Unternehmens beeinflusst. In schweren Zeiten, in unserem Sinn also in Zeiten fallender Goldnotierungen, sinken die Gewinne der Minen, und ein Produzent mit zu hohen Verbindlichkeiten könnte Probleme bekommen, seinen Zinszahlungsverpflichtungen nachzukommen. In solchen Fällen können die Gläubiger die Firma übernehmen und damit tun, was sie wollen, um ihr Geld zurückzubekommen. Manchmal bleibt dabei für die Aktionäre nichts mehr übrig. Schuldenfreie Unternehmen haben dieses Problem nicht. Ihre Aktionäre werden zwar auch nicht gut abschneiden, wenn der Goldpreis fällt, aber das Überleben der Firma ist nicht durch wütende Gläubiger bedroht. Bei sinkenden Goldnotierungen schneiden gehedgte Minen zudem besser ab als Nicht-Hedger.

Wenn der Wechselkurs des Goldes allerdings steigt, kann die finanzielle Hebelwirkung (das heißt: hohe Schulden in einer „Fiat“-Währung) ein Pluspunkt sein, weil die die Schuldenlast – in einer Währung, die an Wert verliert – sinkt. Das Ergebnis ist ein schnellerer Gewinnanstieg, weniger Sorgen über die Zinslast und mehr Begeisterung für die Aktie in Anlegerkreisen.

Operative Hebelwirkung. Zu niedrigen Kosten produzierende Minen sind bei fallenden Goldnotierungen in der Regel profitabler und natürlich auch weniger riskant. Ihre Eigentümer gelten dann als die Stars der Branche und erreichen am Aktienmarkt eine höhere Bewertung. Bei steigenden Goldnotierungen sind allerdings die Hochpreisproduzenten im Vorteil. Weil ihre Gewinnmargen niedriger sind, profitieren sie prozentual mehr von einem Anstieg des Goldes als Minen mit niedrigen Kosten. Wir wollen das am Beispiel zweier frei erfundener Minenunternehmen verdeutlichen, die beide je eine Million Unzen pro Jahr fördern. Unternehmen A ist ein Niedrigpreisproduzent, hat Kosten von 150 Dollar je Unze und verdient 250 Dollar pro Unze oder 250 Millionen Dollar, wenn Gold bei 400 Dollar (12,86 Dollar/gg) steht. Steigt der Wechselkurs auf 500 Dollar, so steigen die Gewinne um 100 Millionen Dollar oder 40 Prozent. Die Produktionskosten von Unternehmen B betragen 350 Dollar je Unze (11,25 Dollar/gg). Bei einem Goldpreis von 400 Dollar verdient es also nur 50 Millionen Dollar, aber 150 Millionen Dollar, wenn Gold 500 Dollar je Unze kostet. Das ist ein Anstieg von 200 Prozent. Da Investoren in erster Linie auf prozentuale Gewinnsteigerungen achten, wird die Aktie von B in diesem Fall besser abschneiden als die Aktie von A. Im Gegensatz zum Hedging haben wir, was das Thema der operativen Hebelwirkung betrifft, keine feste Meinung. Jeder Investor muss selbst entscheiden, ob der mögliche Zusatzgewinn das höhere Risiko rechtfertigt.

Währungs-Hebelwirkung. Goldproduzenten sind in verschiedenen Teilen der Welt tätig und verwenden verschiedene Währungen. Ihre operativen Kosten – Löhne, Zinsen und Ausstattung der Minen – werden höher oder niedriger, wenn sich der Wechselkurs der jeweiligen Währung ändert. Denken wir zum Beispiel an ein Unternehmen in Südafrika, das seine Arbeiter in Rand bezahlt, also in der Landeswährung. Wenn der Rand gegenüber dem Gold an Wert gewinnt, steigen die Kosten des Unternehmens relativ zu dem Preis, den es für sein Gold erlöst, und damit sinken seine Gewinne.

In den 1990er-Jahren nützte der Anstieg des Dollars den Minenbetreibern im Ausland, weil ihre Kosten, in Dollar berechnet, sanken. Jetzt dreht sich dieser Prozess allerdings um. Das bedeutet Folgendes: Wenn Gold in Dollar um 50 Prozent steigt, der Rand als Währung eines Gold produzierenden Landes aber gleichzeitig gegenüber dem Dollar um 25 Prozent zulegt, dann ist der Goldpreis für die südafrikanischen Goldförderer effektiv nur um 25 Prozent gestiegen. Das ist zwar ein recht ansehnlicher Zuwachs, aber doch nur die Hälfte dessen, was ein Unternehmen mit Minen in den USA einstreicht, das von den vollen 50 Prozent profitiert, um die der Goldpreis gegenüber den Aufwendungen und den Löhnen gestiegen ist.

Gold-Hebelwirkung. Ein Minenunternehmen wie Goldcorp, das nicht nur auf Hedging verzichtet, sondern statt Bargeld sein eigenes Gold akkumuliert, ist von Wechselkursveränderungen des Goldes besonders stark betroffen. Andererseits hat ein aktiver Hedger seinen Verkaufspreis abgesichert und braucht sich kaum darum zu kümmern, wie sich der Wechselkurs kurzfristig entwickeln wird. Ein Extrembeispiel: Der australische Produzent Sons of Gwalia hat nicht nur die Produktion des nächsten Jahres im Voraus verkauft, *sondern seine gesamten Reserven,* die schätzungsweise noch für sieben Jahre reichen werden. Wenn Sons of Gwalia nicht noch weitere Vorkommen entdeckt, ist es daher nur dem Namen nach ein Goldunternehmen, weil seine Einkünfte mit der Entwicklung des Goldwechselkurses nichts mehr zu tun haben.

Die Qualität des Managements. Wenn man Aktien eines Goldproduzenten erwirbt, kauft man natürlich auch seine Reserven und alles andere, wovon bisher die Rede war. Und man kauft auch ein Management-Team. Für den langfristigen Erfolg ist nichts, wahrscheinlich nicht einmal das Gold im Boden, von so großer Bedeutung, denn ein gutes Management trifft kluge Entscheidungen. Bei Goldunternehmen umfasst dies die effiziente Führung der existierenden Minen, Finanzierungs- und Explorationsstrategien mit der richtigen Mischung aus Vorsicht und Opportunismus sowie eine effektive Kommunikation mit den Aktionären und der Wall Street. Außerdem bedeutet es den Erwerb zusätzlicher, zu niedrigen Kosten erschließbarer Reserven zu attraktiven Kaufpreisen, was nicht einfach ist, weil alle anderen Minengesellschaften das gleiche Ziel verfolgen. Dennoch gibt es einige Management-Teams, die diese Ziele beständig erreichen. Das Ergebnis ist, dass ihre Unternehmen wachsen und ihre Investoren mehr verdienen als der Branchendurchschnitt. Man möchte auf derselben Seite stehen wie diese Leute.

Wie kann man sie erkennen? Zunächst sollte man untersuchen, wie gut sie bisher gearbeitet haben. Natürlich sind Erfolge in der Vergangenheit keine Garantie für künftige Ergebnisse, aber wenn ein bestimmtes Management-Team seine Investoren ständig reicher gemacht hat, dann kann man sinnvollerweise annehmen, dass dies auch so bleiben wird. Wie in manch anderer Hinsicht bietet Newmont auch hier ein gutes Beispiel. Ab 1997, als niedrige Goldnotierungen vorhandene Reserven angenehm preiswert machten, schluckte Newmont andere hoch angesehene Minenbetreiber wie Santa Fe Pacific Gold, Battle Mountain Gold, Normandy und Franco-Nevada. 2002 war Newmont zum größten Goldproduzenten der Welt geworden. Wichtig dabei ist, dass dies ohne allzu große Hebelwirkung geschah. Anfang 2004 lagen die Verbindlichkeiten Newmonts bei weniger als 25 Prozent des Gesamtkapitals, während seine Marktkapitalisierung drei Mal so hoch war wie im Jahr 2000.

Ein großer Teil von Newmonts jüngsten Erfolgen ist seinem Präsidenten Pierre Lassonde zu verdanken. Er kam von Franco-Nevada, das er aufgebaut hatte und dessen Fusion mit Newmont er maßgeblich mitgestaltete. Wegen seiner Arbeit bei Franco-Nevada und seiner Leistungen bei Newmont gilt Lassonde allgemein als einer der besten, wenn nicht als bester Manager in der Goldbranche. Man kann sagen, dass ein großer Teil von Newmonts aktueller Marktkapitalisierung darauf beruht, dass die Investoren auf eine Fortsetzung von Lassondes Erfolgsbilanz setzen. Bei der Analyse der Management-Teams anderer Unternehmen sollten Sie die folgenden Kriterien anwenden:

Erfahrung. Was haben die Manager bisher getan, das in der Goldbranche von Relevanz ist? Universitätsdiplome im Ingenieurswesen, führende Positionen bei Branchenorganisationen und Kontakte zur Finanzszene sind hilfreich. Aber denken Sie daran, dass ein großartiger Bergbauingenieur nicht unbedingt auch ein großartiger Vorstandsvorsitzender sein muss. Wenn jemand von einem Level zum nächsten aufsteigt, sollten Sie ihn mit Skepsis betrachten, bis er seine Befähigung unter Beweis gestellt hat.

Stabilität und Zeit in der jetzigen Position. Wie lange sind die Manager schon in ihrer jetzigen Position tätig? Ein langer Zeitraum ist ein Pluspunkt, häufige Jobwechsel werfen Fragen auf.

Jüngste Ergebnisse. Haben sich frühere Entscheidungen als richtig erwiesen? Ein im Branchenvergleich steigender Aktienkurs ist für die meisten das entscheidende Kriterium bei der Einschätzung der Management-Qualität, und in vielen Fällen reicht dieses Kriterium auch schon aus.

Vernünftige Pläne. Halten Sie die derzeitigen Pläne des Managements vor dem Hintergrund Ihrer eigenen Markteinschätzung und der Strategien anderer gut gemanagter Unternehmen für vernünftig?

Gute Unternehmensführung. Nach den Exzessen der 1990er-Jahre werden Praktiken der Unternehmensführung mit Recht sehr genau beobachtet. Beachten Sie daher die folgenden Aspekte:

- Sind die Komitees, die die Board-Mitglieder wählen und die Bezahlung der Manager festlegen, unabhängig, oder werden sie vom Management kontrolliert? Sie sollten unabhängig sein, um für Fachleute interessant zu sein, die mehr für das Unternehmen tun wollen, als die Entscheidungen des Managements abzunicken.
- Sind die Vergütungspakete der Vorstandsmitglieder branchenüblich? In den vergangenen Jahren haben wir auf sehr schmerzvolle Weise gelernt, dass es ein extremes Warnsignal ist, wenn sich Manager selbst allzu großzügige Gehaltspakete schnüren. Gute Manager verdienen nur dann viel Geld, wenn auch ihre Aktionäre viel Geld verdienen.

- Halten Insider umfangreiche Aktienbestände? Man ist besser dran, wenn die Manager auch wichtige Aktionäre sind (wie zum Beispiel bei Newmont, wo Lassonde und einige andere Führungspersonen Ende 2003 15 Millionen Aktien besaßen). Ein Unternehmensführer, der zugleich Großaktionär ist, riskiert nicht nur Ihr Vermögen, sondern auch sein eigenes und wird daher das gleiche Ziel verfolgen wie Sie: einen höheren Aktienkurs.
- Sind die Wirtschaftsprüfer des Unternehmens auch seine Berater? Wer die Bücher eines Unternehmens prüft, sollte von ihm nicht auch noch für andere Tätigkeiten bezahlt werden. Das schafft zu viele Interessenskonflikte.

Gute Unternehmensführung oder Corporate Governance ist ein Thema, das ständig an Bedeutung gewinnt und viel zu kompliziert ist, um hier vollständig behandelt zu werden. Aber es ist wichtig, weil gute Unternehmensführung zu guten Ergebnissen führt und weil man an der Wall Street an diesen Zusammenhang glaubt.

Aufkäufer oder Übernahmekandidat? In der Goldminenbranche waren Fusionen und Übernahmen schon immer üblich, aber in jüngster Zeit hat sich das Tempo beschleunigt. Warum? Hauptgrund ist der relativ enge Blickwinkel derjenigen, die sich für Goldinvestments interessieren. In den Medien ist immer wieder von den wenigen Großen der Branche die Rede, und Vermögensverwalter halten deren Aktien in größerem Umfang als die Anteilscheine kleinerer Minenunternehmen. Daher bewertet der Markt die Reserven der großen Unternehmen höher. Anders ausgedrückt: Die Großen können sich billiger Kapital beschaffen als andere, kleine oder mittlere Unternehmen. Der Zugang zu diesem billigen Kapital erlaubt es den Großen, durch Aufkäufe von Reserven kleinerer Minenunternehmen zu wachsen. Wenn diese Reserven erst einmal denjenigen des Aufkäufers zugeschlagen worden sind, werden sie an der Börse höher bewertet. Das führt zu einem Kapitalzuwachs, weil die Reserven mehr einbringen, als sie kosten. Daher können es sich die Branchengrößen leisten, die riskante Explorationsarbeit den Kleinen zu überlassen und sie dann aufzukaufen, sobald sie nachweislich über wertvolle Reserven verfügen. Größe ist hier also ein echter Vorteil, was die ständigen Aufkäufe und Fusionen unter den Branchengrößen in den vergangenen Jahren erklärt. Die Tabelle auf Seite 169 enthält einige der wichtigsten Fusionen und Übernahmen aus der jüngeren Vergangenheit.

Für Investoren sind in diesem Zusammenhang vor allem drei Punkte von Interesse:

- Die Vorteile der „Majors" sind real, und sie werden wohl noch eine ganze Weile real bleiben. Daher haben diese Unternehmen weit bessere Wachstumschancen, als man es bei großen Gesellschaften in einer alten und reifen Branche erwarten würde. Das gilt vor allem für die konservativ kapitalisierten Branchengrößen, die jede Menge Fremdkapital aufnehmen könnten, falls sie sich dazu entschließen sollten. Seien Sie also nicht überrascht, wenn sich ein großes Minenunternehmen, dessen Aktien Sie wegen seiner grundsoliden Bilanz gekauft haben, plötzlich stark verschuldet, um eine riesige Akquisition finanzieren zu können. Diese Art der Errichtung von Großreichen geschieht in jeder Hausse, weil sich die Unternehmensführer dann mehr auf das konzentrieren, was sie einmal hinterlassen werden, und weniger auf die langweiligen Details des Tagesgeschäfts. Ihr konservatives Depot kann durch den Federstrich eines Vorstandsvorsitzenden in etwas weit Spekulativeres verwandelt werden. Seien Sie also vorsichtig.
- Wenn ein kleines Unternehmen wächst und immer mehr Aufmerksamkeit auf sich zieht, kann man damit rechnen, dass sein Marktwert schneller steigt als seine Goldprodukion. Das liegt daran, dass immer mehr Leute bereit sind, sich an diesem Unternehmen zu beteiligen, weil es durch seinen Erfolg die Aufmerksamkeit der Medien und der Investoren erregt. Die Fähigkeit eines kleinen Unternehmens, durch Zukäufe zu wachsen, ist daher wichtig. Um

dies beurteilen zu können, muss man bei den Finanzen des Unternehmens beginnen. Hat es schon so viele Verbindlichkeiten (ob in Form von Bankkrediten oder eines Hedge-Buchs), dass eine weitere Verschuldung Probleme aufwirft? Dann ist seine Fähigkeit begrenzt, durch Zukäufe zu wachsen. Oder ist es schuldenfrei und kann daher problemlos Kredite aufnehmen? Und gibt es Übernahmeziele, die strategisch sinnvoll erscheinen? Wenn ein australisches Unternehmen eine Mine in Südamerika kauft, überfordert es womöglich

FUSIONEN UND AUFKÄUFE VON GOLDMINEN IN DEN VERGANGENEN JAHREN

Jahr	Käufer	Ziel	Volumen der Transaktion (in Mio. $)
1998	Ashanti	SAMAX	140
1998	Newmont	Santa Fe	2.500
1999	Homestake	Argentina Gold	200
1999	Placer Dome	South Deep	250
1999	Barrick	Sutton	620
1999	Placer Dome	Getchel	1.100
2000	Gold Fields	Damang	50
2000	AngloGold	Morila	170
2000	Barrick	Pangea	190
2000	AngloGold	Geita	300
2000	Newmont	Battle Mountain	600
2000	Franco-Nevada	Euro-Nevada	1.200
2001	Goldfields	Delta Gold	500
2001	Barrick	Homestake	2.300
2001	Goldfields	WMC Gold	520
2002	Placer Dome	AurionGold	790
2002	Newmont	Franco-Nevada and Normandy	4.350
2003	Placer Dome	EAGM	290
2003	Harmony	ARMGold	900
2003	AngloGold	Ashanti	1.130
2003	Kinross	Echo Bay and TVX	1.400

Quelle: Mineweb

seine Management-Kapazitäten. Wenn aber ein kanadisches Unternehmen ein Erzvorkommen kauft, das gleich neben seiner produktivsten Mine liegt, dann entsteht eine Menge Synergien. Wir dringen jetzt wirklich in die Details der Minenbranche vor. Wenn Sie mehr darüber erfahren wollen, können Sie einen der in Kapitel 22 erwähnten Newsletters abonnieren, die sich mit diesen Themen beschäftigen.

- Kleinere Unternehmen werden dann zu Übernahmekandidaten, wenn sie mit Erfolg spekulative Projekte in produzierende Goldminen verwandeln. Wenn Gold in die wilde Phase der aktuellen Hausse eintritt, könnten kleine Minenunternehmen ähnlich begehrt sein wie frisch an die Börse gekommene Technologie-Aktien in den späten 1990er-Jahren.

WIE MAN SICH EIN DEPOT AUS GOLDMINEN-AKTIEN ZUSAMMENSTELLT

Nun kommen wir endlich zum vergnüglichen Teil: zur Zusammenstellung eines Gold-Aktien-Depots. Wenn Sie das mit Erfolg tun wollen, sollten Sie zunächst in den Spiegel schauen. Adam Smith hat es in seinem klassischen Buch *Money Game* sehr treffend ausgedrückt: Wenn Sie nicht wissen, wer Sie sind, dann ist die Börse ein sehr teurer Ort, um es herauszufinden. Wir sind zwar mehr denn je davon überzeugt, dass der Dollar und das Gold in den nächsten zehn Jahren getrennte Wege gehen werden, aber nichts im Leben ist garantiert. Jedes Investment ist mit Risiken verbunden, und Minen-Aktien gehören zu den kapriziösesten Wertpapieren überhaupt. Denken Sie also darüber nach, wie viel Volatilität Sie tolerieren können. Können Sie noch schlafen, wenn Ihr Depot zwischenzeitlich mit 20 Prozent im Minus steht? Sind Sie bereit, sich von den Verlierern zu verabschieden, um ein Minus von 40 Prozent zu verhindern? Je höher Ihre Risikotoleranz ist, desto aggressiver können Sie bei der Zusammensetzung Ihres Depots vorgehen. Und Sie sollten sich auch noch einige andere Fragen stellen:

- Was ist Ihr Ziel? Kapitalzuwachs, Kapitalerhalt, Dividendeneinkommen oder eine Kombination daraus?
- Wie sieht Ihr Zeitrahmen aus? Wenn Sie in drei Jahren einen bestimmten Teil Ihres Kapitals benötigen werden, sollten Sie konservativ investieren, und zwar ganz unabhängig von Ihrer Risikotoleranz. Wenn Sie Ihr Geld 20 Jahre lang nicht brauchen, können Sie auf langfristige Entwicklungen setzen.
- Wie viel verstehen Sie vom Investieren? Je mehr Sie wissen, desto mehr Entscheidungen können Sie selbstständig treffen, und desto höhere Risiken können Sie eingehen.
- Wie viel Zeit können Sie Ihren Investments widmen? Je weniger Zeit Sie haben, desto konservativer sollten Sie vorgehen.

Wenn Sie auf diese Weise Ihr Selbstporträt als Investor gemalt haben, können Sie beginnen, sich ein Depot aus Minen-Aktien zusammenzustellen. Wir haben hier einige Namen erwähnt, um bestimmte Sachverhalte zu illustrieren. Zwischen der Niederschrift dieses Buchs und dem Zeitpunkt, wenn Sie es lesen, ist allerdings Zeit vergangen. Betrachten Sie diese Beispieldepots daher *nicht* als Kaufempfehlungen. Sie sind nur als Beispiele gedacht, basierend auf Informationen, die Anfang 2004, als dieses Buch entstand, verfügbar waren.

BEISPIELDEPOTS

Das konservative Depot. Sie wollen Kapital aufbauen und Einkommen erzielen, dabei aber die Kaufkraft Ihres Geldes erhalten und unliebsame Überraschungen vermeiden. Das bedeutet, dass Sie hauptsächlich Aktien von zu niedrigen Kosten produzierenden, diversifizierten, gut mit Kapital ausgestatteten und Dividenden zahlenden „Majors“ und dazu noch die Titel einiger grundsolider mittelgroßer Unternehmen kaufen sollten. Diese Aktien sind allgemein bekannt und bei Investmentfonds beliebt. Daher werden Sie nicht so stark ansteigen wie die spekulativeren Titel kleiner und mittelgroßer Minenunternehmen, sondern sie

KONSERVATIVES DEPOT

Unternehmen	Kürzel	Marktkapitalisierung am 31.12.2003 (in Mio. $)
Gold Fields	GFI	6.880
Goldcorp	GG	2.730
Newmont	NEM	17.637
IAMGOLD	IAG	955
Glamis	GLG	2.190

werden im Gleichschritt mit dem Wechselkurs des Goldes nach oben klettern, und zwar ohne die Volatilität ihrer kleineren Wettbewerber.

Das ausgewogene Depot. Sie wollen zumindest einige von den großen Gewinnern im Depot haben, die die Goldhausse produzieren wird, aber keine unnötigen Risiken eingehen. Daher streben Sie eine gesunde Mischung an, kaufen einige von den aggressiveren „Majors", starke mittelgroße Unternehmen und vielleicht ein oder zwei viel versprechende kleine, um die Sache interessanter zu machen. Diese Aktien werden nach oben wie nach unten stärkere Ausschläge zeigen als Gold selbst. Sie werden ein wenig mehr verdienen als mit dem konservativen Depot, aber Sie müssen auch mit mehr Aufregung und Nervenkitzel rechnen.

AUSGEWOGENES DEPOT

Unternehmen	Kürzel	Marktkapitalisierung am 31.12.2003 (in Mio. $)
Agnico-Eagle	AEM	1.110
Gold Fields	GFI	6.880
Goldcorp	GG	2.730
Harmony	HMY	3.241
Meridian	MDG	1.361
Newmont	NEM	17.637
Rio Narcea	RNG.TO	318
Royal Gold	RGLD	410

Das aggressive Depot. Unsere Prognose eines globalen Finanzchaos und stark steigender Goldpreise fasziniert Sie. Sie können Risiken eingehen und dennoch gut schlafen. Also gehen Sie aufs Ganze. Ihr Depot besteht aus Aktien eher aggressiver mittelgroßer Unternehmen, aus den vielversprechendsten kleinen Unternehmen und einigen Property Plays. Einige von den Letzteren werden aus den verschiedensten Gründen Pleite gehen, Sie werden alles verlieren, was Sie in diese Aktien investiert haben, und daher wird Ihr gesamtes Depot vielleicht vorübergehend im Minus stehen. Aber einige andere werden auf ein Mehrfaches ihres Kaufkurses steigen. Alles in allem sollten Sie gut abschneiden, und Sie werden sich ganz bestimmt niemals langweilen.

AGGRESSIVES DEPOT

Unternehmen	Kürzel	Marktkapitalisierung am 31.12.2003 (in Mio. $)
Crystallex	KRY	210
Durban Deep	DROOY	860
Freeport McMoran Copper & Gold	FCX	7.340
High River Gold	HRG.TO	150
Kinross Gold	KGC	2.640
Rio Narcea	RNG.TO	318
Royal Gold	RGLD	410

Kapitel 15

EDELMETALLFONDS

Machen Sie sich keine Sorgen, wenn Sie nach der Lektüre des letzten Kapitels meinen, die Analyse von Goldminen-Aktien sei mit sehr viel Arbeit verbunden. Nur wenige Menschen haben Zeit und Lust, ein Depot aus Goldminen oder anderen Aktien zusammenzustellen und ständig zu beobachten. Die meisten sehen es lieber, wenn ihnen jemand diese Mühe abnimmt, und daher hat die Fondsbranche ein so riesiges Ausmaß angenommen.

Selbst in einer relativ kleinen Marktnische, wie es die Edelmetalle sind, hat man die Wahl zwischen zahlreichen Fonds. Es gibt allerdings Unterschiede zwischen ihnen, und daher sollten Sie Nachforschungen anstellen, um diejenigen Fonds zu finden, die am besten zu Ihrer Persönlichkeit und zu Ihren Anlagezielen passen. Suchen Sie nach der richtigen Aktienmischung, was die Unternehmensgröße, die Hebelwirkung, die Umsatzpolitik und die geografische Lage betrifft. Und suchen Sie nach einem Fondsmanager, dessen Käufe und Verkäufe Ihnen vernünftig erscheinen. Die perfekte Lösung werden Sie nicht finden, aber mit ein wenig Mühe können Sie diesem Ziel zumindest nahe kommen. Hier die wichtigsten Aspekte:

Ausgabeaufschlag. Gebühren im Zusammenhang mit dem Kauf und Verkauf von Fondsanteilen nennt man Ausgabeaufschläge. In den meisten Fällen kommen sie lediglich dem Anlageberater zugute, der die Investition vermittelt hat, aber sie tragen nicht zur Performance eines Fonds bei. Daher sind Fonds mit Ausgabeaufschlägen pauschal weit weniger interessant als solche ohne diese Gebühren. Die auf Seite 179 aufgelisteten Fonds werden alle ohne Aufschlag angeboten, und bei der Wahl zwischen ansonsten gleichwertigen Angeboten ist dies ein gutes Argument. Es gibt allerdings einige Fälle, in denen ein Aufschlag gerechtfertigt ist. Zum Beispiel dann, wenn man mit einem vertrauenswürdigen Finanzplaner zusammenarbeitet und der Aufschlag seine Vergütung darstellt. Wenn ein Fonds außerordentlich gut ist, was seine Orientierung oder seine Performance betrifft (hier fällt einem zum Beispiel der Fidelity Magellan Fund unter der Leitung des legendären Peter Lynch ein), kann er die zusätzlichen Kosten durchaus wert sein.

Verwaltetes Vermögen. Große Fonds sind in der Regel stabiler und eher in der Lage, große Aktienpositionen von viel versprechenden Unternehmen zu kaufen. Ab einem bestimmten Punkt besitzt ein Fonds allerdings schon alles, was den Kauf wert ist. Dadurch sind den Managern die Hände gebunden, und ihr Urteil verliert an Bedeutung. Ein idealer Fonds ist also groß genug, um stabil zu sein, und klein genug, um beweglich zu bleiben. Was dies hinsichtlich der exakten Fondsgröße bedeutet, hängt vom Gesamtvolumen dieses Markts und davon ab, wie viel Geld von Anlegern in diesen Markt investiert wird.

„Dienstjahre" des Managements. Ein Fonds behält seine Performance, auch wenn die Leute weiterziehen, die für diese Performance gesorgt haben. Beachten Sie daher nicht nur die Wertentwicklung während der letzten drei oder fünf Jahre, sondern die Performance seit Amtsantritt des jetzigen Managements. Zum Glück ist die Welt der Goldfonds überschaubar, und die Manager haben nicht viele Möglichkeiten, ihre Jobs zu wechseln. Die meisten hier genannten Fonds werden daher schon seit längerer Zeit vom derzeitigen Management geleitet, und diese Leute haben für die Performance ihrer Fonds gesorgt.

Kosten und Gebühren. Auf den ersten Blick sehen die Kosten wie die Achillesferse der Goldfonds aus. Mit wenigen Ausnahmen verlangen selbst die besten, ohne Ausgabeaufschläge erhältlichen Fonds recht viel Geld für das Privileg, bei ihnen investieren zu dürfen. Bei den hier aufgelisteten Fonds reichen die Managementgebühren von bescheidenen 0,7 bis zu drei Prozent, wobei der Durchschnitt bei etwa zwei Prozent liegt. Das ist viel, aber es ist nicht ungerechtfertigt. Minen-Aktien sind ein Spezialgebiet, und daher ist es teuer, Manager mit Erfahrung im Minenwesen und in der Geologie anzuwerben. Außerdem sind die Unternehmen über die ganze Welt verstreut, und daher müssen Fondsmanager manchmal in entlegene Länder wie Eritrea oder Papua-Neuguinea reisen.

Turnover. Der Turnover ist der Maßstab dafür, wie häufig ein Manager kauft und verkauft. Er wird in Prozent pro Jahr ausgedrückt. Ein Turnover von 50 Prozent bedeutet, dass ein Fonds im Durchschnitt jedes Jahr die Hälfte aller Aktien in seinem Portfolio austauscht. 100 Prozent bedeutet, dass er sie alle austauscht. Ein Fonds, der seine Aktien jahrelang hält, hat daher einen wesentlich niedrigeren Turnover als ein anderer, der häufig umschichtet. Wir würden keine einzige von den besseren Edelmetall-Aktien zu den Kursen von Ende 2003 verkaufen, und daher misstrauen wir Fonds mit hohen Turnover-Werten. Was soll dieser Aktionismus?

Spezialisierung. Wie bei allen anderen Branchenfonds gibt es auch bei Edelmetallfonds höchst unterschiedliche Herangehensweisen an das jeweilige Marktsegment. Manche kaufen nur Aktien von großen Unternehmen, andere interessieren sich vor allem für weniger bekannte mittelgroße und spekulative „Property Play"-Unternehmen, die womöglich noch gar kein Gold produzieren. Manche bevorzugen die Hedger, andere die ungehedgten Minen. Manche halten neben Aktien auch physisches Gold und/oder Derivate. Das konservative Extrem wäre ein großer Fonds, der hauptsächlich Aktien von großen, ungehedgten Produzenten besitzt. Ein ausgewogener Fonds hält ungehedgte „Majors“ und mittelgroße Unternehmen - und so weiter, wobei die aggressivsten Fonds vornehmlich in ungehedgte mittlere und kleine Unternehmen investieren.

Offene und geschlossene Fonds. Die große Mehrzahl der Edelmetallfonds sind „offen“, was bedeutet, dass sie neues Geld annehmen und nach ihren Vorstellungen investieren können. Nach Ende des Börsentags zählen sie die Kursveränderungen ihrer verschiedenen Depotpositionen zusammen und berechnen den Nettowert (Net Asset Value oder NAV). Das ist der Preis, den man bezahlt, wenn man in einen solchen Fonds investiert. Weil der NAV nur nach Handelsschluss berechnet werden kann, entspricht Ihr Kaufpreis dem Nettowert am Ende des Tages, an dem Sie investiert haben.

„Geschlossene“ Fonds nehmen keine neuen Investoren auf. Stattdessen können die Fondsanteile wie Aktien ge- und verkauft werden. Daher ist es möglich, dass der Kurs der Anteile, je nach Börsenlage, unter oder über dem Nettowert liegt. Alle Fonds in der Tabelle auf Seite 179 sind offene Fonds, mit Ausnahme des Central Fund of Canada, der nicht nur ein geschlossener Fonds ist, sondern statt Minen-Aktien physisches Gold und Silber hält. Das ist eine einfache und interessante Möglichkeit, diese Edelmetalle zu kaufen. Wegen des gestiegenen Interesses an Gold wurde der Central Fund in letzter Zeit allerdings mit einem Aufpreis auf den Wert seiner Vermögensgegenstände gehandelt. Ende 2003 lag diese Prämie bei etwa neun Prozent. Ein Investor zahlte also ungefähr 430 Dollar je Unze, als der Goldpreis bei 400 Dollar lag. Behalten Sie diesen Fonds im Auge, und wenn der Aufpreis auf ein vernünftiges Niveau fällt, (oder negativ wird, wie es bei geschlossenen Fonds manchmal der Fall ist), sollten Sie über ein Investment nachdenken.

EDELMETALLFONDS OHNE AUSGABEAUFSCHLAG

Fonds	Kürzel	Verwaltetes Vermögen in Mill. Dollar*	Gebühren in %	Aktuelles Management im Amt seit	Turnover in %	% der Investitionen in Nordamerika	% der Investitionen in Südafrika
American Century Global Gold	BGEIX	552	0,7	11 Jahre	37	64	18
Central Fund of Canada**	CEF	132	0,9	20 Jahre	NA	100***	0
Gabelli Gold	GOLDX	249	2,9	9 Jahre	37	62	25
Invesco Gold & Precious Metals	FGLDX	138	2,3	4 Jahre	60	80	4
Rydex Precious Metals	RYPMX	106	1,3	3 Jahre	150	75	15
Tocqueville Gold	TGLDX	232	1,6	5 Jahre	28	75	14
US Global Gold	USERX	66	3,5	NA	120	60	12
US Global World Precious Metals	UNWPX	170	2,2	NA	41	70	10
USAA Gold	USAGX	240	1,5	9 Jahre	22	80	7

*Stand: 30. 9. 2003

**Geschlossener Fonds

***Investiert hauptsächlich in physische Edelmetalle

Quellen: Berichte der Fonds, Eaglewing Guide to Gold Funds

Achten Sie auf Diversifizierung. Ähnlich wie bei Aktien gibt es auch bei Fonds Anstiege und Rückgänge, die mit dem jeweiligen Markt nichts zu tun haben. Zum Beispiel zeigen die jüngsten Skandale um „Fonds-Timing", dass auch grundsolide Geldverwalter manchmal einer Versuchung erliegen und ihren Investoren einen Schaden zufügen, der nichts mit dem Stand des Dow oder dem Wechselkurs des Goldes zu tun hat. Wie perfekt ein bestimmter Fonds auch aussehen mag, vertrauen Sie ihm nicht mehr als die Hälfte Ihres Kapitals an. Kaufen Sie lieber zwei oder auch drei Fonds, selbst wenn die anderen weniger attraktiv aussehen, und beobachten und adjustieren Sie Ihr Portfolio, wenn sich Ihre Bedürfnisse oder die Marktlage ändern.

PHYSISCHES GOLD ODER PAPIERGOLD: WAS IST DIE BESSERE WAHL?

Am 8. Dezember 2003 schockte das Magazin *Barron's* den Goldmarkt mit einem Artikel, in dem behauptet wurde, die Goldminen-Aktien, die kurz zuvor stark angestiegen waren, seien im Verhältnis zu ihren Goldreserven überbewertet. Entweder lag es daran, dass der Artikel die Wahrheit sagte, oder daran, dass *Barron's* sehr einflussreich ist, jedenfalls stieg in den folgenden Wochen der Wechselkurs des Goldes leicht an, während die Minen-Aktien starke Verluste erlitten.

Diese Episode illustriert eine der wichtigsten Herausforderungen, mit denen sich jeder konfrontiert sieht, der in Gold investieren will: Er muss herausfinden, welche der vielen Anlagemöglichkeiten die relativ beste ist. Sind Ein-Unzen-Barren im Vergleich zu Minen-Aktien billig, oder verhält es sich umgekehrt? Und wie groß (und folglich: wie verlockend) ist dieser Bewertungsunterschied? Das sind wichtige Fragen. Und so kann man sie beantworten: Unterziehen Sie eine bestimmte Minen-Aktie der schrittweisen Analyse, die wir in Kapitel 14 vorgestellt haben, und vergleichen Sie das Ergebnis mit dem aktuellen und dem für die Zukunft erwarteten Goldpreis. Dann berücksichtigen Sie noch die Handelsspanne beim Kauf von physischem Gold, und Sie werden recht ge-

MENGE AN GRAMM GOLD, DIE NÖTIG SIND, UM DEN XAU ZU KAUFEN

Dezember 1983 bis März 2004

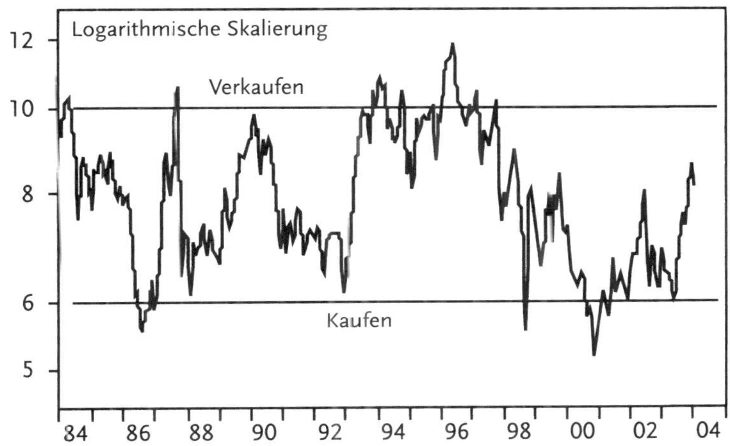

Quelle: Federal Reserve

nau abschätzen können, ob physisches Gold oder Minen-Aktien momentan attraktiver sind.

Wenn man physisches Gold allgemein mit Minen-Aktien vergleichen will, sollte man den Wechselkurs des Goldes einem guten Minenindex gegenüberstellen, wie zum Beispiel dem XAU, der die meisten bedeutenden Goldproduzenten enthält. Aus den Ereignissen der letzten Jahre kann man im obigen Chart Folgendes lernen: Wenn zehn Gramm Gold oder mehr erforderlich sind, um eine Einheit des XAU zu kaufen, dann sind Minen-Aktien im Vergleich zu physischem Gold teuer und werden im folgenden Jahr wahrscheinlich sinken. Sind dazu aber nur sechs Gramm Gold oder weniger nötig, dann sind Minen-Aktien relativ billig. (Die jeweils aktuellen Goldwechselkurse gegenüber dem Dollar und anderen wichtigen Währungen finden Sie unter www.goldmoney.com.) Obwohl der XAU in den ersten drei Jahren dieses Jahrzehnts kräftig gestiegen ist, lag er Ende 2003 immer noch im „billigen“ Abschnitt seiner historischen Bandbreite. Unsere Schlussfolgerung: *Barron's* hat ein wenig übertrieben. Aber in Haussephasen muss man mit so etwas rechnen. Man liest viele negative Meinungsäußerungen, die auf solide klingenden Analysen beruhen. Lassen Sie sich dadurch nicht beirren.

Kapitel 16

ANDERE EDELMETALLE

Gold ist das wichtigste Edelmetall, aber nicht das einzige. Es gibt noch andere, von denen jedes auf seine Art einzigartig ist, die aber alle von einem Kollaps des Dollars profitieren werden. Hier sind einige davon:

SILBER: SO GUT WIE GOLD?

In der Menschheitsgeschichte nahm Silber meist einen Platz direkt neben dem Gold ein. Manchmal als sein Konkurrent, manchmal als seine Ergänzung, aber fast immer wurde es ebenfalls als eine Form von echtem Geld betrachtet Werden die dramatischen Ereignisse, durch die Gold wieder ins Zentrum der monetären Welt rücken wird, also auch das Silber betreffen? In der Tat werden sie das tun. Die Zukunft des Silbers sieht zwar ein wenig anders aus als die des Goldes, aber in vielerlei Hinsicht – als Wertanlage und profitables Investment – ist sie ebenso viel versprechend. Wir wollen unsere Geschichte an dem Punkt beginnen, wo sich die Wege von Gold und Silber trennten.

Nachdem die US-Regierung das Gold ihrer Bürger 1933 konfisziert hatte, blieb Silber weiterhin in Form der 10- und 25-Cent-Stücke, der halben Dollars und Silberdollars im Umlauf, an die sich viele von uns noch aus ihrer Kindheit erinnern. Als aber die Regierungsausgaben in den späten 1960er-Jahren massiv stiegen, wuchs auch die Menge an Papierdollars. Silber behielt seinen Wert, während die Dollars an Wert verloren, und das in einer bestimmten Münze enthaltene Silber war mehr wert als der Nennwert der Münze selbst. Die Amerikaner hielten sich an Greshams Gesetz, begannen Silber zu horten und Papierdollars auszugeben. Folglich waren bald keine Silbermünzen mehr im Umlauf. Das schlechte Geld hatte das gute Geld verdrängt. Heute ist das Silber in den Münzen aus den 1960er-Jahren etwa fünf Mal so viel wert wie der Nennwert der Münzen. Silbermünzen sind zwar nach wie vor ein gesetzliches Zahlungsmittel, aber die meisten von ihnen liegen heute neben ihren Gegenstücken aus Gold in Münzsammlungen und Schließfächern.

Während aber die Goldnachfrage immer noch hauptsächlich von der monetären Seite kommt – neu gefördertes Gold wird von Personen gekauft, die ihr Geld in Münzen, Barren oder hochkarätigen Schmuck investieren wollen –, ist Silber im 20. Jahrhundert zu einem industriellen Rohstoff geworden, dessen Preis (da Silber kein Geld mehr ist, sprechen wir von seinem Preis, nicht von seinem Wechselkurs) weniger von Sammlern oder Investoren als von der Nachfrage aus der verarbeitenden Industrie abhängt. Hier ein kurzer Überblick über die wichtigsten Märkte.

Fotografie. Die heutigen fotografischen Filme beruhen auf den Erkenntnissen eines Engländers namens William Talbot, der 1830 entdeckte, dass Silber-Halide, die bei der Reaktion von Silber mit „Halogenen“ wie Jod, Chlor oder Brom entstehen, außerordentlich lichtempfindlich sind. Der Farbfilm in Ihrer Kamera ist ein direkter, wenn auch stark verfeinerter Abkömmling von Talbots frühesten Kreationen, mit drei „Emulsionsschichten“ winziger Silber-Brom-Kristalle, die auf rotes, grünes oder blaues Licht reagieren. Wenn sie in Kontakt mit Licht kommen, konfigurieren sich die Kristalle neu und bildeten ein Rechteck von „belichtetem“ Film, von dem man Farbabzüge machen kann. Beim Entwicklungsprozess wird der belichtete Film in eine Lösung getaucht, die das Silber abstreift, sodass es wiederverwertet und recycled werden kann.

Silberbesteck und -schmuck. Silber glänzt, ist härter und viel billiger als Gold. Daher ist es seit frühesten Zeiten für Schmuckzwecke beliebt und seit einigen Jahrhunderten auch als hochwertiges Tafelbesteck. Auf dieses Gebiet entfällt fast ein Drittel der Silbernachfrage.

Elektronik und Industrie. Die hohe elektrische und Wärmeleitfähigkeit des Silbers, seine Verformbarkeit und seine Resistenz gegen Korrosion machen es zu einem der beliebtesten Materialien für viele Anwendungen in der modernen Technologie. Die Ein/Aus-Schalter elektronischer Geräte funktionieren am besten, wenn sie Silber enthalten. Silber wird auch bei der Verlötung von Metalloberflächen, als Biozid zur Abtötung von Mikroben und als transparentes Beschichtungsmaterial bei Wärmeschutzfenstern eingesetzt. Es ist ein unverzichtbarer Bestandteil der meisten Solarzellen und von supraleitenden Drähten, die Elektrizität mit sehr geringem oder ganz ohne Widerstand leiten (und die in den kommenden Jahren die Stromversorgungsbranche revolutionieren könnten). Nach Angaben des Silver Institute enthält eine Meile hochmodernen supraleitenden Drahts etwa 1.000 Unzen Silber.

DIE SILBERNACHFRAGE 2002

Sektor	Jährliche Nachfrage (in Mio. Unzen)	Prozentwert
Elektronik und Batterien	342,4	40
Schmuck und Silberwaren	259,2	30
Photographie	205,3	24
Münzen	31,3	4
Sonstiges	24,8	2
Gesamt	863,0	100

Quelle: Silver Institute

Münzen und Barren. Ebenso wie beim Gold haben die Regierungen der Welt auch beim Silber eine steigende Nachfrage als Wertanlage festgestellt und prägen wieder Silbermünzen. Dieser Teil des Silbermarkts ist noch relativ unbedeutend, aber er wächst schnell, weil die Menschen nach vernünftigem Geld als Alternative zu „Fiat"-Währungen suchen.

Das Silberdefizit. Nun wird die Sache mit dem Silber wirklich interessant. In einem durchschnittlichen Jahr werden von den verschiedenen Anwendern etwa 800 Millionen Unzen Silber nachgefragt. Die Minen rund um die Welt produzieren aber nur 600 Millionen Unzen. Diese Lücke wird auf zweierlei Art und Weise geschlossen: Silber aus fotografischen Filmen und etlichen industriellen Anwendungen wird recycled, wodurch immer mehr Silber mehrfach verwendet werden kann. Wichtiger ist aber, dass die vorhandenen Silbervorräte kleiner werden, weil Zentralbanken und Besitzer großer Silberbestände ihre Lager leeren. Als Resultat sind die weltweiten Silbervorräte stetig kleiner geworden. Die US-Regierung, die in den 1940er-Jahren mehr als sechs Milliarden Un-

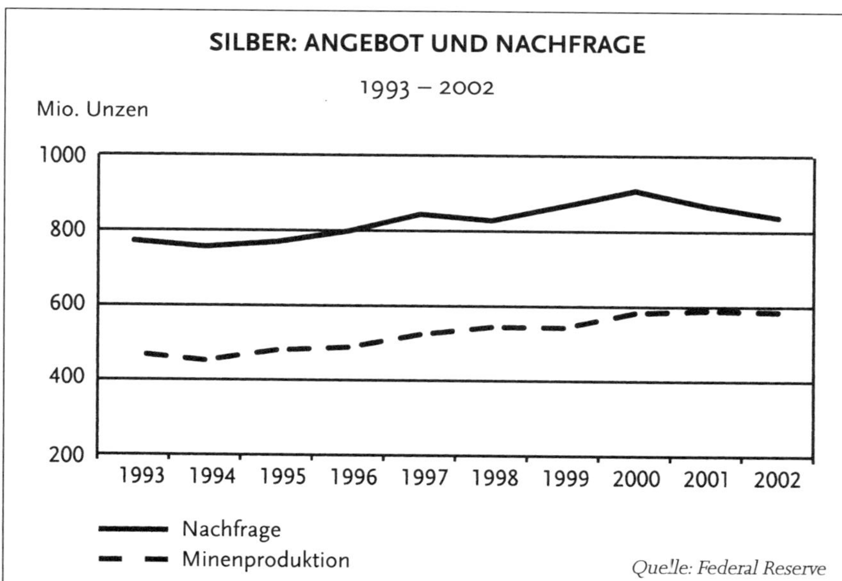

zen besaß, verfügt heute über kein Silber mehr. Die offiziellen Silbervorräte Chinas sind allein im Jahr 2002 um mehr als 50 Millionen Unzen geschrumpft, und wenn der Abbau in diesem Tempo weitergeht, werden sie in wenigen Jahren ganz verschwunden sein. Die Lagerbestände der Comex, der bedeutendsten Silberbörse der Welt, sind von 330 Millionen Unzen im Jahr 1980 auf etwa 100 Millionen Unzen im Jahr 2003 zurückgegangen. Alles in allem haben sich die weltweiten Vorräte von mehr als 2,5 Milliarden Unzen (1980) auf heute etwa 500 Millionen Unzen reduziert. Das ist weniger als der weltweite Verbrauch in einem einzigen Jahr.

Das meiste jemals geförderte Gold ist noch immer vorhanden, aber ein großer Teil der jährlichen Silberproduktion wird verbraucht und ist für immer verloren. Vor allem bei Elektrogeräten ist die Silbermenge in einem bestimmten Bauteil oft so gering, dass sich ein Recycling nicht lohnt. Zum Beispiel enthält Ihre Computertastatur Silber im Wert von weniger als 25 Cent. Daher ist es unwirtschaftlich, dieses Silber extrahieren zu wollen, wenn Sie die Tastatur wegwerfen.

So gesehen ist Silber eine großartige Rohstoffspekulation; sein Preis wird einfach deshalb ansteigen, weil es ein Ungleichgewicht zwischen Angebot und Nachfrage gibt, sogar wenn die Wirtschaft weiterhin stetig wächst – oder vor allem dann, wenn sie das tut. Mit anderen Worten: Um eine Silberhausse zu verursachen, ist keine Währungskrise nötig. Die Marktkräfte werden eine Knappheit verursachen, die, wenn alle anderen Faktoren unverändert bleiben, zu einem Silberpreisanstieg führen wird.

Wenn man ein wenig weiter nachforscht, wird die Sache sogar noch besser. Es sieht nämlich so aus, dass die oft erwähnten „Schwachstellen" in der Argumentationskette der Silber-Optimisten gar keine sind. Betrachten wir einmal die Argumente der Skeptiker:

Die digitale Fotografie wird zu einem Kollaps der Silbernachfrage führen. Wer schon einmal sowohl eine herkömmliche 35-mm-Kamera als auch eine Digitalkamera benutzt hat, der weiß, dass die Digitalkamera ungleich besser ist. Die Tage der 35-mm-Fotografie sind, was den breiten Verbrauchermarkt angeht, eindeutig gezählt, und man könnte meinen, dass die Abkehr von herkömmlichen Filmen ein extrem negativer Faktor für den Silberpreis sein muss. Diese Sichtweise begann sich 2003 tatsächlich auf den Silbermarkt auszuwirken, als Kodak, der größte Filmhersteller in den USA, bekannt gab, er werde die Entwicklung neuer Filme aufgeben und sich künftig auf die Digitalfotografie konzentrieren.

Bedeutet dies das Ende für Silber in der Fotobranche? Keineswegs. Zunächst einmal sehen wir diesen Prozess mit den Augen wohlhabender Bewohner der westlichen Welt. In den meisten Ländern der Welt ist eine Digitalkamera für 200 Dollar völlig unerschwinglich. Daher wird die Nachfrage nach relativ billigen, Silber verbrauchenden Schnappschusskameras noch jahrelang steigen. Kodak wird weiterhin viele Filme verkaufen, auch wenn seine Zukunft anderswo liegt. Wesentlich wichtiger ist jedoch, dass fotografische Filme nicht nur für die Silbernachfrage, sondern auch für das Angebot eine Rolle spielen. Erinnern Sie sich daran, dass das Recycling von Silber eine der wichtigsten Methoden ist, mit denen wir das Angebotsdefizit ausgleichen. Eine Studie besagt, dass fast 90 Prozent des in der Farbfotografie verwendeten Silbers recycled werden. Weniger Filmverbrauch bedeutet also weniger recyceltes Silber; ein Angebotsrückgang, der das Sinken der Nachfrage in diesem Sektor fast ausgleicht. Und auch die digitale Fotografie kommt nicht ohne Silber aus. Um die wachsende Nachfrage nach digitalen Fotoabzügen zu befriedigen, installieren die Betreiber von Fotolabors Anlagen, die Silberhalidpapier verwenden. Letzten Endes kann man also sagen: Selbst wenn sich die Fotografie schon morgen völlig der digitalen Technik zuwendet, wird das am Silberdefizit nichts ändern.

Steigende Silberpreise werden zu einer Erhöhung der Minenproduktion führen. Bei Weizen, Öl und den meisten anderen Rohstoffen führen steigende Preise in der Tat zu einer Produktionsausweitung, wodurch die Preise schließlich wieder auf ihr ursprüngliches Niveau sinken. Bei Silber wird dies aber nicht geschehen, weil das meiste Silber als Nebenprodukt beim

Abbau anderer Metalle anfällt. Und Silber spielt für die Profitabilität der betreffenden Minen meist eine so geringe Rolle, dass zum Beispiel der Betreiber einer Zinkmine seine Produktion nicht erhöhen wird, nur weil der Silberpreis steigt. Außerdem gibt es nur sehr wenige große, derzeit produzierende Silberminen. Es wird Jahre dauern, neue Minenkapazitäten aufzubauen. Daher kann der Silberpreis steigen, ohne eine bedeutende Produktionssteigerung auszulösen. Wirtschaftswissenschaftler nennen dies „Inelastizität des Angebots", und es bedeutet, dass ein steigender Preis nicht automatisch zu einer Zunahme des Angebots führt.

Die Silbernachfrage wird sinken, wenn der Preis steigt. Wenn der Silberpreis steigt, werden wir weniger Silber kaufen, nicht wahr? Schon wieder falsch. Silber ist ein so kleiner Teil der Gesamtkosten von Dingen, in denen es enthalten ist, dass sein Preis fast irrelevant ist. Denken wir zum Beispiel an ein Paar mit Diamanten besetzter Silber-Ohrringe. Die Diamanten kosten einige hundert bis einige tausend Dollar. Die Arbeit des Schmieds und die Kreativität des Designs können in etwa ebenso viel kosten, je nach Komplexität der Arbeit. Wenn wir aber annehmen, dass der Silberanteil bei einer halben Unze liegt (und das wären ziemlich große Ohrringe!), dann würde dieses Silber (basierend auf dem Preis von Ende 2003) ungefähr drei Dollar kosten. Wenn der Silberpreis auf 25 Dollar je Unze steigt und sein Anteil an den Kosten der Ohrringe somit 12,50 Dollar beträgt, spielt dies angesichts der Gesamtkosten so gut wie keine Rolle. Gleiches gilt für die Elektronikbranche. Die hauchdünnen Silberbeschichtungen von gedruckten Schaltkreisen machen pro Chip oder Schalter nur einen winzigen Bruchteil einer Unze aus. Silbernes Tafelbesteck muss man hier wohl ausklammern, aber ansonsten wird sich ein steigender Silberpreis so gut wie überhaupt nicht auf die Nachfrage auswirken.

Die Regierungen der Welt werden weiterhin ihre Silberbestände abbauen, ebenso wie sie es beim Gold tun, und sie werden damit den Silberpreis für alle Zeiten drücken. Vielleicht würden sie es tun, wenn sie es könnten. Aber wie wir oben schon angemerkt haben, können sie es nicht. Die

US-Regierung hat keine Vorräte mehr und muss inzwischen Silber auf dem freien Markt kaufen, um ihre Silver Eagles prägen zu können. China bewegt sich mit hohem Tempo in die gleiche Richtung, und keine andere Zentralbank hat genug Silber, um den Preis beeinflussen zu können. Wenn man alles zusammenzählt, ergibt sich ein dauerhaftes (wenn auch vielleicht ein wenig kleineres) Ungleichgewicht zwischen Angebot und Nachfrage sowie ein Schrumpfen der Vorräte, die dieses Defizit ausgleichen könnten.

Nun wollen wir uns einigen Fakten über Silber zuwenden, die keine Denkfehler sind:

Der Silbermarkt ist winzig. Man kann die möglichen Preisbewegungen eines Rohstoffs dadurch abschätzen, dass man sein Marktvolumen mit dem Umfang möglicher Kapitalzuflüsse vergleicht. Wenn es von einer Sache nur wenig gibt und viel Geld in diesen Markt fließt, besteht die Möglichkeit massiver Preissteigerungen. Für einen dramatischen Preisanstieg des Silbers wäre es also hilfreich, wenn das Silberangebot im Vergleich zu den weltweiten Kapitalströmen gering wäre. Trifft das zu? Nein. Das Wort „gering" wird der Situation nicht wirklich gerecht. „Winzig" oder „mikroskopisch klein" trifft die Sachlage besser.

Wie schon erwähnt, werden pro Jahr im Durchschnitt etwa 600 Millionen Unzen gefördert. Zum Preis von Ende 2003, also etwa sechs Dollar, war diese jährliche Produktion ungefähr 3,6 Milliarden Dollar wert. Die vorhandenen Vorräte belaufen sich auf etwa 500 Millionen Unzen im Wert von drei Milliarden Dollar. Wenn man die Summe von 6,6 Milliarden Dollar mit den unten aufgelisteten anderen Märkten vergleicht, wird deutlich, dass schon ein kleiner Teil dieser Kapitalmittel zu einem starken Silberpreisanstieg führen würde.

Silber ist billig im Vergleich zu Aktien. Das Preisverhältnis zwischen dem Dow und dem Silber bildete 1980 einen Boden bei 18 zu 1; man brauchte damals also 18 Unzen Silber, um den Dow zu kaufen. Dann trennten sich die Wege von Silber und Aktien, und 2000 brauchte man

SILBER IM VERGLEICH

Markt	Wert Ende 2003 (in Mrd. $)
Vorhandene Silbervorräte plus jährliche Produktion (zu 6 $/Unze)	7
Jährliche Goldproduktion (zu 400 $/Unze)	32
Microsofts Cash-Reserven	50
Marktwert aller börsennotierten Goldminenunternehmen	100
Microsofts Marktkapitalisierung	275
Vermögensgegenstände von Fannie Mae und Freddie Mac	1.700
Jährliche US-Regierungsausgaben	2.300
Wert aller Einfamilienhäuser in Kalifornien (im Durchschnittswert von 300.000 Dollar)	3.600
US-Bruttoinlandsprodukt	10.500
Weltweites Bruttoinlandsprodukt	32.000
Gesamtverschuldung der USA	37.000
Nominalwert aller weltweit gehandelten Derivate	200.000

ZAHL DER UNZEN SILBER, DIE NÖTIG WAREN, UM DEN DOW JONES INDUSTRIAL AVERAGE ZU KAUFEN

1979 – 2003

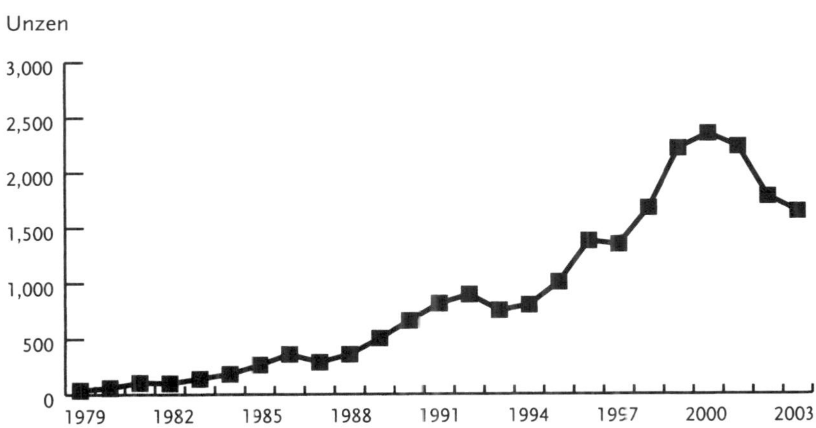

Quelle: Silver Institute, Dow Jones

fast 2.000 Unzen Silber, um den Dow zu kaufen. Ende 2003 stand das Verhältnis bei 1.636, knapp unter seinem Hoch, aber weit über dem Tief von 1979 und dem historischen Durchschnittswert.

Silber ist billig im Vergleich zu Immobilien. Für die durchschnittliche Familie war ihr Eigenheim das beste Investment der vergangenen Jahre, daher ist ein Vergleich mit dem Immobilienmarkt sinnvoll. Wie schneidet Silber relativ zu den Eigenheimpreisen ab? Sie können sich die Antwort wahrscheinlich denken. Nach Angaben des Department of Housing and Urban Development brauchte man 1979 3.000 Unzen Silber, um ein durchschnittliches, neu gebautes Haus in den USA zu kaufen. Ende 2003 brauchte man dazu die enorme Menge von 33.000 Unzen.

Silber ist billig im Vergleich zu Gold. Als beide Metalle noch als Währungen im Umlauf waren, gab es zwischen Gold und Silber in der Regel einen fixen Wechselkurs, meist im Bereich von 15 zu 1 zugunsten des Goldes. Das bedeutet, dass eine Unze Gold dem Wert von 15 Unzen Silber entsprach. 1980 lag das Verhältnis bei etwa 17 zu 1, also recht nahe an seinem historischen Durchschnittswert. Aber Ende 2003 lag es bei 70 zu 1 und war ab seinem historischen Hoch von 96 zu 1 im Jahr 1991 zwar gesunken, war aber immer noch mehr als vier Mal höher als 1979.

Dieses „Silber-Paradoxon“ hat zu allerlei Spekulationen Anlass gegeben. Wenn die vorhandenen Silbervorräte (in Lagerhäusern und industriellen Produkten) etwa neun Mal so hoch sind wie die Goldvorräte, und wenn pro Jahr etwa zehn Mal mehr Silber als Gold gefördert wird, warum liegt die Preisrelation dann bei 70 und nicht bei 9 oder 10 zu 1? Hat es mit den Befürchtungen rund um die Digitalfotografie zu tun? Oder fürchtet man, Warren Buffett könnte seine riesige Silberposition abstoßen, die er Ende der 1990er-Jahre gekauft hat? Oder – aus unserer Sicht die faszinierendste Spekulation – gab es eine Abmachung zwischen der amerikanischen und der chinesischen Regierung, wonach die

ZAHL DER UNZEN SILBER, DIE NÖTIG WAREN, UM EIN DURCHSCHNITTLICHES, NEU GEBAUTES HAUS IN DEN USA ZU KAUFEN

1979 – 2003

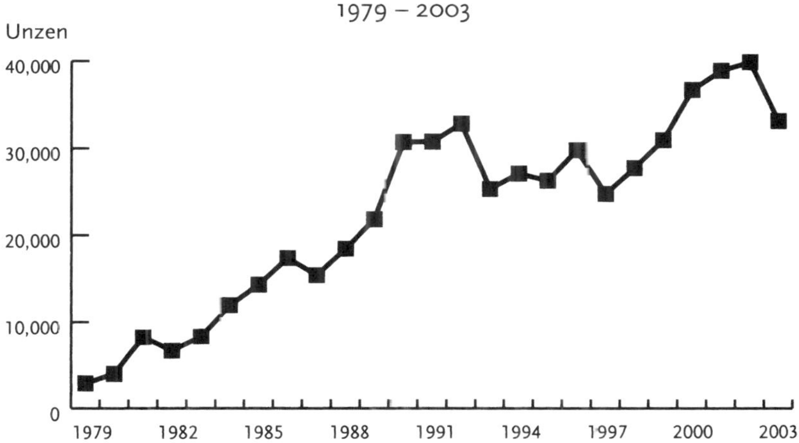

Quelle: Department of Housing and Urban Development, Kitco

ZAHL DER UNZEN SILBER, DIE NÖTIG WAREN, UM EINE UNZE GOLD ZU KAUFEN

1979 – 2003

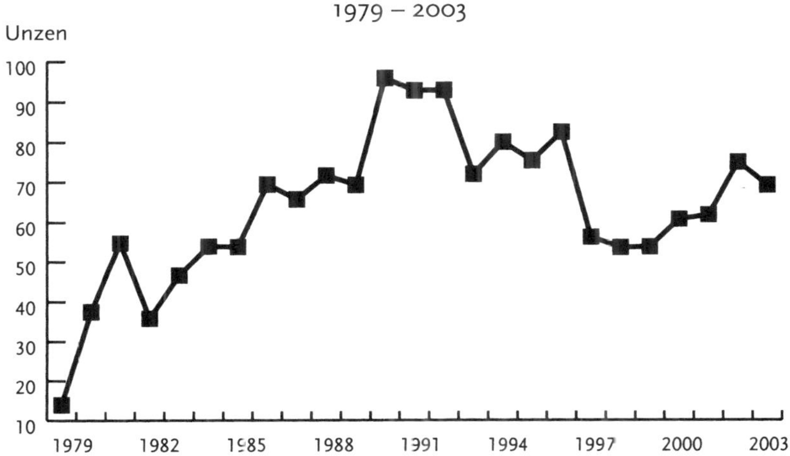

Quelle: Silver Institute, Kitco

USA den Goldpreis niedrig halten und die Chinesen dasselbe beim Silber tun würden? Das würde sowohl Chinas aggressive Silberverkäufe der letzten Jahre als auch die Akzeptanz des riesigen chinesischen Handelsbilanzüberschusses durch die USA erklären.

Oder liegt die Erklärung einfach darin, dass für die Preisentwicklung eines Metalls das Angebot eine geringere Rolle spielt als die Nachfrage? Trotz aller Rückschläge hat Gold einen Teil seiner traditionellen monetären Rolle behalten. Die Goldnachfrage hängt daher vom Angebot an Dollars und anderen „Fiat"-Währungen ab, die möglicherweise in Gold getauscht werden könnten. Es ist also sinnvoll, die weltweiten Goldvorräte mit dem weltweiten Dollar-Angebot zu vergleichen – was der Ansatzpunkt des Angst-Index aus Kapital 11 ist. Silber ist hingegen zu einem industriellen Rohstoff geworden und hängt stärker von der Industrienachfrage ab als vom weltweiten Vorrat an „Fiat"-Währungen.

Aber auch hier steht eine Veränderung bevor. Wenn der Wechselkurs des Goldes relativ zum Dollar fällt, steigt für gewöhnlich die Silber/Gold-Relation (wie im Chart auf Seite 193 zu sehen). Das heißt, dass Silber noch stärker an Wert verliert als Gold, weil die monetäre Komponente der Silbernachfrage immer unbedeutender wird. Aber in Haussephasen an den Edelmetallmärkten wächst die monetäre Silbernachfrage wieder, und daher steigt Silber noch stärker als Gold. Mit anderen Worten: Wenn Geld aus den „Fiat"-Währungen in Edelmetalle fließt, entwickelt sich Silber besser als Gold, weil sich die zusätzliche Nachfrage auf den Silberpreis wesentlich stärker auswirkt. Wenn man Gold mit einer Boeing 747 vergleicht, dann ist Silber eine F-16. Eine F-16 kann auf einer Zehn-Cent-Münze starten und sich in wenigen Momenten in die Stratosphäre erheben, während eine 747 vergleichsweise lange braucht, um an Flughöhe zu gewinnen.

Wird dieser Zusammenhang auch in den kommenden Jahren gelten? Fast mit Sicherheit, und die Ergebnisse werden spektakulär ausfallen. Nehmen wir zum Beispiel an, dass Gold auf 1.000 Dollar steigt (was es sehr bald tun wird) und dass die Silber/Gold-Relation auf einen immer noch hohen Wert von 30 fällt. Dann würde eine Unze Silber 33

Dollar kosten. Vom aktuellen Niveau (Gold: 400 Dollar, Silber: sechs Dollar) wäre das ein Goldpreisanstieg von 150 Prozent, während Silber um 450 Prozent teurer würde.

Wie man Silber kauft und lagert. Wenn Sie die Kapitel 13 und 14 gelesen haben, wissen Sie größtenteils schon, wie man sich auf eine Silberhausse vorbereitet, weil der Prozess ganz ähnlich abläuft wie beim Gold. Nur die Zahlen sind wesentlich kleiner.

Silbermünzen. Viele Länder prägen Silbermünzen, einige wichtige Ausgaben sind unten genannt. Man kann in den USA Silber auch in Form von „Investment Grade Silver Bullion" kaufen: vor 1965 geprägte Zehn-Cent-, 25-Cent- und Halbdollarmünzen. Meist sind sie so stark abgenützt,

Beliebte Silbermünzen und -barren	Preis in den USA am 21.1.2004
U. S. Silver Eagle, 1 Unze	8,85
Kanadischer Maple Leaf, 1 Unze	8,47
Silberbarren, 100 Unzen	692,00
Silberbarren, 1.000 Unzen	6.520,00
Spotpreis je Unze	6,19

Quelle: Kitco

BÖRSENNOTIERTE SILBERMINENUNTERNEHMEN

Unternehmen	Symbol	Marktkapitalisierung am 31.12.2003 (in Mio. $)
Apex Silver*	SIL	827
Coeur d'Alene	CDE	1.308
Hecla Mining	HL	897
Pan American Silver	PAAS	796
Silver Standard Resources*	SSRI	480

*Property Play

Quelle: Yahoo! Finance

dass 1.000 Dollar Nennwert etwa 700 Unzen Silber entsprechen. Abgesehen davon sollten Sie beim Silber ebenso vorgehen wie beim Gold: Suchen Sie sorgfältig einen Händler aus, kaufen Sie die Münzen so günstig wie möglich und verwahren Sie sie an einem sicheren Ort. Ebenso wie beim Gold bekommen Sie mit großen Barren das meiste Silber fürs Geld, weil diese Barren in der Herstellung billiger sind als Münzen.

Silberminen-Aktien. Es gibt nur eine Hand voll reiner Silberminen-Aktien. Ein steigender Silberpreis würde ihre Gewinne und ihren Marktwert massiv ansteigen lassen.

Fonds. Kein einziger Fonds hat sich auf Silber spezialisiert, aber einige Edelmetallfonds besitzen große Mengen an Silber-Aktien, und der bereits erwähnte Central Fund besitzt physisches Gold und Silber in einem festgelegten Verhältnis zwischen den beiden Metallen. Gehen Sie also zurück zu den in Kapitel 15 genannten Fonds und untersuchen Sie deren 25 wichtigste Positionen (Informationen hierzu finden Sie auf der Website von Morningstar und in den Prospekten der einzelnen Fonds). Wenn Silber-Aktien im Depot eines Fonds stark vertreten sind, ist dieser Fonds im Silbermarkt engagiert.

PLATIN UND PALLADIUM: DIE ANDEREN EDELMETALLE

Platin und Palladium waren nie als Geld im Umlauf, und das wird wohl auch in absehbarer Zukunft nicht der Fall sein. Aber als die beiden anderen Edelmetalle – und sehr gesuchte industrielle Rohstoffe – werden sie mit ähnlich hoher Wahrscheinlichkeit wie Silber von dem bevorstehenden starken Nachfrageanstieg nach harten Vermögenswerten profitieren. Sie sollten daher etwas über diese Metalle wissen, als Alternativen innerhalb eines Edelmetalldepots und als eigenständige Rohstoffspekulationen. Zusammen mit Rhodium, Ruthenium, Iridium und Osmium bilden Platin und Palladium die Gruppe der Platinmetalle (PGMs). Wegen ihrer hohen Widerstandsfähigkeit gegen Oxidation und Korrosion gehören sie, neben Gold und Silber, zu den „edlen“ Metallen. Platin, manchmal auch „weißes Gold“ genannt, ist das seltenste Edelmetall. Die jährliche Minenproduktion liegt bei etwa 5,9 Millionen Unzen. Das sind weniger als sechs Prozent der Gold- und ein Prozent der Silberproduktion. 80 Prozent der weltweiten Förderung kommen aus Südafrika, zwölf Prozent aus Russland, der geringe Rest aus einigen Minen in Nord- und Südamerika.

Ähnlich wie Silber ist Platin ein industrieller Rohstoff, der eher verbraucht als gehortet wird. Aber im Gegensatz zu Silber wird nur ein kleiner Teil recycelt, sodass jede Produktionskürzung durch bereits vorhandene Vorräte ausgeglichen werden muss. Die größten Platinvorräte besitzen die Regierungen der USA, Südafrikas und Russlands, wenn auch die russischen Angaben als wenig zuverlässig gelten. Die USA und Russland haben ihre Bestände weitgehend abgebaut, und Ende 2002 schätzte man, dass die verbliebenen Vorräte nur noch dem Verbrauch von zwei Jahren entsprechen. Der Platinpreis reagiert daher extrem empfindlich auf Veränderungen der Nachfrage.

Etwa 40 Prozent der weltweiten Platinproduktion geht an die Schmuckindustrie. Mit seiner weiß glänzenden Farbe verstärkt Platin das Funkeln von Diamanten und gewinnt als Schmuckmetall gegenüber Gold und Silber immer mehr an Bedeutung. Weitere 35 Prozent werden von der Autoindustrie zu Abgaskatalysatoren verarbeitet, die bei der Verbrennung unverbleiten Benzins entstehende giftige Gase in Kohlendioxid und Wasser umwandeln. Der Rest fließt in eine Vielzahl industrieller Nischen. Da es nicht korrodiert, wird Platin in der chemischen Industrie als Material für Gefäße zur Herstellung von Säuren eingesetzt. Wenn man es mit Kobalt vermischt, kann Platin enorme Mengen von Informationen speichern und ist daher das bevorzugte Material für Computerfestplatten. Es verhindert zudem das Wachstum von Krebszellen und spielt daher bei der Chemotherapie eine wichtige Rolle. Man hat geschätzt, dass 20 Prozent aller heute hergestellten Produkte Platin enthalten oder mit Platin enthaltenden Maschinen produziert werden.

Palladium ist der Hauptkonkurrent des Platins beim Bau von Abgaskatalysatoren. Bei Dieselmotoren ist es wirkungsvoller, und daher steigt die

Nachfrage, weil relativ „saubere" Dieselfahrzeuge in Europa und Japan immer beliebter werden. Die Autoindustrie sucht nach Möglichkeiten zum effektiven Einsatz auf Palladium basierender Katalysatoren bei Benzinmotoren, aber die Resultate sind bislang bescheiden. In der Regel liefert Russland etwa zwei Drittel der weltweiten Palladiumproduktion (meist als Nebenprodukt bei der Platingewinnung). Angebot und Nachfrage sind bei 5,5 Millionen Unzen pro Jahr einigermaßen im Gleichgewicht.

Wenn man in die Zukunft schaut, sprechen vor allem drei Dinge für die beiden Metalle. Sie sind wichtige Komponenten von Brennstoffzellen, die Elektriziät erzeugen, indem sie Wasserstoff in seine Bestandteile zerlegen. Diese Technologie gilt als Nachfolger von Verbrennungsmotoren und mit fossilen Brennstoffen betriebenen Kraftwerken. Zweitens spielt, wie bei so vielen anderen Dingen, der Faktor China eine wichtige Rolle. Weil immer mehr Chinesen in die Mittelschicht aufsteigen und Autos kaufen, werden die chinesischen Gesetze gegen Luftverschmutzung strenger, und die Nachfrage nach Katalysatoren wächst. Gleiches gilt für Indien, das fast ebenso schnell wächst wie China und es Mitte des Jahrhunderts als bevölkerungsreichstes Land der Erde ablösen dürfte, wenn die derzeitigen Trends anhalten. Das dritte und für unsere Zwecke wichtigste Argument lautet, dass die Nachfrage nach Münzen aus Platin und Palladium ähnlich steigen wird wie bei Gold und Silber. Wie wir noch sehen werden, kann man solche Münzen bei denselben Händlern erwerben, die auch Gold- und Silbermünzen führen. Weil die Angebots/Nachfrage-Situation bei beiden Metallen so prekär ist, werden die Preise extrem steigen, wenn es zum erwarteten Nachfrageschub aus einem der drei genannten Bereiche kommt. Ganz zu schweigen von dem Fall, wenn die Nachfrage in allen drei Bereichen wächst.

Von Nachteil ist allerdings, dass die Nachfrage nach beiden Metallen preissensitiv ist, weil Platin und Palladium bei vielen industriellen Anwendungen miteinander konkurrieren (während Platin in der Schmuckbranche mit Gold und Silber konkurriert). Ein Preisanstieg des einen Metalls kann also dazu führen, dass die Verbraucher zu anderen Edelmetallen wechseln, wodurch das ursprüngliche Momentum gebremst

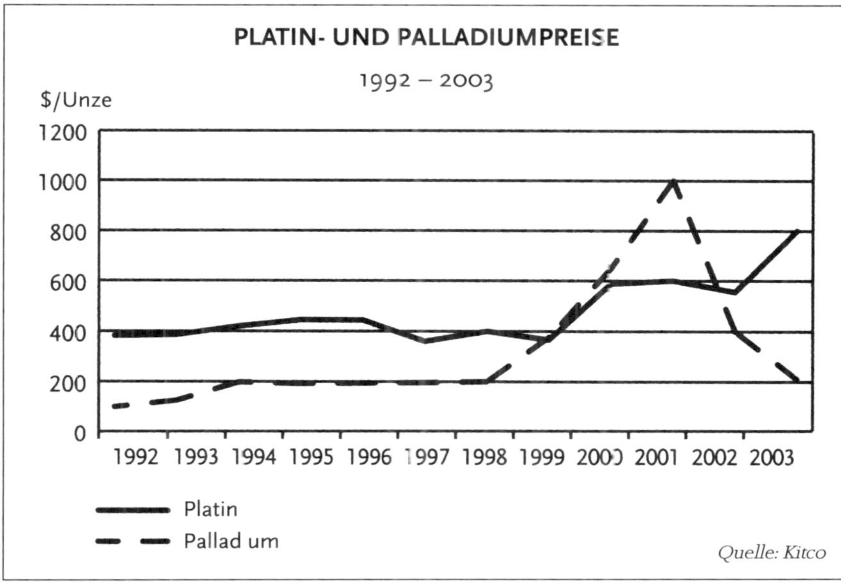

oder umgekehrt wird. Die Macht dieser „Elastizität" wurde 2001 deutlich, als ein starker Anstieg des Palladiumpreises zu einem Nachfragerückgang führte. Der Preis fiel wieder auf sein Ausgangsniveau und sogar noch tiefer. Und weil es sich hier weniger um monetäre als um Industriemetalle handelt, sinkt die Nachfrage, wenn das Wirtschaftswachstum nachlässt.

Wie man von einer Edelmetallhausse profitiert. Wenn zumindest in einem der drei genannten Bereiche – Brennstoffzellen, Wachstum in China und Indien sowie Münzenverkäufe – der zu erwartende Nachfrageschub eintritt, wird es auf diesen kleinen, dünnen und schwankungsanfälligen Märkten in den kommenden Jahren zu einem starken Preisanstieg kommen. Da Sie das Kapitel über Goldmünzen und Minen-Aktien schon gelesen haben, können Sie sich wohl denken, wie Sie von diesem Trend profitieren können. Platin und Palladium werden nur von wenigen Unternehmen produziert; die bedeutendsten von ihnen finden Sie in der Tabelle auf Seite 200. Einige dieser Aktien sind an amerikanischen Börsen recht umsatzschwach,

PLATIN- UND PALLADIUMAKTIEN

Unternehmen	Kürzel	Land	Börsenwert am 31.12.2003 (in Mio. $)
Anglo Platinum	AAPTF.PK	Südafrika	NA
Aquarius Platinum	AQPBF.PK	Südafrika	NA
Impala Platinum	IMPAF.PK	Südafrika	NA
Lonmin	LNMIF.PK	Südafrika	NA
Norilsk Nickel	NILSF.PK	Russland	NA
North American Palladium	PAL	Kanada	428
Stillwater Mining	SWC	USA	884

was sie sehr illiquide und folglich riskant macht. Andere Unternehmen fördern hauptsächlich Nickel und andere Metalle. Ihre Aktien eignen sich also nur bedingt für eine reine Edelmetallspekulation. Seien Sie daher vorsichtig, informieren Sie sich gründlich, konsultieren Sie Ihren Broker und beobachten Sie die Aktien auch nach dem Kauf genau.

Physisches Platin und Palladium sind bei Händlern erhältlich, die auch Gold und Silber verkaufen. Die Auswahl ist allerdings wesentlich kleiner. Platinmünzen gibt es in Größen von 1/10 Unze bis zu einer Unze, Palladium ist hauptsächlich in Form von Ein-Unzen-Barren zu haben. Weil diese Gewichte recht niedrig sind, liegen die Aufpreise auf den reinen Metallwert meist höher als bei Gold und Silber. Und weil die Metalle nicht so leicht zu identifizieren sind, gestaltet sich der Verkauf deutlich schwieriger. Aber in einem globalen inflationären Boom werden beide Metalle dennoch sehr gut abschneiden.

Mehr Hintergrundinformationen und aktuelle Nachrichten finden Sie im Internet unter den folgenden Adressen:

www.infomine.com/commodities/platinum.asp
www.infomine.com/commodities/palladium.asp
www.platinum.matthey.com
www.platinuminfo.net

SELTENE MÜNZEN

Wenn von Gold- und Silbermünzen die Rede ist, denken die meisten sofort an das Double-Eagle-Goldstück oder den Liberty-Vierteldollar, den ihnen ihr Großvater zum zehnten Geburtstag geschenkt hat und der jetzt in einer verstaubten Münzsammlung aus Kindertagen liegt, die man vor Jahrzehnten zum letzten Mal angeschaut hat. Diese Münzen sind keine „Bullion Coins"; sie sind Sammlermünzen, die wegen ihres Alters, ihrer Seltenheit oder aus beiden Gründen eher bei Münzsammlern als bei Sparern auf Interesse stoßen und meist viel mehr wert sind als das in ihnen enthaltene Metall. Sammlermünzen sind daher nur teilweise von den Trends an den Edelmetallmärkten betroffen und gehören nicht zu dem wichtigsten Instrumenten, Gold und Silber zur Kaufkraftwahrung einzusetzen.

Das heißt natürlich nicht, dass seltene Münzen schlechte Investments sind. Ganz im Gegenteil, manche haben in den letzten Jahrzehnten stark an Wert zugelegt. Ausgewählte Sammlermünzen werden sogar doppelt vom Kollaps des Dollars profitieren, weil enormes Kapital in die harten Vermögenswerte fließen und das Ansehen von Edelmetallen generell steigen wird. Seltene Münzen haben noch einen anderen, möglicherweise sehr wichtigen Vorteil: Sollte sich die Regierung noch einmal dazu entscheiden, Gold in Privatbesitz zu konfiszieren, dürften vor 1933 geprägte Münzen davon ausgenommen sein. Wer dazu mehr wissen will, findet in folgenden Quellen reichlich Material: „Gold Confiscation: It could happen again" (Blanchard, 866-550-9093) und „How You Can Survive a Potential Gold Confiscation" (Centennial Precious Metals, 800-869-5115). Beide Untersuchungen kommen zu dem Schluss, dass sogar solche Regierungen, die privaten Goldbesitz verbieten wollen, seltene Münzen wohl nicht beschlagnahmen werden, denn diese sind eher mit Gemälden von van Gogh als mit einer Währung zu vergleichen und stellen daher für die Macht der Regierung keine Bedrohung dar. Sogar totalitäre Staaten wie die Sowjetunion haben ihren Bürgern den Besitz seltener Münzen erlaubt. In den USA hat die Ausklammerung numismatischer Münzen von einer Konfiszierung eine lange Tradition, die bei der Beschlagnahme von 1933 begann und sich bei den vom Finanzministerium erlassenen Regeln der 1950er- und 1960er-Jahre fortsetzte. Wie wir gleich sehen werden, wird eine ganze Kategorie von Münzen hauptsächlich wegen dieses Schutzes vor Konfiszierung gekauft.

Behalten Sie Ihre Münzsammlung also unter allen Umständen. Und wenn Sie einer der wenigen sind, die genug Zeit und Interesse aufbringen, sich wirklich in dieses Gebiet zu vertiefen, dann sollten Sie Ihre Sammlung sogar noch erweitern. Machen Sie nur nicht den Fehler, Sammlermünzen hauptsächlich als Gold und Silber zu betrachten. Das sind sie nicht, und ihr Wert kann aus einer ganzen Reihe von Gründen steigen oder fallen, die mit dem Thema dieses Buches nichts zu tun haben. Über das komplexe Thema Sammlermünzen sind einige sehr gute – und sehr umfangreiche – Bücher geschrieben worden. Sie sollten zumindest eines davon lesen, bevor Sie zu kaufen beginnen. Hier ein kurzer Überblick über die wichtigsten Faktoren für den Marktwert seltener Münzen.

Erhaltungszustand. Sammler beurteilen den Erhaltungszustand anhand einer numerischen Skala, die von 1 bis 70 reicht. Am unteren Ende liegen „Gering erhalten“, „Schön“ und „Sehr schön“. Wenn Sie die Münzsammlung aus Ihrer Kindheit noch besitzen, dann fallen die meisten Münzen darin wohl in diese Kategorien. Eine Fachbuch beschreibt den Zustand „Schön“ wie folgt: „Eine durch längeren Umlauf beträchtlich abgenutzte Kursmünze mit erkennbaren Reliefkonturen.“ „Sehr schöne“ Münzen sind in etwas besserem Zustand, aber nicht gut genug, um Sammler zu interessieren. Daher haben solche Münzen mehr mit „Bullion Coins“ gemeinsam als mit Picassos. Das sammelwürdige Spektrum beginnt bei 50 und reicht von „Vorzüglich“ über „Stempelglanz“ bis zu „Spiegelglanz“. Wie die Bezeichnung schon sagt, bedeutet „Vorzüglich“, dass die Münze kaum im Umlauf war, wenn überhaupt. Stempelglanzmünzen sollten zwar ursprünglich in Umlauf gebracht werden, aber aus irgendwelchen Gründen kam es nicht dazu, und daher sind sie in absolut makellosem Zustand. Spiegelglanzmünzen waren nie dafür vorgesehen, in Umlauf gebracht zu werden. Sie wurden auf speziellen, hochglanzpolierten Prägeplatten hergestellt und sind seither äußerst sorgsam behandelt worden. Sammler nehmen diese Unterschiede sehr ernst. Wie Sie in der unten stehenden Tabelle sehen, kann ein Unterschied von zehn Punkten – den die meisten Leute gar nicht erkennen würden – für Sammler eine Preisdifferenz von zehntausenden Dollars ausmachen, weil extrem gut erhaltene Münzen äußerst selten sind.

In den wilden Zeiten des Münzensammelns (vor 1980) konnte ein Händler die Münzen, die er verkaufte, auch selbst bewerten. Ein offensichtlicher Interessenskonflikt, der das Sammeln wesentlich riskanter machte. Als Reaktion darauf wandte sich die Branche unabhängigen Bewertungsinstituten wie Professional Coin Grading Service (PCGS) und Numismatic Guaranty Corporation (NGC) zu. Diese Firmen schweißen neu bewertete Münzen in fälschungssichere Kunststoffbehältnisse mit Bewertungsurteil und Zertifizierungsnummer ein. PCGS und NGC füh-

U. S. INDIAN PRINCESS, DREI-DOLLAR-GOLDMÜNZE

Wert in Dollar am 31. Dezember 2003

					Erhaltungszustand			
Prägejahr	**AU**	**60**	**61**	**62**	**63**	**64**	**65**	**66**
1859	1.100	2.475	2.875	4.050	6.825	9.425	27.000	–
1860	1.300	2.750	3.000	3.725	6.500	9.425	–	–
1861	1.575	3.525	3.775	4.550	7.800	13.500	–	–
1862	1.575	3.525	3.775	4.550	8.125	15.600	–	–
1863	1.575	3.525	3.775	4.825	8.125	13.700	23.500	32.000
1864	1.575	3.400	3.650	4.550	9.425	14.900	36.000	–
1865	5.525	10.000	11.400	14.300	21.000	34.000	46.000	–
1866	1.900	3.525	3.775	4.550	10.100	15.000	26.000	–
1867	2.100	3.525	3.775	6.325	9.100	14.200	28.000	–

Quelle: Professional Coin Grading Service

ren auch Statistiken über die von ihnen bewerteten Münzen in jeder Kategorie und geben Urteile heraus wie „18/2", was bedeutet, dass sie 18 ähnliche Münzen bewertet haben, von denen nur zwei in besserem Zustand waren. Je niedriger diese Zahl, desto attraktiver ist eine Münze für Sammler (wobei 1/0 natürlich so etwas wie der Heilige Gral wäre). Da die Legitimität der Beurteilung kein Thema mehr ist, werden jedes Jahr Tausende von Münzen unbesehen gekauft, und es kommt nur selten zu Reklamationen.

Seltenheit. Je weniger Exemplare von einer Münze existieren, desto höher ist natürlich der Wert jedes einzelnen davon. Ausgangspunkt für die Bewertung einer Münze ist daher die Zahl der geprägten Exemplare. Zum Beispiel wurden 1921 nur 528.000 St.-Gaudens-20-Dollar-Goldmünzen geprägt, von 1922 bis 1924 aber jährlich vier Millionen. Wie die unten stehende Tabelle zeigt, verursacht das beim heutigen Wert erhebliche Unterschiede. Und der St.-Gaudens von 1933 ist wahrscheinlich die seltenste Münze überhaupt. Das Schatzamt hatte sie

U. S. ST.-GAUDENS-20-DOLLAR-GOLDMÜNZE

Wert in Dollar am 31. Dezember 2003

	Erhaltungszustand							
Prägejahr	**60**	**61**	**62**	**63**	**64**	**65**	**66**	**67**
1921	38.000	41.000	58.000	97.500	170.000	–	–	–
1922	525	570	585	650	865	4.750	–	–
1922-S*	900	1.000	1.150	2.300	6.000	41.000	–	–
1923	525	570	585	650	725	7.000	–	–
1923-D	525	570	585	650	900	1.500	3.600	11.000
1924	525	570	585	650	775	1.375	2.950	11.000
1924-D	1.950	2.275	3.000	6.000	11.000	–	–	–
1924-S	2.375	2.650	3.000	6.100	11.500	–	–	–

*S und D beziehen sich auf die Prägestätten San Francisco und Dahlonega, Georgia

Quelle: Professional Coin Grading Service

noch nicht ausgegeben, als Präsident Roosevelt den privaten Goldbesitz verbot. Also wurde der gesamte Bestand wieder eingeschmolzen – bis auf fünf Exemplare, die irgendwie in Umlauf gelangten. Vier von ihnen wurden später wiederentdeckt. Als die fünfte 2002 wieder auftauchte, wurde sie (nach einigen juristischen Streitigkeiten mit Washington) für den Weltrekordpreis von 7,5 Millionen Dollar versteigert. Nicht schlecht, wenn man bedenkt, dass der Nennwert nur 20 Dollar betrug.

Wenn Sie die nächsten großen Gewinner aufspüren wollen, brauchen Sie zweierlei: objektive Informationen und einen vertrauenswürdigen Händler. Die meisten Münzenfreunde verlassen sich auf Quellen wie das RedBook, eine jährlich erscheinende Auflistung der Marktpreise praktisch aller bedeutenden Münzen, oder auf die Websites von PCGS und NGC, die Hintergrundinformationen und ständig aktualisierte Preisverzeichnisse bieten. Die Auswahl eines Händlers ist ein wenig schwieriger. Auf dem Gebiet der Sammlermünzen gibt es mehr Händler als bei physischen Edelmetallen, und vielleicht finden Sie mit einem kurzen Blick in die Gelben Seiten gleich mehrere in Ihrer Nähe. Aber nehmen Sie nicht einfach den nächstbesten. Bevor sie einem Händler Ihr Geld geben, sollten Sie einiges über ihn wissen, zum Beispiel:

- Wie viel weiß der Händler über das Sammelgebiet, auf das Sie sich spezialisieren möchten? Manche Händler sind auf Gebiete spezialisiert, die mit seltenen amerikanischen Goldmünzen nichts zu tun haben.
- Wie gut ist sein Ruf in der Sammlergemeinde? Eine Mitgliedschaft in der Professional Numismatist Guild (PNG), der einzigen großen numismatischen Organisation, die nicht jeden Bewerber akzeptiert, ist ein großer Pluspunkt.
- Wie lange betreibt er sein Geschäft schon? Stabilität ist ein Zeichen, dass ein Händler reelle Geschäftspraktiken verfolgt und dass seine Kunden mit ihm zufrieden sind.

- Ist er bei Münzausstellungen und -auktionen präsent? Das ist die beste Methode, sich auf dem Laufenden zu halten, was den Geschmack von Sammlern und anderen Händlern betrifft.
- Gibt es einen Service nach dem Kauf? Sie brauchen jemanden, von dem Sie lernen und mit dem Sie Fachgespräche führen können. Daher sollte Ihr Händler für Sie erreichbar und zudem selbst ein begeisterter Münzensammler sein.

Gespräche mit einem guten Münzenhändler sind ganz ähnlich wie Gespräche mit einem Aktienbroker. Er sagt, welche Trends gerade aktuell sind und das Interesse von Sammlern auf sich ziehen, und er empfiehlt Münzen, die davon profitieren werden. Ein guter Händler behält in dieser Hinsicht meist Recht, und einige der von ihm empfohlenen Münzen erweisen sich als gute Investments. Aber verstehen Sie das nicht falsch. Wir sprechen hier davon, dass man die richtigen Münzen zum richtigen Preis kaufen und sie lange genug behalten sollte, um von Preissteigerungen zu profitieren. Die Numismatik ist nicht einfach und niemals eine sichere Sache.

Noch ein Wort zu den Preisspannen der Händler. Bei Bullion Coins kennt man den Wert des enthaltenen Metalls und kann den Aufpreis leicht berechnen. Bei Sammlermünzen liegt der Aufpreis dagegen so hoch, wie es der Markt hergibt. Erkundigen Sie sich vor dem Kauf daher genau über den Preis einer Münze, indem Sie neutrale Quellen heranziehen. Sie müssen auch wissen, dass der Unterschied zwischen Ankaufs- und Verkaufspreisen auf diesem Gebiet höher ist als bei Bullion Coins – und wesentlich höher als bei Aktien.

SEMI-NUMISMATISCHE MÜNZEN

Was aber sollten Sie tun, wenn Sie sich zwar einen gewissen Schutz gegen eine mögliche Konfiszierung wünschen, aber nicht den Ehrgeiz haben, zum Münzsammler zu werden und auch die entsprechenden Aufpreise auf den Goldgehalt nicht bezahlen wollen? Dann sollten Sie die „normale“ Kategorie der vor 1933 geprägten Münzen in Erwägung ziehen. Sie könnten von einer möglichen Konfiszierung nicht betroffen sein, aber weil es sehr viele von ihnen gibt, werden sie mit einem relativ geringen Aufgeld relativ zu ihrem Goldgehalt gehandelt. Manche Händler nennen sie „gedopte Bullion-Münzen“. Die bekannteste dieser „Semi-Sammlermünzen“ ist die St.-Gaudens-20-Dollar-Münze, die in den Jahrzehnten vor der Weltwirtschaftskrise in großen Stückzahlen geprägt wurde. Wie die Tabelle auf Seite 204 zeigt, werden solche Münzen aus den letzten Prägejahren in nahezu unzirkuliertem Zustand zu einem Preis gehandelt, der etwa 30 Prozent über dem Wert ihres Goldgehalts liegt, wobei der Preis für schlechter erhaltene Münzen noch deutlich tiefer liegt. Diese Münzen werden nicht wegen ihrer Seltenheit an Wert zulegen, aber sie werden sich im Gleichschritt mit dem Goldpreis entwickeln und in der Regel den Aufpreis behalten, den Sie beim Kauf bezahlt haben. Man zahlt also pro Unze etwa 50 oder 100 Dollar mehr und erhält dafür eine gewisse Versicherung gegen eine Konfiszierung. Es ist gut möglich, dass diese Versicherung in Zeiten einer monetären Krise an Wert gewinnen wird und dass diese Münzen daher besser abschneiden werden als Bullion Coins.

Ist diese Versicherungsprämie ihr Geld wert? Wir sind uns da nicht sicher.

Legal Gold besitzen zu können, während die Regierung physisches Gold konfisziert, wäre natürlich eine schöne Sache. Andererseits bieten diese Münzen weniger Gold fürs Geld, und das in einer Zeit, in der es Ihr wichtigstes Ziel sein sollte, so viel Gold wie möglich zu besitzen. Außerdem könnte die Ausnahme der Sammlermünzen von einer Konfiszierung theoretisch eliminiert werden, wenn die steigende Beliebtheit solcher Münzen die Aufmerksamkeit gegen Gold eingestellter künftiger Regierungen erregt. Kurz: Auf diese Frage gibt es keine einfachen Antworten, und Konzepte wie Diversifizierung sind in diesem Zusammenhang wichtiger als die Abschätzung relativer Renditen.

Kapitel 17

AKTIEN, ANLEIHEN UND IMMOBILIEN:

WIE ANDERE WERTGEGENSTÄNDE IN EINER WÄHRUNGSKRISE ABSCHNEIDEN WERDEN

Wenn einerseits der Dollar fällt und andererseits Gold teurer wird, geraten natürlich etliche andere Klassen von Wertgegenständen ins Kreuzfeuer. Wie schneiden zum Beispiel Immobilien in Zeiten einer Währungskrise ab? Und wie sieht es mit Aktien, Anleihen und Bargeld aus? In allen Fällen enthalten die Antworten viele Einschränkungen wie „wenn" und „falls alle anderen Faktoren gleich bleiben", aber weil wirklich jeder irgendeine Kombination von diesen Wertgegenständen besitzt, ist deren Zukunft wichtig. Wir wollen daher einige Faktoren untersuchen, die die einzelnen Klassen von Wertgegenständen betreffen.

Cash: Im Gleichschritt mit dem Dollar nach unten. In der Welt der Finanzen bedeutet der Begriff „Cash" oder „Bargeld" mehr als die Banknoten in Ihrer Brieftasche. Er umfasst alles, was man entweder sofort ausgeben oder sofort in fungible Währungseinheiten umwandeln kann, wie Scheckkonten, Geldmarktfonds oder Bankguthaben. Derzeit haben alle diese Dinge eines gemeinsam: Sie bringen geringe oder gar keine Zinserträge. Als Wertspeicher hängen sie daher von der Kaufkraft des Dollars ab.

Weil in den 1990er-Jahren die Inflationsraten im Dollar-Raum pro Jahr nur wenige Prozentpunkte betrugen und die Zinsen damals höher waren, haben die meisten Bargeldbestände ihre Kaufkraft seither einigermaßen behalten, zumindest vor Steuern. Aber jetzt, wo der Dollar gegenüber anderen Währungen an Wert verliert, die Inflation die Kaufkraft schmälert und die Zinsen in den USA nahe null liegen, verliert Ihr Geldmarktfonds beständig an Boden.

Bedeutet dies, dass Sie sich völlig von Cash verabschieden sollten? Nein, weil verfügbares Bargeld natürlich nützlich ist. Reduzieren Sie die Bestände aber auf ein Minimum, das Ihre täglichen Ausgaben für zwei Monate abdeckt. Und denken Sie daran, dass es bezüglich der Sicherheit Unterschiede gibt. Bankkonten in den USA sind durch die Federal Deposit Insurance Corporation abgesichert. Sie bekommen also Ihr Geld zurück, selbst wenn die Bank Pleite geht – was in den nächsten Jahren bei vielen Banken passieren wird. Aber Sie bekommen es vielleicht nicht sofort, und während die bürokratischen Mühlen der FDIC langsam mahlen, könnte der Wert Ihrer Dollars – und Ihres Bargelds – deutlich sinken. Achten Sie also auf die Qualität der Bank, der Sie Ihr Geld anvertrauen, und zögern Sie nicht, falls nötig, zu einer anderen Bank zu wechseln, die Ihnen sicherer erscheint. Da die Analyse der Finanzkraft einer Bank allerdings selbst für Profis Schwerstarbeit ist, können Sie das Problem auch dadurch lösen, dass Sie Ihre Barguthaben auf mehrere Banken verteilen.

Noch vorsichtiger sollten Sie mit Ihren Geldmarktfonds umgehen. Dabei handelt es sich um Fonds, die in kurzfristige Schuldverschreibungen großer Unternehmen mit guter Bonität investieren. Aber der Kollaps des Dollars und das darauf folgende Platzen der US-Kreditblase wird viele Anleihen guter Bonität in Junk Bonds verwandeln. Die Schuldverschreibungen von Fannie Mae, Freddie Mac und zahlloser anderer, auf Eigenheimfinanzierung und Konsumentenkredite spezialisierter Unternehmen sind Zeitbomben. Geldmarktfonds, die solche Papiere halten, sind in keinerlei Hinsicht „Cash", sondern eine sehr gefährliche Investition mit geringen Renditechancen (weniger als ein Prozent im Jahr 2003) und beträchtlichen Risiken. Und lassen Sie sich nicht von Geldmarktfonds hinters Licht führen, die „Regierungspapiere" halten. Diese Fonds mischen Staatsanleihen mit Schuldverschreibungen von Fannie Mae und Freddie Mac (die von unwissenden Anlegern noch immer für quasi-staatliche Institutionen gehalten werden), und genau das sollten Sie meiden. Eine bessere Wahl sind Geldmarktfonds, die ausschließlich kurzlaufende Staatsanleihen im Bestand haben. Da der Staat nach Belieben Geld drucken kann, wird er seine Zinszahlungen immer leisten können, wenn auch in Dollars, die ständig an Wert verlieren.

Hier ist eine repräsentative Liste von Geldmarktfonds, die sich auf US-Staatspapiere beschränken:

GELDMARKTFONDS, DIE SICH AUF US-STAATSPAPIERE BESCHRÄNKEN

	Kürzel	Telefon	Website
American Century Capital Preservations Fund	CPFXX	800-345-2021	www.americancentury.com
Dreyfus 100% U.S. Treasury Fund	DUSXX	800-645-6561	www.dreyfus.com
Fidelity Spartan U.S. Treasury Fund	FDLXX	800-544-8888	www.fidelity.com
Schwab U.S. Treasury Money Fund	SWUXX	800-435-4000	www.schwab.com
U.S. Treasury Securities Cash Fund	USTXX	800-873-8637	www.usfunds.com
Weiss Treasury Only Money Fund	WEOXX	800-814-3045	www.tommf.com

Quelle: Safe Money Report, Charles Schwab

US-Staatsanleihen: Die denkbar schlechteste Investition. Wenn man eine langfristige Anleihe kauft, dann verleiht man im Prinzip Geld an den Emittenten dieser Anleihe, der es in sein Unternehmen oder eine Einrichtung der Regierung investiert und verspricht, monatlich oder jährlich einen gewissen Zins zu zahlen (den so genannten Coupon) und die Schuld am Ende der Laufzeit zurückzuerstatten. Dieser fixe Zahlungsstrom hat einen Wert, der einerseits vom allgemeinen Zinsniveau und andererseits von der Zahlungsfähigkeit (Bonität) des Emittenten abhängt. Beide sind separate Enflussfaktoren, die oft nichts miteinander zu tun haben. Wir wollen sie daher getrennt betrachten.

Die langfristigen Zinsen. Wenn das allgemeine Zinsniveau fällt, sieht der Coupon einer Anleihe vergleichsweise attraktiver aus, und die Leute sind bereit, mehr dafür zu bezahlen, was den Preis oder Kurs der Anleihe steigen lässt. Wenn die Zinsen dagegen steigen, dann sinken die Anleihenkurse. Wenn also aus dem geordneten Wertverlust des Dollars ein freier Fall wird, stürzt der Gegenwartswert des zukünftigen Zahlungsstroms einer langfristigen Anleihe massiv ab. Kein vernünftiger Mensch wird Dollars mehr langfristig verleihen, weil man nicht weiß, wie viel die Rückzahlung wert sein wird. Daher wird niemand mehr langfristige Anleihen kaufen wollen. Die Kurse werden fallen und den Anleihenbesitzern riesige Verluste eintragen. Erinnern Sie sich daran, dass in der Mini-Währungskrise der 1970er-Jahre (ein müder Abklatsch dessen, was uns jetzt bevorsteht) die kurz- und die langfristigen Zinsen auf weit über zehn Prozent stiegen. In den Jahren zuvor bei Zinsen von fünf bis acht Prozent gekaufte Anleihen wiesen nun Zahlungsströme auf, die nur noch halb so viel wert waren wie zuvor, und entsprechend stark sanken ihre Kurse. Wer solche Titel also in Erwartung eines ständigen und sicheren Zinseinkommens erworben hatte, erlitt Buchverluste von 50 Prozent und mehr, und die Kaufkraft der Zahlungsströme war weit niedriger als erwartet.

Die Finanzstärke der Anleihenemittenten. Je wahrscheinlicher es ist, dass ein Emittent seinen Zahlungsverpflichtungen nachkommen wird, desto wertvoller ist der Zahlungsstrom im Vergleich mit anderen Anleihen. Wenn sich seine Bonität aber verschlechtert, dann sinkt der Wert seines Zahlungsversprechens, und der Kurs der Anleihe fällt. Wenn wir die Folgen der massiv steigenden US-Staatsverschuldung richtig einschätzen, sind einige der heute als grundsolide geltenden Anleihenemittenten wie Fannie Mae und Freddie Mac finanzielle Zeitbomben. Wenn ihre Bonität schlechter wird, sinkt auch der Wert ihrer Anleihen.

Welcher Faktor – Zinsen oder Bonität – wird diesmal der wichtigere sein? Nach unserer festen Überzeugung ist es der Erstere. Mit anderen Worten: Das große Problem von auf Dollars lautenden Anleihen ist, nun ja, dass sie eben auf Dollars lauten. Das Anleihendebakel der 1930er-Jahre wurde durch die verschlechterte Zahlungsfähigkeit der Schuldner verursacht, während der Dollar (der damals noch an das Gold gebunden war) tatsächlich an Wert gewann, was die Zinsen niedrig hielt und Anleihen von hoher Qualität wertvoller machte. Die kommende Krise wird anders sein; der Dollar wird abstürzen, und die Zinsen werden massiv steigen. Die Rückzahlung von Anleihen wird in Dollars erfolgen, die immer mehr an Wert verlieren. In der Weltwirtschaftskrise stiegen die Kurse guter Anleihen, die weiterhin verzinst wurden, während die Anleihen schlechterer Schuldner kollabierten. Diesmal werden alle auf Dollars lautenden Anleihen zusammenbrechen.

Ausländische Anleihen: Zunächst Gewinner, später Verlierer. Die Situation auf Fremdwährungen lautender Anleihen wird sich zunächst spiegelbildlich zur Entwicklung der Dollar-Anleihen darstellen. Wegen des gegenüber Yen und Euro schwachen Dollars werden auf solche Währungen lautende Anleihen in Dollar gerechnet zunächst an Wert zulegen. In der Frühphase des Währungszusammenbruchs (wenn es noch eher nach einer „Dollar-Krise“ aussieht als nach einem allgemeinen Kollaps aller „Fiat“-Währungen) werden qualitativ hochwertige Fremdwährungsanleihen relativ gut abschneiden. Besser jedenfalls als US-Anleihen und auf Dollar lautende Geldmarktfonds.

Die beste Möglichkeit, von dieser frühen Stärke von Yen, Euro und anderen wichtigen Währungen zu profitieren, führt über einen guten, weltweit anlegenden Rentenfonds, der eine Auswahl von Anleihen aus aller Welt im Depot hat. Einige solche Fonds sind unten aufgelistet.

Sie müssen aber wissen: Wenn sich die Dollar-Krankheit auf Japan und Europa ausbreitet, werden auf Yen und Euro lautende Anleihen denselben Weg gehen wie die Dollar-Bonds. Der Schwerpunkt dieses Buchs liegt zwar auf den Fehlern, die in den USA begangen wurden und werden, aber dies sollte nicht als Vertrauensvotum gegenüber den anderen wichtigen Währungen missverstanden werden. Es wird ein wenig länger dauern, bis sich deren Probleme entfalten, weil ihre ganz speziellen Fehler zu langsamem Wachstum und schwachem Konsum geführt haben, weshalb diese Länder in den USA weniger kaufen, als sie dorthin

WELTWEIT ANLEGENDE RENTENFONDS OHNE AUSGABEAUFSCHLAG

Fonds	Kürzel	Verwaltetes Vermögen (in Mio. $)	Jährliche Rendite (Drei-Jahres-Durchschnitt)*	Telefon	Website
American Century International Bond	BEGBX	613	13,87	800-345-2021	www.americancentury.com
Loomis Sayles Global Bond	LSGLX	243	15,20	800-633-3330	www.loomissayles.com
Managers Global Bond	MGGBX	32	11,78	800-835-3879	www.managerfunds.com
Payden Global Fixed-Income	PYGSX	147	6,29	800-572-9336	www.payden.com
PIMCO Foreign Bond	PFODX	1.518	6,23	800-877-4626	www.pimco.com
T. Rowe Price Internationl Bond	RPIBX	1.178	12,20	800-638-5660	www.trowprice.com

* Bis 31. 12. 2003

Quellen: Morningstar, Charles Schwab

verkaufen. Die daraus resultierenden Handelsüberschüsse begrenzen das weltweite Euro- und Yen-Angebot, stützen ihren Wert an den Devisenmärkten und lassen sie – vorübergehend – als starke Währungen erscheinen.

Wie schlecht ist die Lage in Europa und Japan wirklich? Beginnen wir in Europa, wo die Regierungsausgaben von Ländern wie Frankreich und Deutschland in Prozent der Wirtschaftsleistung gemessen weit höher sind als in den USA. Die Arbeitsgesetze und andere „strukturelle Härten" sind weit belastender als in den USA, sodass es für private Unternehmen fast unmöglich ist, auf Nachfrageveränderungen mit Entlassungen von Arbeitskräften zu reagieren. Logischerweise verhindert dies Neueinstellungen und Expansion, und daher ist die Arbeitslosenrate in Frankreich und Deutschland etwa doppelt so hoch wie in den USA. Altersversorgung und Absicherung gegen Krankheitsfolgen sind zudem wesentlich großzügiger und die Steuern demzufolge viel höher. Das Ergebnis ist langsames Wachstum und wachsende Staatsverschuldung.

Schon unter normalen Umständen wäre diese „Eurosklerose" nur schwer zu kurieren. Aber bald wird es noch schwieriger werden, was an der demografischen Entwicklung liegt, dem anderen Problem Europas. Auf dem ganzen Kontinent liegen die Geburtenraten heute niedriger als die Sterberaten, und die Lebenserwartung steigt allgemein. Daher altert Europa schneller als die USA, und die Kosten einer rasant wachsenden Rentnergeneration wachsen entsprechend stärker. Einschränkungen bei der sozialen Sicherheit und der Krankenversorgung – eine absolute Notwendigkeit, wenn diese Länder eine Finanzkatastrophe verhindern wollen – werden politisch nicht durchsetzbar sein, weil immer mehr Menschen von diesen Leistungen abhängig sind.

Die demografische Entwicklung in Japan lässt die Situation in Europa allerdings noch als vergleichsweise gesund erscheinen. Japan hat bereits heute die älteste Bevölkerung der Welt. Niedrige Geburtenraten, hohe Lebenserwartung und eine Antipathie gegen Einwanderung ergeben ein kaum lösbares Problem. Und nach einem Jahrzehnt meist vergeblicher Versuche, die Wirtschaft aus einer deflationären Rezession herauszuführen, ist die Staatsverschuldung Japans, gemessen am Bruttoinlandsprodukt, heute etwa drei Mal so hoch wie die der USA.

Wenn Sie verstehen wollen, wie diese schlechte Politik und die gefährlichen demografischen Trends zu wertlosen Währungen führen werden, müssen Sie sich vor Augen halten, dass Japan und Europa ihre ohnehin mageren Wachstumsraten nur deshalb erreichen, weil die Amerikaner ihnen bereitwillig ihre Hondas und BMWs abkaufen. Wenn der Dollar abstürzt, werden Güter aus Japan und Europa, deren Währungen dadurch plötzlich aufgewertet wurden, für amerikanische Verbraucher unerschwinglich, die daraufhin entweder amerikanische oder überhaupt keine Waren kaufen werden. Weil die Politiker in Europa und Japan eine solche Änderung des amerikanischen Konsumentenverhaltens mit Recht als Bedrohung ihres lebenswichtigen Exportsektors betrachten, werden sie mit dem einzigen Mittel antworten, das ihnen noch bleibt: monetäre Inflation. Sie werden ihre Leitzinsen senken und mit ihren Währungen Dollars kaufen; sie werden die Welt mit Euros und Yens überschwemmen, wie es die USA heute mit Dollars tun. Das Ergebnis dieses „Abwertungswettbewerbs" wird eine Todesspirale für alle bedeutenden „Fiat"-Währungen sein. Europäische und japanische Anleihen werden ebenso schlecht abschneiden wie amerikanische.

Anleihen aus Schwellenländern sollten Sie komplett vergessen. Sie waren 2003 die großen Gewinner, weil Liquidität aus den USA abgezogen wurde und in Länder wie Brasilien und Indonesien floss. Aber diese Länder werden massiv zu leiden haben, wenn die USA ihre Exportgüter nicht mehr kaufen. Und weil ihre Finanzsysteme so fragil sind, werden ihre Währungen – und ihre Anleihen – zu den großen Verlierern der nächsten zehn Jahre gehören.

Immobilien: Diesmal wohl nicht. Die Dollar-Krise der 1970er-Jahre war für Immobilienbesitzer eine gute Zeit. Warum? Wenn Währungen an Wert verlieren, tauschen die Investoren sie vernünftigerweise so schnell wie möglich gegen reale Vermögensgegenstände.

DURCHSCHNITTSPREISE NEU GEBAUTER EIGENHEIME

USA, 1970 – 2003

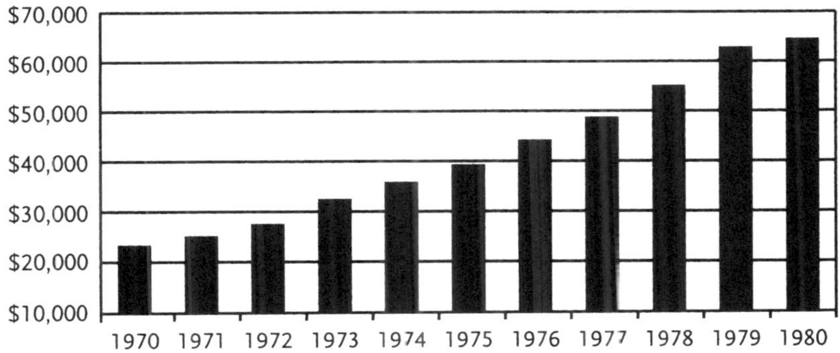

Quelle: Department of Housing and Urban Development

Und kein Vermögensgegenstand ist realer als Grundstücke und Häuser. Wie der alte Spruch sagt: Gott wird kein Land mehr erschaffen. Wie Sie auf dem obigen Chart sehen, haben sich die Hauspreise in den USA gut gehalten, während der Dollar absackte.

Wer sein Haus durch Hypothekenkredite mit fixem Zinssatz finanzierte, gewann gleich doppelt. Erstens, weil der in Dollar gemessene Wert der Häuser stieg, und zweitens, weil der reale – das heißt: inflationsbereinigte – Wert der Hypothekenbelastung sank. Dies ist das Gegenstück dessen, was wir im Abschnitt über Anleihen geschildert haben. Wenn Sie in einer Währungskrise Schulden haben, dann erfolgt die Rückzahlung in Dollars, deren Wert ständig sinkt, und das macht die Schuldenlast jeden Monat ein wenig leichter. Kurz: Als es das letzte Mal darauf ankam, waren Immobilien ein recht guter Schutz vor Inflation.

Man könnte also argumentieren, dass im kommenden Sturm neben Edelmetallen auch Immobilen einen sicheren Hafen darstellen werden. Wenn der Dollar an Wert verliert, wird natürlich viel Geld, das jetzt in Wertpapieren investiert ist, in Gebäude und Grundstücke fließen und deren Wert steigern. Aber in mancher anderen wichtigen Hinsicht ist die aktuelle Situation anders als in den 1970er-Jahren. Um es ganz offen zu sagen: Nach allen Regeln der Kunst ist der heutige Immobilienmarkt eine klassische Finanzblase. Einige wichtige Punkte dabei:

Die Preise sind extrem hoch. Anfang der 1970er-Jahre kostete ein durchschnittliches Einfamilienhaus in Kalifornien knapp über 100.000 Dollar. Der Preis lag nicht viel höher als das durchschnittliche Familieneinkommen in Kalifornien. Ende 2003 lag der Durchschnittspreis bei 400.000 Dollar, und das Einkommen der Durchschnittsfamilie reichte allenfalls, einen halb so hohen Hypothekenkredit zu bedienen. Sie finden die gleichen Trends in Boston, großen Teilen New Yorks und Floridas und in vielen anderen Teilen des Landes.

Das Hauseigentum hat ein Rekordtief erreicht. Anfang der 1970er-Jahre gehörten den Amerikanern etwa 70 Prozent ihrer Einfamilienhäuser. Unsere Eltern schuldeten den Banken also nur etwa 30 Prozent des Werts ihrer Häuser. Da wir aber immer größere Häuser kaufen und immer höhere Kredite aufnehmen, sinkt der Eigentumsanteil. Heute schulden die Amerikaner den Banken etwa die Hälfte dessen, was ihre Häuser wert sind – mehr als je zuvor.

Die Hypothekenzinsen können kaum noch weiter sinken. Nach dem Hoch von fast 17 Prozent im Jahr 1981 sanken die Zinsen einer 30 Jahre laufenden Hypothek mit festem Zinssatz bis 2003 auf weniger als sechs Prozent. Dieses Absinken der Kreditkosten hat eine ganze Generation von Amerikanern dazu verleitet, die größten Häuser zu kaufen, die sie glauben, sich leisten zu können, und ihre bisherigen Häuser als eine Art Bank zu benutzen, indem sie sie beliehen, um von den extrem niedrigen Zinsen zu profitieren. Aber weiter sinken werden die Zinsen wohl nicht. Wie wir schon einige Male erwähnt haben, werden sie wahrscheinlich stark steigen, wenn der allmähliche Wertverlust des Dollars zur Todesspirale wird. Die Kosten des Hauseigentums (die größtenteils von den Hypothekenzinsen abhängen) werden dann stark anziehen.

Die Verschuldung der Hauseigentümer ist unhaltbar hoch. 1980 lagen die Hypothekenschulden der Amerikaner bei etwas weniger als drei Billionen Dollar, was 20.000 Dollar pro vierköpfiger Familie entsprach. Heute sind es fast sieben Milliarden Dollar oder nahezu 100.000 Dollar pro Familie. Wenn man all die anderen Schulden in diesem System addiert – Regierung, Unternehmen, Kreditkarten –, dann liegt die Gesamtverschuldung pro vierköpfiger Familie bei etwa 500.000 Dollar. Wir sind also nicht in der Verfassung, noch in großem Stil Immobilienkredite aufzunehmen.

In unseren Häusern ist bereits zu viel Kapital gebunden. Man kann die Auswirkungen der Immobilienblase der vergangenen Jahre in einer einzigen Zahl zusammenfassen, indem man den Gesamtwert unserer Eigenheime durch unser verfügbares Einkommen dividiert. Das Ergebnis ist eine Art Kurs-Gewinn-Verhältnis des Häusermarkts, und wie der Chart auf Seite 220 zeigt, erreichte es Mitte der 1970er-Jahre sein Tief und bildete einen Boden. Im Verhältnis zu den Einkommen waren die Hauspreise niedrig, und daher konnten sie während der Dollar-Krise steigen, ohne die Finanzen der Familien zu überfordern. Im Gegensatz dazu liegen die Hauspreise jetzt, vor der kommenden Dollar-Krise, auf Rekordniveau, und zwar sowohl absolut als auch relativ zu den Einkommen.

Wenn der Dollar wirklich abzurutschen beginnt und verängstigte Anleihenbesitzer die Zinsen in den zweistelligen Bereich treiben, können Menschen, die überteuerte Häuser mit variabel verzinslichen Hypothekenkrediten finanziert haben, auf zweierlei Weise reagieren: Entweder schränken sie sich auf allen anderen Gebieten ein, um ihre Hypothekenzinsen zahlen zu können (wir werden gleich darauf zu sprechen kommen, welche Auswirkungen dieses veränderte Konsumverhalten auf den Aktienmarkt haben wird), oder sie hören auf, diese Zinsen zu zahlen. In finanzielle Not geratene Hauseigentümer werden ihre Häuser zu verkaufen versuchen und in ihrer Verzweiflung jeden Kaufpreis akzeptieren. Auf zuvor überteuerten Märkten wird der Wert von Einfamilienhäusern stark sinken und die örtliche Wirtschaft mit nach unten ziehen – was die Nachfrage nach Häusern in dieser Gegend noch weiter sinken lassen wird. In derzeit überhitzten Märkten wie Kalifornien und Boston könnten die Ergebnisse wirklich schlimm ausfallen. Wie schlimm? Mitte 2003 fragte man John Templeton, einen der erfolgreichsten Vermögensverwalter der letzten 50 Jahre, nach seiner Meinung zum Häusermarkt. Seine Antwort: „Wenn die Preise für Eigenheime auf zehn Prozent ihres Höchstwertes gefallen sind, sollte man kaufen."

Fassen wir zusammen: Auf dem Markt für Eigenheime entstehen derzeit zwei mächtige, gegensätzliche Kräfte: die Deflation einer platzenden Kreditblase und die Inflation eines kollabierenden Dollars. Man kann derzeit unmöglich sagen, welche Kraft die stärkere sein wird, aber man kann mit einigem Recht prognostizieren, dass es eine Patt-Situation geben wird. Die Preise für Eigenheime werden, in Dollar gemessen, relativ stabil bleiben, aber im Vergleich zu Gold dramatisch sinken. Kurz: Ihr Haus ist kein garantierter Inflationsschutz mehr.

DAS VERHÄLTNIS DES IMMOBILIENWERTS IN DEN USA ZUM VERFÜGBAREN EINKOMMEN

1970 – 2003

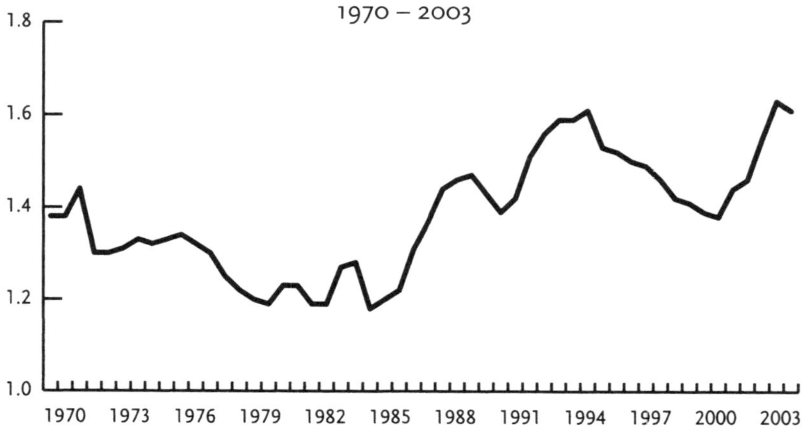

Quelle: Federal Reserve

Amerikanische Aktien: Ein fallender Dollar kompensiert einen Anstieg der Exporte. Nun wird der analytische Prozess wirklich kompliziert. Da sich Unternehmen extrem voneinander unterscheiden, könnte man erwarten, dass einige den Kollaps des Dollars überleben und sogar davon profitieren, während andere das Schicksal des Greenbacks teilen werden. Das Problem besteht darin, beide Gruppen voneinander zu unterscheiden. Wegen der vielen Faktoren, die hier eine Rolle spielen, können wir nur allgemeine Richtlinien vorgeben. Zunächst hilft ein sinkender Dollar denjenigen Unternehmen, die Güter in den USA produzieren (wobei die Kosten in Dollars anfallen) und ins Ausland exportieren. Wenn der Dollar sinkt, dann sinken auch ihre Kosten und die effektiven Preis in Euro, Yen oder einer sonstigen Währung. Daher profitieren sie doppelt: Ihre Gewinnmargen (die Differenz zwischen Produktionskosten und Verkaufserlösen) steigen, und die Nachfrage wächst, weil ihre Preise immer attraktiver werden.

In den USA trifft dies auf Goldminen und allgemein auf Rohstoffunternehmen und die Hersteller landwirtschaftlicher Produkte zu. Ende 2003 verzeichneten diese Sektoren bereits einen Boom. Die amerikanischen Farmer, die schwere Jahre hinter sich hatten, erzielten Rekordpreise für Getreide und Lebendvieh, weil China und Indien zu sehr wichtigen neuen Märkten wurden. Landwirtschaftliche Nutzflächen waren plötzlich gefragt, und das Einkommen der Farmer stieg 2003 um ein Drittel auf die Rekordsumme von 63 Milliarden Dollar. Der Boom wurde lediglich durch einen Mangel an Transportkapazitäten gebremst. Rechnen Sie also für die kommenden Jahre mit einem starken Anstieg der Nachfrage nach solchen Kapazitäten und auch mit steigenden Profiten der Eisenbahngesellschaften, die ihre Preise erhöhen können, weil die Farmer so begierig darauf sind, ihre Waren zu ausländischen Märkten zu bringen. Der gleiche grundlegende Trend besteht auch bei den meisten Minenunternehmen, die kein Gold fördern. Die weltweit hohe Nachfrage nach Kupfer, Zink und anderen Metallen lässt die Preise (in Dollar) steigen und beschert in den USA ansässigen Minenunternehmen höhere Gewinne. Hauptmerkmal der Branchen, die uns am besten gefallen, ist die „unelastische Angebotskurve“. Das bedeutet, dass eine schnelle Ausweitung der Produktion nicht möglich ist. Wenn die Nachfrage steigt, schießen die Preise daher dramatisch nach oben, und solche Unternehmen werden sehr schnell sehr profitabel.

Amerikanische Unternehmen aus der verarbeitenden Industrie könnten ebenfalls zu den großen Gewinnern gehören, sie erfordern jedoch eine gründlichere Analyse. Die meisten amerikanischen Exporteure kaufen ihre Rohmaterialien im Ausland und müssen mit höheren Kosten rechnen, wenn der Dollar fällt. Und viele Tochterunternehmen im Ausland werden leiden, wenn die jeweilige Landeswährung aufgewertet wird. Die Analyse der Kapitalströme in einer vollständigen Produktionskette überfordert die meisten Anleger, aber zum Glück gibt es eine Abkürzung. Beginnen Sie mit einer Liste großer Industrieunternehmen wie IBM, 3M oder Procter & Gamble, die zahlreiche Fabriken in den USA betreiben und weltweit viele Güter verkaufen. Dann prüfen Sie, inwieweit sich ein schwächerer Dollar auf Umsätze und Gewinne auswirken wird. Wenn die Auswirkung 2002 und 2003, als der Dollar gegenüber den meisten wichtigen Währungen an Wert verlor, sehr positiv war, dann sieht die Währungssituation des Unternehmens für unsere Zwecke viel versprechend aus.

Wenn Sie mehr wissen wollen, versuchen Sie eine Google-Suche mit Suchbegriffen wie „große Industrieunternehmen“ und „Profite durch einen schächeren Dollar“. Ende 2003 ergab eine solche Suche eine Menge viel versprechender Treffer wie St. Jude Medical, einen Hersteller von Herzschrittmachern, der etwa ein Viertel seiner Umsätze in Westeuropa erzielt, den Rüstungsgiganten General Dynamics, den Batteriehersteller Energizer Holdings und den Autoteilehersteller Delphi. Weitere Kandidaten sind amerikanische Pharmaunternehmen wie Merck und Pfizer oder Konsumgüterproduzenten wie Gillette, die ihre Produkte auf der ganzen Welt verkaufen. Eigentlich müsste man auch Ford und General Motors nennen, die wahrscheinlich von den negativen Auswirkungen eines steigenden Yens auf ihre japanischen Wettbewerber profitieren werden. Aber die „großen Zwei“ haben so viele andere Probleme, darunter massive Pensionszahlungsverpflichtungen und die Abhängigkeit von viel Benzin verbrauchenden Geländewagen und Pick-ups, dass ein fallender Dollar allein sie nicht zu Gewinnern machen wird.

Man kann von diesem Trend auch mit Fonds profitieren, die Aktien solcher Unternehmen im Depot haben. Unseres Wissens gibt es zwar keine Fonds, die sich auf die Fahne geschrieben haben, von einem fallenden Dollar zu profitieren, aber einige kommen diesem Ziel recht nahe. Zum Beispiel investiert der Buffalo USA Global Fund (BUFGX) in US-Unternehmen, die mindestens 40 Prozent ihrer Gewinne im Ausland erzielen. Dreyfus Appreciation (DGAGX) ist ein Fonds, der selten umschichtet und hochkapitalisierte amerikanische Aktien bevorzugt, die mindestens 35 bis 40 Prozent ihrer Gewinne im Ausland machen. Wenn Sie ähnliche Fonds finden möchten, sehen Sie sich die größten Positionen dieser beiden an und vergleichen Sie sie mit den Positionen anderer weltweit investierender Fonds.

Wenn sich die Krise weltweit auswirkt, ändert sich alles. Amerikanische Exporteure und Auslandsanleihen mögen vielleicht im frühen Stadium einer Dollar-Krise recht gut abschneiden, aber im Chaos, das dann folgt, wenn das Konzept von „Fiat"-Währungen als solches in Frage gestellt wird, könnte es völlig anders aussehen. Wie schon des Öfteren gesagt: Wenn die USA weniger importieren, bekommen alle Länder Probleme, deren Volkswirtschaften von diesen exzessiven Ausgaben abhängen. Vor allem Japan und China könnte es empfindlich treffen, weil ihre Erfolge hauptsächlich von der Vorliebe amerikanischer Verbraucher für billige Importe aus Asien abhängen. Man kann natürlich unmöglich sagen, wie die politischen Führer dieser Länder darauf reagieren werden, aber vieles spricht dafür, dass die Dinge zumindest für eine Weile außer Kontrolle geraten werden. Wenn Sie also in der Frühphase des Dollar-Zusammenbruchs die von uns empfohlene Strategie anwenden möchten, dann sollten Sie dies vorsichtig und mit relativ geringem Kapitaleinsatz tun. Und Sie müssen bereit sein, Ihre Auslandsanleihen und amerikanischen Industrie-Aktien zu verkaufen, sobald der Wertverfall des Dollars den Rest der Welt zu infizieren beginnt.

Schulden: Hebelwirkung oder nicht, das ist die Frage. Eine scheinbar logische Strategie, von einem Dollar-Kollaps zu profitieren, besteht darin, sich so viele Dollars wie möglich zu leihen, weil man die Schuld später in einer Währung zurückzahlen kann, die ständig an Wert verliert. Theoretisch ist das vielleicht ein guter Plan, aber im derzeitigen finanziellen Umfeld würden wir niemandem raten, sich zu verschulden. Eine solche Hebelwirkung ist nur dann von Nutzen, wenn Sie sich absolut und völlig ohne Zweifel sicher sind, die fälligen Zahlungen leisten zu können. Wenn Sie es nicht können, haben Sie ein Problem, unabhängig davon, ob sie mit Ihren Prognosen zukünftiger Trends an den Devisenmärkten richtig liegen oder nicht. Denken Sie also gründlich über ihre Verbindlichkeiten und ihre Einkünfte nach. Der Besitz großer Mengen an Dollar-Bargeld zur Abdeckung Ihrer Verbindlichkeiten ist keine Lösung, weil dieses Bargeld ebenso an Wert verlieren wird wie ihre Schulden. Wenn Sie also weder Münzsammler sind noch eine Goldmine besitzen, könnten Sie Probleme bekommen, sobald die Krise in vollem Ausmaß ausgebrochen ist.

Wenn Sie mit beträchtlichen Verbindlichkeiten durch die Dollar-Krise kommen wollen, sollten Sie sicherstellen, dass es sich um die richtigen Verbindlichkeiten handelt. Soll heißen: Kredite mit festgelegtem Zinssatz. Akzeptieren Sie unter keinen Umständen einen variablen Zinssatz, weder bei Kreditkarten noch bei Hypotheken noch bei Unternehmenskrediten. Die Zinsen werden massiv ansteigen, wenn der Dollar fällt. Wenn Ihr finanzielles Überleben davon abhängt, ob Sie einen Kredit bedienen können, dessen Verzinsung bei einem Prozent über dem Diskontsatz liegt, werden Sie große Probleme bekommen, falls der Diskontsatz auf 20 Prozent steigt. Andererseits ist eine Hypothek zu einem festen Zinssatz eine vernünftige Art, sich zu verschulden, weil sie alles bietet, was man in einer Währungskrise braucht. Die Verschuldung ist sehr langfristig, wahrscheinlich die langfristigste, die man derzeit bekommen kann. Falls die Zinsen fallen, kann man reagieren, indem man refinanziert, aber für den Fall steigender Zinsen ist man auf der sicheren Seite.

Wie sollten Sie Ihre Hypothek also gestalten? Das hängt natürlich von Ihrer allgemeinen finanziellen Lebenssituation ab, aber einige Dinge sind in jedem Fall wichtig.

Sichern Sie Ihr Haus ab. Ein Dach über dem Kopf brauchen Sie dringender als Reichtum. Sehen Sie Ihr Eigenheim daher nicht länger als Investment, sondern als wesentlichen Teil der finanziellen Sicherheit Ihrer Familie. Wenn Sie die Dollar-Krise überstehen und Eigentümer Ihres Hauses bleiben wollen, sollten Sie einige andere Investments auflösen und Ihre Hypotheken abzahlen. Wenn der Dollar kollabiert (und wenn Sie nicht gerade kürzlich ein Haus in einer extrem überteuerten Wohngegend gekauft haben), wird der Wert Ihres Hauses, in Dollars gerechnet, steigen. Und sogar wenn sein Wert sinken sollte, haben Sie immer noch ein eigenes, schuldenfreies Haus.

Belasten Sie Ihr Haus, um Geld zu verdienen. Statt Ihre Hypotheken abzulösen, sollten Sie Ihr frei verfügbares Kapital dazu verwenden, in Gold zu investieren. Die verschiedenen Möglichkeiten haben wir bereits besprochen. Damit nehmen Sie im Prinzip einen Kredit auf Ihr Haus auf (und nutzen die Hebelwirkung), weil Sie damit rechnen, dass Gold relativ zum Dollar an Wert gewinnen wird, während die realen Kosten ihrer Hypothek sinken. Diese Strategie brachte in den 1970er-Jahren erhebliche Gewinne, und das dürfte auch in den kommenden Jahren so sein. Sie ist aber nur dann sinnvoll, und diesen Punkt können wir gar nicht stark genug hervorheben, *wenn Sie absolut sicher sind, Ihre Hypothekenzinsen bezahlen zu können.* Wenn nicht, sind die damit verbundenen Risiken zu hoch.

ES WAR (UND IST) NICHT DIE SCHULD DER OPEC

Den meisten Berichten über die Dollar-Krise der 1970er-Jahre zufolge war die OPEC einer der wichtigsten Gründe für unsere Probleme. Hätten diese gierigen Scheichs die Ölpreise auf einem „vernünftigen" Niveau gehalten, so lauten solche Argumente, hätten wir kein Jahrzehnt der Stagflation mit allen damit verbundenen Problemen durchmachen müssen. Wie so oft verwechselt die vorherrschende Meinung aber auch hier Ursache und Wirkung. Nasse Straßen verursachen keinen Regen, und die OPEC war nicht der Grund für die Dollar-Krise.

In den 1960er- und den frühen 1970er-Jahren führte die „Gewehre und Butter"-Politik der US-Regierung zu einem massiven Anstieg der Staatsausgaben. Sie wurden mit frisch gedruckten Dollars finanziert, und das verursachte Inflation. Die Kaufkraft des Dollars sank von Jahr zu Jahr. Da die Öl produzierenden Länder ihre Ölpreise im internationalen Handel in Dollar festlegten und dieser Dollar-Preis des Öls sich jahrelang kaum veränderte, sank der reale Ölpreis (also die Kaufkraft der Dollars je Barrel) massiv. Die OPEC-Minister beklagten sich öffentlich und privat über diese Kaufkrafterosion, aber sie konnten die Politik der USA nicht beeinflussen, die in Zeiten des Vietnamkriegs und des Ausbaus der Sozialprogramme zu einem stetigen Anstieg der Inflationsraten führte.

Der Krieg zwischen Israel und den arabischen Ländern, der 1973 ausbrach, lieferte der OPEC einen politischen Vorwand, das zu tun, was sie aus ökonomischen Gründen ohnehin tun wollte: den Dollarpreis des Öls erhöhen, um verloren gegangene Kaufkraft wiederzuerlangen. Wenn Sie sich einen Chart der inflationsbereinigten Ölpreise anschauen (oder den Öl/Gold-Chart auf Seite 227), dann werden Sie feststellen, dass der reale Ölpreis in den 1970er-Jahren nicht gestiegen ist. Vor 1974 fiel er, und danach erholte er sich wieder. Gut, zunächst übertrieb die OPEC ein wenig, weil sie die Preise ein wenig stärker erhöhte, als es nötig gewesen wäre, um den Kaufkraftverlust des Dollars zu kompensieren. Aber denken Sie daran, dass die Kaufkraftverluste mehrerer Jahre kompensiert werden mussten. Im Lauf des Jahrzehnts liefen die Preiserhöhungen der OPEC darauf hinaus, dass die Erlöse aus den Ölverkäufen genauso hoch waren, wie sie gewesen wären, hätte der Dollar bei stabilen Ölpreisen seine Kaufkraft erhalten.

Aus heutiger Sicht ist dies deshalb wichtig, weil sich auf dem Ölmarkt, ebenso wie auf vielen anderen Gebieten, die Verlaufsmuster der 1970er-Jahre wiederholen. Zwischen 2000 und 2003 war der Dollar-Preis des Öls mehr oder weniger stabil, aber der Dollar verlor gegenüber anderen wichtigen Währungen und Gold etwa ein Drittel seines Werts. Die OPEC sah die realen Erlöse ihrer Ölverkäufe folglich um einen vergleichbaren Prozentsatz sinken und wurde unruhig. Ende 2003 dachten die OPEC und Russland (ein bedeutender Ölproduzent, der kein OPEC-Mitglied ist) darüber nach, ihre Ölpreise für Verkäufe in Europa in Euro festzulegen und einen Teil ihres Investmentkapitals aus dem Dollar-Bereich abzuziehen und

ROHÖLPREISE (BASIS: 100)

Dezember 1945 bis April 2004

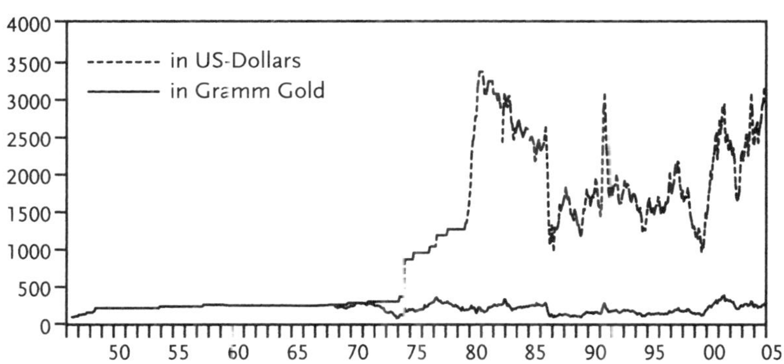

ihn in andere Währungen und Gold umzuschichten. Das voraussichtliche Ergebnis dieser Entwicklungen: Wenn sich der Wertverfall des Dollars beschleunigt, ist mit einem weiteren Ölschock zu rechnen, weil die Produzenten ihre Preise erhöhen, um den Kaufkraftverlust auszugleichen. Das wird wie ein Preisanstieg aussehen und womöglich als Attacke auf die amerikanische Volkswirtschaft interpretiert werden, aber beides trifft nicht zu. In Wirklichkeit ist dies nichts anderes als eine vernünftige Reaktion der Märkte auf den anhaltenden Wertverlust des Dollars.

Kapitel 18

AGGRESSIVE STRATEGIEN

Die Geschichte lehrt, dass sich monetäre Instabilität mit erschreckender Geschwindigkeit intensivieren kann. Wir wären nicht überrascht, sollte Gold von derzeit 400 im kommenden Jahr auf 600 Dollar steigen und sich dann, während die Welt in einer „Fiat"-Währungspanik versinkt, immer weiter nach oben entwickeln. Mit anderen Worten: Wir stehen vor einer Phase, in der es sich lohnen könnte, aggressiv auf die bevorstehende Krise zu spekulieren. Aber ehe wir detailliert auf dieses Thema eingehen, muss eines völlig klar sein: Aggressive Spekulationen jeder Art sind mit hohen Verlustrisiken verbunden – sonst wären sie ja auch konservative Investments, nicht wahr? Die in diesem Kapitel vorgestellten Strategien sind zweifelsohne sehr riskant, und das bedeutet, dass sie sich nicht für jeden eignen. Der Besitz von physischem Gold beruhigt, was nicht zu unterschätzen ist, und mit Goldminen-Aktien kann man viel Geld verdienen. Aber für die wenigen Leser, die bereit sind, hohe Risiken einzugehen, bietet sich derzeit die seltene Chance, von historischen Umwälzungen in der Welt der Finanzen zu profitieren. Hier sind einige mögliche Strategien.

LEERVERKÄUFE: WETTEN GEGEN DIE OPFER DES DOLLARS

Einige Aktien werden recht gut abschneiden, wenn der Dollar kollabiert, aber viele andere werden unter die Räder kommen. Natürlich sollten Sie solche Titel aus Ihrem Depot eliminieren. Man kann aber auch aktiv auf sinkende Kurse spekulieren.

Die Spekulation auf Kursrückgänge bezeichnet man als Leerverkauf, und sie funktioniert wie folgt: Man findet ein Unternehmen (zu den Auswahlkriterien gleich mehr), das wahrscheinlich durch einen fallenden Dollar in Mitleidenschaft gezogen wird. Dann ruft man seinen Broker an oder ruft dessen Website auf und verkauft eine Anzahl Aktien dieses Unternehmens. Der Broker entleiht daraufhin die entsprechende Zahl von Aktien aus dem Depot eines anderen Kunden, verkauft sie und bucht den Erlös auf Ihr Konto. Wenn die Aktie sinkt, stellen Sie Ihre Leerverkaufs- oder Short-Position glatt, indem sie die Aktien zum neuen, niedrigeren Kurs zurückkaufen und die Differenz vereinnahmen.

Leerverkäufe sind eine ganz einfache und saubere Sache, wenn man einige Dinge beachtet. Zunächst kann man sie nur auf einem Konto durchführen, das dafür zugelassen ist. Das bedeutet, dass man im Voraus mit dem Broker eine entsprechende Vereinbarung treffen und einen Vertrag unterzeichnen muss, in dem, unter anderem, die mit Leerverkäufen verbundenen Risiken genannt werden. Wenn die von Ihnen leerverkaufte Aktie Dividenden zahlt, geht das zu Ihren Lasten, was die Kosten einer Short-Position ein wenig erhöht. Man kann eine Aktie nur dann leerverkaufen, wenn sie zuvor gestiegen ist (Uptick-Rule), weil aggressive Marktteilnehmer daran gehindert werden sollen, eine Aktie zu shorten, bis ihr Kurs auf null gefallen ist. Und zu guter Letzt ist die Chance-Risiko-Kalkulation bei einem Leerverkauf das Spiegelbild der entsprechenden Berechnung beim Kauf einer Aktie. Ihre maximale Gewinnchance entspricht dem Verlustpotenzial der Aktie, und weil Aktien nicht tiefer als auf null fallen können, liegt der theoretische Höchstgewinn bei 100 Prozent. Ihr Risiko ist das Kurssteigerungspotenzial der

Aktie, das theoretisch unbegrenzt ist, und daher muss man Short-Positionen sehr genau beobachten. Wenn sich Ihre Position nicht wie erwünscht entwickelt (wenn der Kurswert der leerverkauften Aktien also steigt), wird Ihr Broker eventuell mehr Geld verlangen, um das potenzielle Risiko abzudecken. Man nennt dies einen „Margin Call", und wenn Sie das verlangte Geld nicht schnell überweisen, wird der Broker Ihre Short-Position glattstellen und/oder andere Aktien aus Ihrem Depot verkaufen, um die nötigen Barmittel zu beschaffen.

Die verlockendsten Kandidaten für Leerverkäufe fallen in drei Kategorien:

Verbraucherfinanzen. Diese breite Kategorie umfasst Geschäftsbanken, Kreditkartenunternehmen und Hypothekenbanken, die sämtlich hohe Kredite an ihre Kunden vergeben haben. Das ist, wie Sie wissen, die denkbar schlechteste Position, wenn der Dollar kollabiert.

Im Finanzsektor sind zwei Kräfte am Werk, die sich nicht unbedingt gleichzeitig auswirken müssen und dies wahrscheinlich auch nicht tun werden. Erstens verlieren die auf Dollar lautenden Zahlungsströme, die Kreditgeber vereinnahmen, an Wert, wenn der Dollar fällt. Zweitens geraten die Wertgegenstände selbst – also die Kreditportfolios der Banken – in Schwierigkeiten, wenn sich die Wirtschaft abschwächt. Dies führt zu Abschreibungen, wodurch der ohnehin schon geschwächte Cashflow der Banken weiter reduziert wird.

Es gibt einen Zusammenhang zwischen diesen beiden Faktoren, aber sie werden wohl nicht gleichzeitig akut werden. Ein Beispiel: Wenn die Anleger mit einem Wertverlust des Dollars rechnen, werden viele von ihnen Güter oder Dienstleistungen kaufen, weil sie meinen, es sei besser, jetzt Dollars auszugeben und von deren aktueller Kaufkraft zu profitieren, als ihren Konsum in die Zukunft zu verschieben. Wegen dieser Ausgabenflut könnte es eine Zeit lang so aussehen, als sei die Wirtschaft in guter Verfassung, obwohl die Probleme des Dollars immer offensichtlicher werden (die „Erholung" im Jahr 2004 war ein gutes Beispiel dafür). Wenn die Wirtschaft wächst, verlieren die Menschen nicht ihre Jobs, und die meisten von ihnen können weiterhin ihren Zahlungsverpflichtungen nachkommen. Trotz des schwachen Dollars wird es also nur zu geringen Kreditausfällen kommen, und Kreditportfolios werden profitabel sein. Wenn die Probleme des Dollars und die demzufolge steigenden Zinsen aber zu konjunkturellen Problemen führen und die Menschen ihre Jobs verlieren, werden die Kreditbücher der Banken immer mehr faule Kredite aufweisen. Das Ergebnis dieses doppelten Schlags wird sich auf die Gewinne und den Marktwert der meisten Finanzunternehmen katastrophal auswirken.

Wenn man nach bestimmten Kandidaten für Leerverkäufe sucht, weiß man kaum, wo man anfangen soll, weil jeder Teil der Verbraucherkreditbranche so tief im letzten Stadium einer Kreditblase steckt, dass ein Desaster so gut wie sicher ist. Die Geschäftsbanken wenden sich vom Unternehmenskreditgeschäft ab und konzentrieren sich auf Hypotheken und Kreditkarten, was im derzeitigen Stadium des Zyklus exakt die falscheste Strategie ist. Hypothekenversicherer wie Fannie Mae, Freddie Mac oder MBIA sind heute von niedrigen Zinsen und weiter steigenden Verbraucherkrediten abhängig, nicht nur, was ihre Gewinne, sondern was ihr Überleben betrifft. Was die Kreditkartenunternehmen angeht, wollen wir uns mit folgender Feststellung begnügen: Wenn eine Branche so begierig darauf ist, an jedermann Kredite zu einem Zinssatz von null Prozent zu vergeben, dann ist sie so gut wie tot.

Eigenheimbauer. Diese Branche war früher regional zersplittert. In jeder Region gab es eine Hand voll Bauunternehmen, die Kredite bei den örtlichen Banken aufnahmen und Häuser für die Bewohner dieser Gegend bauten. Doch im Eigenheimboom der 1990er-Jahre expandierten die Großen der Branche landesweit, konzentrierten sich auf die jeweils „heißesten“ Regionen und zapften die weltweiten Kreditmärkte an, um praktisch unbegrenzte Mittel zu erhalten. Die leichtgläubigeren unter den Analysten an der Wall Street sagten, diese Unternehmen hätten die traditionellen Hochs und Tiefs der regionalen Eigenheimmärkte hinter sich gelassen und würden nun für alle Zeiten stetig wachsen. Das ist völlig absurd. Die Abkehr von den regionalen Märkten garantiert nur eines, nämlich dass die nächste Krise am Häusermarkt schlimmer wird als jede andere seit den 1930er-Jahren. Anfang 2004 wurden diese Unternehmen so bewertet, als könne es nie wieder zu einer Immobilienkrise kommen, aber sie gehören zu den sichersten Short-Kandidaten, die man sich vorstellen kann.

Importeure. Wenn bei einem Dollar-Kollaps ein Unternehmen die besten Chancen bieten, das hierzulande Güter herstellt und sie im Ausland verkauft, dann ist dessen Spiegelbild eine logischer Kandidat für Leerverkäufe. Japanische Industriekonzerne wie Sony und Toyota sind großartige Unternehmen, aber sie sind in hohem Maß davon abhängig, ob sich amerikanische Verbraucher ihre Autos und hochmodernen TV-Geräte leisten können. Auch amerikanischen Einzelhändlern, die früher davon profitiert haben, mit überbewerteten Dollars billig ausländische Güter kaufen zu können, stehen schwere Zeiten bevor. Zu dieser Kategorie gehören Elektronik-Ketten wie Best Buy und Circuit City, die hauptsächlich im Ausland hergestellte Geräte verkaufen, und auch, ob Sie es glauben oder nicht, Wal-Mart, das mit billigen Waren aus China ein Imperium errichtet hat. Diese Unternehmen sind keine derart todsicheren Leerverkaufskandidaten wie die Banken und die Bauunternehmen, aber wenn der Dollar kollabiert, werden ihre Gewinnmargen zweifellos dahinschmelzen.

Wie Sie sehen, bietet der amerikanische Aktienmarkt zahlreiche Chancen für Leerverkäufer. In der Tabelle auf Seite 234 finden Sie 15 Aktien, die in diese Kategorie fallen. Sie stammen aus einer Liste von Unternehmen, die Ende 2003 vom Prudent-Bear-Fonds leerverkauft worden sind, dessen Manager David Tice die Auswirkungen eines fallenden Dollars sehr gut abzuschätzen weiß.

(Dollar-) Bargeld ist Müll. Das Wort „Cash“ hat viele verschiedene Bedeutungen. Hier sind damit Dollars gemeint: Banknoten in Ihrer Tasche, der Stand Ihres Scheckkontos oder Ihr Guthaben bei einem Geldmarkt-

KANDIDATEN FÜR LEERVERKÄUFE

Unternehmen	Kürzel	Branche	Kurs am 21.1.2004	Dividenden-rendite (%)	Markt-kapitali-sierung (in Mrd. $)
Ambac Financial	ABK	Kreditversicherer	74,72	0,59	7,98
American Express	AXP	Kreditkarten	50,40	0,80	64,82
Bank of America	BAC	Geschäftsbank	38,96	4,00	118,00
Capital One Fin.	COF	Kreditkarten	69,85	0,16	53,38
Centex	CTX	Eigenheimbauer	106,73	0,16	53,38
Citigroup	C	Geschäftsbank	80,32	2,47	240,00
Countrywide Fin.	COF	Hypothekenbank	37,85	0,59	19,20
Fannie Mae	FNM	Hypothekenversicherer	59,49	1,70	74,06
Freddie Mac	FRE	Hypothekenversicherer	40,10	1,10	62,31
JP Morgan Chase	JPM	Geschäftsbank	46,49	1,27	139,30
Lennar	LEN	Eigenheimbauer	63,30	1,48	9,12
MBIA INC	MBI	Hypothekenversicherer	26,86	0,59	8,17
MBNA	KRB	Kreditkarten	74,72	0,59	30,82
Providian	PVN	Kreditkarten	13,25	–	3,84
Well Fargo	WFC	„Überregionale" Bank	57,58	3,14	97,78

fonds. Vor nicht allzu langer Zeit war ein hoher Bestand an Dollar-Bargeld für Privatpersonen und Unternehmen positiv, doch ein Dollar-Kollaps ändert alles, weil dadurch Bargeld an Wert verliert und auf Dollar lautende Verbindlichkeiten weniger belasten.

Bei börsennotierten Unternehmen sind hohe Cash-Bestände (früher ein guter Grund, eine Aktie zu kaufen) zwar kein extremes Verkaufssignal, aber doch ein Grund zur Vorsicht. Die Tabelle auf Seite 236 enthält einige amerikanische Unternehmen mit hohen Cash-Beständen. Es handelt sich ausnahmslos um großartige Unternehmen, denn nur deshalb konnten sie ja so hohe Cash-Bestände anhäufen, aber nun stehen sie vor der interessanten Herausforderung, dieses Geld in einem Umfeld anzulegen, in dem es dramatisch an Wert verlieren wird.

Ein gutes Beispiel dafür, wie ein Unternehmen mit hohen Bargeldbeständen in Zukunft vorgehen sollte, ist Berkshire Hathaway. Es wird von Warren Buffett geleitet, dem wohl besten lebenden Geldmanager. Als der Aktienmarkt in den 1990er-Jahren nach oben schoss, fand Buffett keine preiswerten Unternehmen mehr. Daher sammelte er immer höhere Cash-Bestände an und saß Ende 2002 auf etwa 20 Milliarden Dollar an liquiden Mitteln. Dann, in einem Interview mit dem Magazin *Fortune* Ende 2003 ließ er die Bombe platzen: „Bis zum Frühjahr 2002 bin ich fast 72 Jahre alt geworden, ohne jemals eine ausländische Währung zu kaufen“, sagte er. Aber nun hatte Berkshire Hathaway „signifikant“ in andere Währungen investiert. „Auslandswährungen zu besitzen“, sagte Buffett „bedeutet, dass man mit einem Wertverlust des Dollars rechnet.“

Möglicherweise kauft Buffett auch Gold, weil er bekanntlich zu den weltweit bedeutendsten Silberbesitzern gehört. Er hat nie verraten, welche anderen Währungen er hält, aber das ist auch nahezu irrelevant, weil die Währungen sämtlicher Industrienationen gegenüber dem Dollar zulegen werden. Wir würden daher nicht so weit gehen, Microsoft und Cisco wegen ihrer hohen Cash-Bestände als Kandidaten für Leerverkäufe zu bezeichnen, aber wenn Sie diese Aktien besitzen oder einen Kauf erwägen, sollten Sie darauf achten, was die Unternehmen mit ihren Cash-Beständen tun.

Dollar-Schulden sind (möglicherweise) eine gute Spekulation. Was die Verschuldung in Dollars betrifft, ist die Analyse ein wenig schwieriger. Ein in Yen oder Euro hochverschuldetes Unternehmen steckt offensichtlich in Schwierigkeiten, weil der Realwert seiner Schulden höher wird, wenn der Dollar fällt. Andererseits wird die Belastung eines in Dollar verschuldeten Unternehmens in den kommenden Jahren geringer werden, was sich positiv auswirkt. Aber wie bei einer Privatperson muss man diese Bilanzverbesserung gegen das Risiko abwägen, das jede Art von Verschuldung mit sich bringt. Wenn steigende Zinsen die operativen Gewinne eines Unternehmens schneller sinken lassen als seinen realen Zinsaufwand, dann ist sein Überleben gefährdet. Wenn die Verschuldung in Dollars also eine erfolgreiche Strategie sein soll, dann muss sie von steigenden Gewinnen auf einem Gebiet begleitet werden, das von

UNTERNEHMEN MIT HOHEN CASH-BESTÄNDEN

Unternehmen	Kürzel	Kurs am 21.1.2004	Markt-kapitalisierung (in Mrd. $)	Netto-Cashbestände* (in Mrd. $)
Berkshire Hathaway	BRKa	87.400	134,6	26,9
Cisco Systems	CSCO	28,60	197,4	9,2
Dell Computer	DELL	34,76	89,0	5,0
Intel	INTC	32,20	210,2	16,2
Microsoft	MSFT	28,32	306,0	51,6

* Cash abzüglich Verbindlichkeiten, Stand am 31. 12. 2003

Quellen: Yahoo! Finance, Geschäftsberichte der Unternehmen

ETF-Sektoren-Fonds	Kürzel
iShares Dow Jones U.S. Real Estate Index	IYR
Merrill Lynch Regional Bank HOLDR Index	RKH
iShares Dow Jones U.S. Financial Services	IYG
iShares Dow Jones U.S. Financial Sector	IYF
Select Sector SPDR Fund-Financial	XLF

Quelle: NASDAQ

einem Wertverlust des Dollars entweder nicht betroffen ist oder sogar davon profitiert. Es sieht fast so aus, als führten alle Wege zu den Goldminenunternehmen, nicht wahr?

Der Leerverkauf von ETFs. Einzelaktien leerzuverkaufen ist mit einem theoretisch unbegrenzten Risiko verbunden, und für Privatanleger mit begrenzten Mitteln ist dieser Nachteil nicht zu unterschätzen. Zum Glück gibt es eine Alternative. Wie man durch den Kauf herkömmlicher Fonds Risiken durch Diversifikation auf viele Einzelaktien reduzieren kann, bietet eine Fonds-Variante, die man Exchange Traded Funds oder ETFs nennt, diesen Vorteil auch für Leerverkäufer. Ein ETF ist ein Fonds, der wie eine Aktie gehandelt werden kann. Man kann ihn ebenso leerverkaufen wie

Einzelaktien – in der Praxis sogar noch leichter, weil die Uptick-Regel hier keine Anwendung findet. Anstatt zum Beispiel die Aktie von JPMorgan leerzuverkaufen und damit das Risiko einzugehen, dass sie aus irgendwelchen Gründen steigt, während der Rest des Bankensystems kollabiert, kann man das Risiko von Anfang an über den gesamten Sektor verteilen, indem man einen Finanzdienstleister-ETF leerverkauft. In der obigen Tabelle sind fünf solche ETFs genannt, die sich bei einem Dollar-Kollaps als sehr profitable Leerverkaufskandidaten erweisen sollten.

Baisse-Fonds. Solche Fonds sind selten, und ihre Zielsetzung ist, dann an Wert zuzulegen, wenn der Aktienmarkt ganz oder teilweise nach unten tendiert. Sie verfolgen dieses Ziel mit verschiedenen Mitteln. Diese reichen vom Leerverkauf ausgewählter Aktien bis zum Knüpfen komplexer Netze von Derivaten, die dazu konzipiert sind, sich gegensätzlich zu bestimmten Aktienindizes zu entwickeln. Bei einem Kollaps des Dollars werden sich manche Aktien besser entwickeln als andere, und daher ist der Leerverkauf eines breit gefassten Index nicht die allerbeste Entscheidung. Konzentrieren Sie sich daher auf aktiv gemanagte Baisse-Fonds, die solche Aktien leerverkaufen, die auch Sie leerverkaufen würden, wenn Sie das dazu nötige Kapital hätten. Ein gutes Beispiel ist der bereits genannte Prudent-Bear-Fonds, der nicht nur Aktien aus anfälligen Sektoren wie Bau und Konsumentenkredite leerverkauft, sondern auch große Goldbestände hält.

AKTIV GEMANAGTE BAISSE-FONDS

Fonds	Symbol	Ausgabe-aufschlag	Telefon	Website
Comstock Part. Cap. Val.	DRCVX	Ja	800-422-3554	www.comstockfunds.com
Comstock Part. Strat.	CPFAX	Ja	800-422-3554	www.comstockfunds.com
Prudent Bear	BEARX	Nein	888-778-2327	www.prudentbear.com
Leuthold Grizzly Short	GRZZX	Nein	800-273-6886	www.leutholdfonds.com

Quellen: Morningstar, Websites der Fondsanbieter

WENN SIE ES WIRKLICH WISSEN WOLLEN: SPEKULATIONEN AUF KREDIT UND OPTIONEN

Spekulationen auf Kredit. Wenn Sie sich ein Depot aus Goldminen-Aktien zusammenstellen, schaffen Sie zugleich Sicherheiten, die sie dazu einsetzen können, zusätzliche Aktien zu kaufen. Diese Art der Spekulation nennt man in den USA „Margin", und sie funktioniert wie folgt: Nehmen wir an, Sie kaufen Aktien von Newmont Mining im Wert von 50.000 Dollar und verwenden dafür das gesamte Kapital auf Ihrem Brokerkonto. Dann kaufen Sie Aktien von Goldcorp im Wert von 25.000 Dollar. Ihr Broker leiht Ihnen das Geld, akzeptiert die Newmont-Aktien als Kreditsicherheit und berechnet ihnen einen bestimmten Zinssatz, den man Margin-Rate nennt. Sie kontrollieren jetzt um 50 Prozent mehr Goldminen-Aktien, als es Ihnen ohne die Kreditaufnahme möglich gewesen wäre. Wenn der Goldpreis steigt – und Ihre Aktien ebenfalls –, dann werden Sie mehr verdienen als ohne die Kreditaufnahme.

Die untenstehende Tabelle zeigt die mögliche Gewinndifferenz. Beachten Sie, dass Sie in beiden Fällen mit dem gleichen Ausgangskapital beginnen. Das Kreditportfolio bewirkt allerdings größere Chancen und Risiken.

DIE AUSWIRKUNGEN VON WERTPAPIERKREDITEN AUF DIE RENDITE EINES DEPOTS

Depot ohne Kredite		Depot mit Kreditaufnahme	
	Gewinn		Gewinn
Newmont*	$ 50.000	Newmont*	$ 50.000
		Goldcorp**	$ 25.000
Gesamtgewinn	$ 50.000	Gesamtgewinn	$ 75.000***

* 1.000 Aktien, zu 50 Dollar gekauft und zu 100 Dollar verkauft
** 1.785 Aktien, auf Kredit zu 14 Dollar gekauft und zu 28 Dollar verkauft
*** Ohne Berücksichtigung von Zinsen und Transaktionskosten

Wie jede andere Form der Hebelwirkung bringt auch der Kreditkauf den Faktor Zeit ins Spiel. Wer auf Kredit kauft, muss nicht nur wissen, wohin sich ein Aktienkurs letztlich entwickeln, sondern auch, wie er sich zwischenzeitlich verhalten wird. Wenn Gold 2005 fällt und 2006 massiv steigt, wird ein Buy-and-Hold-Investor sehr gut abschneiden. Wer auf Kredit gekauft hat, könnte allerdings ein Problem bekommen, weil seine Buchverluste im Jahr 2005 durch die Hebelwirkung vergrößert werden. Wenn der Wert eines Margin-Kontos unter ein bestimmtes Niveau fällt, wird Ihr Broker Sie auffordern, Geld nachzuschießen – man nennt das Margin Call –, und ebenso wie bei Leerverkäufen wird er einfach Aktien aus Ihrem Depot verkaufen, falls Sie dieser Aufforderung nicht nachkommen. Ihr Buchverlust wird zu einem realen Verlust, und Sie können von einer späteren Gold-Hausse nicht mehr profitieren. Kreditkäufe sind sehr gefährlich. Wenn Sie eine solche Strategie in Erwägung ziehen, sollten Sie zuvor einige unumstößliche Regeln festlegen. Setzen Sie nur Geld ein, dessen Verlust Sie sich leisten können. Wagen Sie Kreditkäufe nur mit einem kleinen Teil Ihres Kapitals, und beobachten Sie die Positionen aufmerksam. Legen Sie einen maximalen Verlust fest, den Sie akzeptieren würden, und steigen Sie aus, wenn dieses Limit erreicht ist. Schließlich wollen Sie nicht wegen Margin Calls tatenlos zusehen müssen, wenn die heiße Phase der Gold-Hausse beginnt.

Optionen. Eine Option ist ein Kontrakt, der seinen Besitzer dazu berechtigt, aber nicht verpflichtet, innerhalb eines bestimmten Zeitraums eine bestimmte Anzahl von Aktien zu kaufen oder zu verkaufen. Call-Optionen berechtigen zum Kauf, Put-Optionen zum Verkauf. Sie sind „Derivate" in dem Sinn, dass ihr Wert vom Wert eines anderen Finanzinstruments abhängt, auf das sie sich beziehen. Meist handelt es sich dabei um börsennotierte Aktien, es gibt allerdings auch viele Optionen auf andere Wertgegenstände.

Aktienoptionen beziehen sich auf jeweils 100 Stück der betreffenden Aktie. Ein Preis (oder eine Prämie) von zwei Dollar bedeutet also 200 Dollar Kosten pro Kontrakt. Weil Sie lediglich für das Recht bezahlen, von einer Kursveränderung der Aktie zu profitieren, müssen Sie wesentlich weniger Geld aufwenden als für den Erwerb der 100 Aktien. Wenn Sie Recht behalten, verdienen Sie allerdings fast ebenso viel wie jemand, der diese 100 Aktien besitzt.

LEAPS. Herkömmliche Optionen haben einen großen Nachteil: Sie weisen eine kurze Laufzeit auf. Die meisten laufen höchstens neun Monate. Sie müssen also bezüglich Richtung *und* Timing Recht behalten, wenn die Calls, die Sie mit so großen Hoffnungen gekauft haben, nicht wertlos verfallen sollen, womit Sie Ihren gesamten Einsatz verlieren würden. Aus diesem Grund haben die Optionsbörsen eine noch bessere Mausefalle konstruiert, die man LEAPs (Long-Term Equity Antici-Pation Securities) nennt. Diese Optionen haben Laufzeiten bis zu zweieinhalb Jahren. Das exakte Timing wird also weniger wichtig, und man kann auch noch von einer Goldpreisexplosion profitieren, die, sagen wir, 2006 stattfindet. Man bezahlt wegen des längeren Zeitrahmens mehr als für herkömmliche Optionen, aber die spekulativen Chancen sind besser als bei Kreditkäufen, während das Verlustrisiko auf den Kaufpreis für die Optionen begrenzt ist.

LEAPs auf Newmont Mining werden mit hohen Umsätzen gehandelt, daher verwenden wir sie in der Tabelle auf Seite 241 als Beispiel. Die hier genannten LEAPs wurden am 25. November 2003 bei Yahoo! Finance aufgelistet. Ihre Laufzeit endet am 20. Januar 2006. Wer sie besitzt, hat also noch ein wenig mehr als zwei Jahre Zeit, um Recht zu behalten. Die Spalte „Open Interest“ gibt die Zahl der Kontrakte an, die gekauft und noch nicht glattgestellt wurden. Beachten Sie, dass der Open Interest in einigen Fällen recht niedrig ist. Darin kommt das Urteil des Marktes zum Ausdruck, welche dieser Kontrakte am attraktivsten sind.

Der Open Interest beim Basispreis 55 Dollar ist fast so hoch wie bei allen anderen Basispreisen zusammen. Daher verwenden wir diesen Basispreis für unser Beispiel. Die Prämie auf diesen Call beträgt 6,80 Dollar oder 680 Dollar je Kontrakt, der sich auf 100 Aktien bezieht. Ein Ausübungspreis von 55 Dollar bedeutet, dass die Aktie über dieses Niveau

LEAP-CALL-OPTIONEN AUF DIE AKTIE VON NEWMONT MINING

Gültigkeitsdatum 20.1.2006

Basispreis	Kürzel	Letzter Kurs	Geld-kurs	Brief-kurs	Open Interest
10,00	WIEAB.X	0,00	35,70	36,00	128
15,00	WIEAC.X	27,70	31,00	31,40	77
20,00	WIEAD.X	0,00	26,60	27,10	38
25,00	WIEAE.X	22,00	22,50	23,00	764
30,00	WIEAF.X	17,60	18,80	19,30	552
35,00	WIEAG.X	15,20	15,50	15,90	402
40,00	WIEAH.X	12,60	12,60	13,00	659
45,00	WIEAI.X	10,20	10,10	10,50	932
50,00	WIEAJ.X	8,60	8,10	8,40	1.473
55,00	WIEAK.X	6,70	6,60	6,80	4.257
60,00	WIEAL.X	0,00	5,20	5,40	505
65,00	WIEAM.X	4,30	4,10	4,10	4
80,00	WIEAP.X	2,20	2,10	2,25	390

Preise am 25. 11. 2005 *Quelle: NASDAQ*

steigen muss, damit die Option „ins Geld“ kommt und mit Gewinn ausgeübt werden kann. Wenn man die Prämie von 6,80 Dollar und die Gebühren hinzuaddiert, muss die Aktie von Newmont auf 62 Dollar steigen, damit der Besitzer einer solchen Option aus der Verlustzone kommt. Da die Aktie am fraglichen Tag 45 Dollar kostete, ist dazu ein Kursanstieg von 50 Prozent erforderlich. Wie wahrscheinlich ist eine solche Entwicklung? Unserer Meinung nach ist sie ziemlich wahrscheinlich, aber Sie müssen das für sich selbst entscheiden, ehe Sie eine solche Strategie wählen.

Die Tabelle auf Seite 242 zeigt, wie sich diese LEAPs entwickeln werden, falls sich die Newmont-Aktie in den nächsten zwei Jahren entweder überhaupt nicht bewegt oder auf 100 Dollar steigt. Weil eine Option an Zeitwert verliert und letztlich wertlos wird, wenn sie am Laufzeitende „aus dem Geld“ notiert, verliert ein Optionsbesitzer im erstgenannten Fall 680 Dollar oder seinen gesamten Einsatz, während der Besitzer

	Szenario 1: Die Aktie bewegt sich nicht		**Szenario 2: Die Aktie steigt von 45 auf 100 Dollar**	
	Gewinn ($)	Gewinn/ (Verlust) (%)	Gewinn ($)	Gewinn (%)
Aktionär*	0	0	5.500	60
Call-Besitzer**	(680)	(100)	3.800	500

* 100 Aktien, gekauft zu je 45 Dollar. Gesamter Kapitaleinsatz: 4.500 Dollar
** Ein LEAP-Call mit Laufzeit bis 20.1.2006, gekauft für 680 Dollar

der Aktien einen kleinen Gewinn erzielt, falls Newmont Dividenden ausschüttet. Im optimistischen Szenario steigt die Aktie und bringt dem Aktionär einen Gewinn von etwas mehr als 100 Prozent. Der Optionskäufer schneidet allerdings deutlich besser ab. Beim Kurs von 62 Dollar kommt er in die Gewinnzone und vereinnahmt schließlich einen Gewinn von 3.800 Dollar oder fast 500 Prozent. Und das bei einem Kapitaleinsatz von lediglich 680 Dollar, während der Aktionär 4.500 Dollar investiert hat. Sie sehen nun, wie die Hebelwirkung funktioniert und wie viel man mit Optionen verdienen kann, wenn sich Gold in den kommenden Jahren so entwickelt, wie wir es erwarten.

Volatilitäts-Spreads. Nehmen wir an, Sie seien sicher, dass die Entwicklung am Goldmarkt in den nächsten Jahren sehr spannend sein wird. Zunächst wissen Sie allerdings nicht, ob die Fundamentaldaten den Goldpreis nach oben treiben oder ob Zentralbankmanipulationen ihn nach unten drücken werden. Mit Optionen können Sie eine Spekulation wagen, die in beiden Fällen Gewinn bringen wird. Kaufen Sie einfach einen Call und einen Put auf die Aktie eines bedeutenden Goldproduzenten. Damit profitieren Sie von Preisveränderungen in beiden Richtungen und verlieren nur dann, wenn sich die Aktie überhaupt nicht bewegt. Mit einem solchen „Volatilitäts-Spread" kaufen oder verkaufen Sie nicht eine bestimmte Aktie, sondern deren Schwankungsbreite. Ihr Break-even-Punkt ist die Summe der Kaufpreise beider Optionen. Sobald sich eine der beiden so stark bewegt, dass sie die Summe beider Kaufpreise überschreitet, kommen Sie in die Gewinnzone.

Man kann auch mit einem einfachen Volatilitäts-Spread beginnen und sich dann veränderten Umständen anpassen, indem man auf der einen oder anderen Seite weitere Optionen hinzukauft, wodurch eine teilweise gehedgte Spekulation auf ein bestimmtes Szenario entsteht. Wenn man zum Beispiel mit je einem Call und einem Put beginnt und dann zur Überzeugung gelangt, dass sich die Fundamentaldaten stärker auswirken werden als der Einfluss der Zentralbanken und dass der Goldpreis demzufolge steigen wird, dann kann man noch einen Call oder auch zwei kaufen, was das Gewinnpotenzial erhöht. Wenn Sie falsch liegen und Gold an Wert verliert, wird der verbleibende Put einen Teil des Wertverlusts der Calls ausgleichen.

Dieser kurze Überblick kratzt lediglich an der Oberfläche möglicher Optionsstrategien. Wenn Sie sich intensiv mit diesem Thema beschäftigen, werden Sie Möglichkeiten finden, von einem stagnierenden Aktienmarkt durch Call-Verkäufe zu profitieren, ohne Ihre Aktien abgeben zu müssen und dergleichen mehr. Einige dieser Strategien werden sich bewähren, wenn es zur Dollar-Krise kommt. Aber sie alle sind komplizierter, als sie zu sein scheinen. Es werden Optionen mit den verschiedensten Ausübungspreisen gehandelt, jede von ihnen hat ihren spezifischen Zeitwert und ihre Prämie. Die relative Attraktivität von Optionen ändert sich ständig, und man braucht beträchtliche Erfahrung, um die besten von den schlechtesten unterscheiden zu können. Ehe sie sich über den Kauf einfacher Puts und Calls hinaus wagen, sollten Sie daher einige frei verfügbare Informationsquellen nutzen. Das Options Industry Council bietet zum Beispiel eine kostenlose CD an. Und im Call Center dieses Instituts, so sagt sein Präsident Paul Stevens, gibt es Ansprechpartner mit profundem Fachwissen. Außerdem kann Ihnen Ihr Broker mit ziemlicher Sicherheit Lehrprogramme und persönliche Betreuung anbieten.

Kapitel 19

DAS GOLD DES 21. JAHRHUNDERTS

Mit den bisher vorgestellten Strategien wird man in den kommenden Jahren wahrscheinlich besser abschneiden als mit Aktien, Anleihen oder Immobilien. Aber perfekt sind sie alle nicht. Bullion Coins und kleine Barren können teuer sein, weil Handelsspannen und damit verbundene Kosten für Versicherung und Lagerung bis zu zehn Prozent des jeweiligen Goldwerts betragen können. Sammlermünzen kosten wesentlich mehr, als ihr Metallgehalt wert ist, und ebenso wie Bullion Coins sind sie oft nur mit einigem Aufwand und entsprechenden Kosten aufzubewahren.

Die Aktien von Goldproduzenten sind teilweise von Faktoren abhängig, die mit Gold nichts zu tun haben. Dazu zählen die Fähigkeit des Managements und die politische Stabiliät derjenigen Länder, wo die Minen liegen. Herkömmliche, aktiv gemanagte Edelmetallfonds kann man nur nach Handelsschluss des jeweiligen Börsentages kaufen, sie weisen meist hohe Verwaltungsgebühren auf und sind für Trading-Zwecke nicht geeignet. Außerdem sind sowohl physisches Gold als auch Aktien nicht vor panischen Reaktionen der Regierungen sicher. Hierzu zählen Konfiszierung, Verstaatlichung oder andere Beschränkungen der Handelbarkeit oder der Liquidität.

Man könnte daher meinen, dass die Edelmetallbranche inzwischen einige bessere Möglichkeiten entwickelt haben sollte, Eigentum an Gold zu erwerben, und diese Annahme trifft auch zu. Einige auf Gold basierende Finanzprodukte wurden in den vergangenen Jahren eingeführt, und weitere werden bald folgen. Wenn man sie richtig anwendet, bieten sie alle Vorteile gegenüber den herkömmlichen Möglichkeiten. Zur Entstehungszeit dieses Buchs Anfang 2004 haben sie zwar noch keine große Bedeutung erlangt, aber dennoch sollten sie alle schon bald allgemein zugänglich sein. Sie könnten den Goldmarkt revolutionieren. Hier beschreiben wir zwei besonders aussichtsreiche Innovationen.

Gold-ETFs. Wie Sie noch aus Kapitel 18 wissen, sind ETFs Fonds mit einer speziellen Eigenschaft. Wie traditionelle Fonds halten sie in der Regel einen Korb von Aktien aus einem Index oder einer bestimmten Branche, aber sie werden gehandelt wie Aktien. Man kann einen ETF per Telefon oder Mausklick kaufen und verkaufen, und man kann ihn ebenso problemlos leerverkaufen wie Aktien von IBM oder Microsoft. Man kann Limits und Stopp-Kurse setzen, um sich in Phasen hoher Marktvolatilität abzusichern. Und weil ein ETF nicht viel Managementleistung erfordert, werden generell weit niedrigere Gebühren fällig als bei einem aktiv gemanagten Fonds. Zum Beispiel kostet der Standard & Poor's Depository Receipts ETF pro Jahr 0,12 Prozent Gebühren, während der Fidelity Magellan als größter aktiv gemanagter Fonds 0,76 Prozent kostet. Ein ETF verbindet somit die Diversifizierung eines Fonds mit der leichten Handelbarkeit einer Aktie.

Sowohl für physisches Gold als auch für Goldminen-Aktien ist das ETF-Konzept maßgeschneidert, und seit einigen Jahren versucht das World Gold Council (WGC) einen Bullion-ETF auf den Markt zu bringen. Der Plan sieht vor, dass der ETF des WGC einen Tresorraum voller Goldbarren hält, was es Investoren ermöglicht, reales Gold zu besitzen, und nicht nur das Versprechen einer Bank oder Prägeanstalt, auf Verlangen Gold zu liefern. Der Fonds soll wie eine Aktie an einer amerikanischen Börse gehandelt werden und jährliche Gebühren von etwa 0,5 Prozent aufweisen, also viel preiswerter sein als andere Möglichkeiten, physisches Gold zu kaufen und aufzubewahren. Der Nachteil des Konzepts besteht darin, dass Wertsteigerungen wohl nicht als Kapitalgewinne, sondern als reguläres Einkommen besteuert werden.

Ähnliche ETFs werden in Australien und England bereits gehandelt, aber in den USA muss das Konzept leider noch perfektioniert werden. Im Mai 2003 reichte das WGC bei der Wertpapierhandelsaufsicht Securities and Exchange Commission (SEC) den Antrag für die Handelszulassung an der New York Stock Exchange ein, den die SEC aber ablehnte. In den folgenden acht Monaten reichte das WGC zwei nachgebesserte Anträge ein, die aber bis Januar 2004, als dieses Buch entstand, nicht akzeptiert worden waren. Was ist das Problem? Weder die SEC noch das WGC äußern sich dazu. Wenn man aber den jüngsten Bericht des WGC an die SEC und den Prospekt seines an der Londoner Börse notierten ETF liest, stößt man auf überraschend viele Möglichkeiten. Kurz gesagt weisen die Fonds des WGC nur sehr lockere Aufsichtskontrollen auf. Die Vereinbarung in ihrer vorliegenden Form ermöglicht es, dass die Fonds keine uneingeschränkte Kontrolle über ihr Gold haben und die Investoren somit weniger Gold besitzen könnten, als sie denken. Zum Beispiel erlaubt es die Fondsstruktur den Managern, die Aufbewahrung des Goldes auf Subunternehmer zu übertragen. Und obwohl der Treuhänder (das heißt: die Bank, die zunächst mit der Lagerung des Goldes beauftragt worden ist) zu „angemessener Sorgfalt" bei der Auswahl solcher Subunternehmer verpflichtet ist, haftet sie ausdrücklich nicht für „irgendeine Handlung, das Unterlassen einer Handlung oder die Zahlungsfähigkeit irgendeines von ihr beauftragten Unternehmens, außer wenn die Beauftragung dieses Unternehmens nachlässig oder in böser Absicht erfolgt ist". Einfach ausgedrückt: Die Unternehmen, die das Gold aufbewahren, werden nicht so sorgfältig überwacht, wie es sein sollte. Demzufolge könnten Anteile, die von Investoren gekauft werden, nicht durch physisches Gold gedeckt sein. Das ist natürlich schlecht, und es erklärt vielleicht, warum die SEC ihr Einverständnis bisher verweigert hat.

Wenn Sie dieses Buch lesen, hat das WGC die Aufsicht über seine Fonds vielleicht schon verbessert, die SEC hat die Zulassung erteilt, und der ETF wird an einer amerikanischen Börse gehandelt. Wenn ja, sollten Sie ernsthaft über ein Investment nachdenken, denn wenn er korrekt konzipiert ist, dann bietet ein solcher ETF eine einfache Möglichkeit, physisches Gold zu erwerben.

Digitales Gold. Für sich allein genommen wird ein starker Anstieg des Goldwechselkurses das Metall nicht zu einer für die Alltagspraxis geeigneten Währung machen. Wie viele Dollars ein Gramm Gold auch wert sein mag, das Metall weist immer noch die praktischen Nachteile auf, die überhaupt erst zur Entstehung von Papiergeld geführt haben. Eine Hosentasche voller Gold ist unbequem, schwer und macht Lärm, und eine Goldmünze nutzt sich immer noch ab, wenn sie von Hand zu Hand geht. Das ist eine schleichende, aber schädliche Art der Entwertung.

Diese Probleme werden aber bald gelöst sein, und zwar, ob Sie es glauben oder nicht, dank des Internets. Elektronische Zahlungssysteme haben das Konzept des Geldes auf seinen wesentlichen Kern zurückgeführt: auf Information. Die meisten Zahlungen sind einfach elektronische Ein- und Abbuchungen. Unser Zahlungsverkehr wird größtenteils über Kreditkarten, Online-Konten und bald auch über das Handy abgewickelt. Wir nehmen unsere Währung kaum noch in die Hand, und daher ist ihre tatsächliche Form irrelevant, ob es sich nun um Papier, Metall oder virtuelle Zahlungsmittel handelt.

Für Gold führt die Digitalisierung des Geldes zu einem tief greifenden und recht logischen Ergebnis: Wenn Geld ein Kommunikationsmittel ist, und wenn das Internet das leistungsfähigste Kommunikationsmedium der Welt ist, dann ermöglicht uns das Internet, Gold als Währung zu verwenden, wodurch es wieder zum weltweiten Standard jeder Art von ökonomischer Kalkulation wird. Mit anderen Worten: Wenn man Gold in Bits verwandelt, kann man seine Stärken als Geld nutzen und seine Schwächen als Währung vermeiden.

Vom Grundkonzept her funktioniert „digitales Gold“ wie folgt: Sie transferieren einige Dollars, Euros oder was auch immer an eine Firma (den Währungsmanager), der Goldbarren in einem supersicheren Tresor verwahrt. Der Währungsmanager schreibt Ihrem Konto die entsprechende Menge Gold gut, und Sie können am Computer von diesem Konto Zahlungen leisten. Das Gold wird dann von Ihrem Konto abgebucht und dem Konto des Empfängers gutgeschrieben – ohne je den Tresorraum zu verlassen.

Der erste Versuch, diese Theorie in die Praxis umzusetzen, hieß E-gold, und seine frühen Resultate illustrieren sowohl das Potenzial digitalen Goldes als auch seine Nachteile. Zwischen 1999 und 2002 stieg die Zahl der E-gold-Konten ohne jedes Marketing von 3.000 auf 350.000. Die Menge des im Umlauf befindlichen E-golds (die definitionsgemäß identisch ist mit der in den Tresoren des Währungsmanagers Gold & Silver Reserve verwahrten Goldmenge) stieg von 5.000 auf 60.000 Unzen, was in etwa der Jahresproduktion einer mittelgroßen Mine entspricht.

Aber seither ist die umlaufende Menge zurückgegangen. Was ist passiert? Einiges, darunter das Scheitern zweier auf Gold basierender Zahlungssysteme, von denen eines durch gemeinsamen Besitz und gemeinsame Direktoren in enger Verbindung zu E-gold stand, und die Verurteilung des größten außenstehenden Investors von Gold & Silver Reserve wegen Betrugs. 2003 hatte sich das Momentum zu einer anderen, von James erfundenen digitalen Währung namens GoldMoney verlagert (www.goldmoney.com). Da James der Gründer von GoldMoney ist, befinden wir uns in einem offensichtlichen Interessenskonflikt, wenn wir darüber schreiben. Wir erwarten zwar, dass irgendeine Form des digitalen Goldes eine wichtige oder sogar die wichtigste Rolle im monetären System der Zukunft spielen wird, aber wir verwenden GoldMoney in den folgenden Abschnitten nur als Beispiel dafür, wie digitales Gold funktioniert, und geben keine Kaufempfehlung.

Ein Goldgramm-Konto bei GoldMoney funktioniert wie ein ganz normales Bankkonto. Der Kontoinhaber besitzt aber echtes Gold, das in einem hochsicheren Tresorraum in London lagert. Wie die Bezeichnung schon nahe legt, ist die Rechnungseinheit nicht der Dollar, sondern ein Gramm Gold oder etwa 3,2 Prozent einer Unze. Die Rolle des Penny spielt der Mil, der einem Tausendstel Gramm Gold entspricht. Konteninhaber geben ihr Geld aus (beachten Sie, dass wir diese Währung „Geld“ nennen können, weil sie, im Gegensatz zum Dollar, ein greifbarer Wertgegenstand ist), indem sie ins Internet gehen, einen Empfänger und eine Summe angeben und auf die „Enter“-Taste drücken. Pro Transaktion wird eine Gebühr von einem Prozent der Summe, aber höchstens 100 Mils (etwa 1,28 Dollar bei einem Wechselkurs von 400 Dollar je Unze) erhoben. Zudem gibt es eine monatliche Kontoführungsgebühr von 100 Mils, ähnlich wie Banken Girokontengebühren erheben.

Digitales Gold ermöglicht es seinen Besitzern, einen Teil ihres Bargelds in Gold statt in Dollars zu halten, sich so vor dem Kaufkraftverlust des Dollars zu schützen und dennoch Zahlungen leisten zu können. Anfang 2004, als dieses Buch entstand, akzeptierten Dutzende von Edelmetallhändlern und die meisten der in diesem Buch genannten Newsletter-Herausgeber digitales Gold. Mit einem Aufpreis von nur zwei bis drei Prozent auf den aktuellen Spot-Preis sind Goldgramm-Guthaben auch viel günstiger zu erwerben als andere Formen physischen Goldes.

Noch einmal: Wir empfehlen Ihnen nicht, zu Ihrer Bank zu laufen und Ihre sämtlichen Dollar-Bargeldbestände in digitales Gold umzutauschen. Das Konzept ist nämlich so neu, dass zur Entstehungszeit dieses Buchs zum Beispiel die steuerlichen Konsequenzen von Ausgaben in dieser Form von Geld noch nicht bekannt waren. Wir empfehlen aber, dass Sie die Entwicklung genau beobachten, denn richtig angewendet beantworten diese Währungen zumindest zwei Fragen, mit denen sich Goldeigentümer heute konfrontiert sehen: Wie bewahrt man physisches Gold auf, und wie kann man Bargeld besitzen, ohne durch die Entwertung des Dollars Kaufkraftverluste zu erleiden?

Als praktikables Zahlungsmittel und Wertspeicher bietet digitales Gold etwas, das die Welt seit den 1930er-Jahren nicht mehr gesehen hat

– eine funktionierende Goldwährung. Und sein Aufstieg könnte tief greifende Auswirkungen auf den Goldmarkt haben, weil es die traditionelle Gleichung von Währungsangebot und -nachfrage auf den Kopf stellt. Denken Sie daran: Wenn die Fed neue Dollars druckt und alle anderen Einflussfaktoren unverändert bleiben, dann sinkt tendenziell der Wert jedes einzelnen Dollars. Wenn aber jemand ein digitales Goldkonto eröffnet, dann kauft der Währungsmanager Gold und bewahrt es auf. Diese Nachfragesteigerung sorgt für einen Anstieg des Goldwechselkurses. *Je mehr digitales Gold also geschaffen wird, desto wertvoller wird es.* Nehmen wir einmal an, Gold steigt weiter, so wie wir es prognostiziert haben, was jede Einheit digitalen Goldes wertvoller und die Währung selbst zu einem weit besseren Wertspeicher macht als den Dollar. Wenn die Leute das sehen, könnten noch mehr von ihnen ihr Bargeld in digitales Gold tauschen. Dadurch würde die Goldnachfrage steigen, der Wechselkurs würde weiter anziehen, und so weiter. Dieser sich selbst verstärkende Mechanismus könnte den Goldpreis durch die Decke schießen lassen.

Kapitel 20

WIE VIEL GOLD SOLLTE MAN BESITZEN?

Wenn Sie einen normalen Anlageberater über Edelmetalle fragen, werden Sie die übliche Antwort bekommen: Investieren Sie den größten Teil Ihres Kapitals in Aktien, Anleihen und Cash und stecken Sie höchstens zehn Prozent davon in Gold, als „Absicherung“ für den extrem unwahrscheinlichen Fall finanzieller Instabilität. Aber wie Sie sich bestimmt schon denken können, halten wir diese herkömmliche Strategie der Vermögensaufteilung für äußerst spekulativ, weil Cash, Anleihen und viele Aktien im Fall einer Dollar-Krise in höchster Gefahr sind. Sie tun also besser daran, nicht nur einen kleinen, sondern den größten Teil Ihres Bargelds in physisches Gold zu tauschen und den Rest Ihres Kapitals schwerpunktmäßig in auf Gold basierenden Investments anzulegen. Wie viel? Das hängt wiederum von Ihren Bedürfnissen, Ihrem Temperament und Ihren Zielen ab, aber die Logik dahinter ist ein Spiegelbild der traditionellen Vorgehensweise: Je konservativer Sie sind, desto mehr Gold sollten Sie besitzen. Anders ausgedrückt: Wenn der Dollar kollabiert, ist Gold derjenige Vermögensgegenstand, der mit der höchsten Wahrscheinlichkeit seinen Wert behalten wird. Wenn also Kapitalerhalt Ihr Ziel ist, dann sollten Sie zu Liquiditätszwecken physisches Gold besitzen, zudem Aktien großer, ungehedgter Minenunternehmen oder Fonds, die solche Aktien im Bestand haben. Aggressivere Anleger können Goldminen-Aktien mit höherer Hebelwirkung kaufen, außerdem Silber, auf Auslandswährungen lautende Anleihen und Fonds, die sich auf in den USA ansässige Rohstoff- und Industrieunternehmen spezialisiert haben. Und die mutigsten Investoren sollten sich auf kleine Minenunternehmen, die Aktien in den USA ansässiger Industrieunternehmen, auf Gold basierende Derivate und Leerverkäufe von Aktien aus der Finanzbranche konzentrieren.

MODELLPORTFOLIOS

Konservativ	Prozent des Gesamtkapitals
Dollar-Bargeld	5
Physisches Gold	40
Edelmetallfonds und Aktien ungehedgter Goldminen	30
Auslandsanleihen	25

Ausgewogen	Prozent des Gesamtkapitals
Dollar-Bargeld	5
Physisches Gold	20
Physisches Silber	10
Aktien ungehedgter großer und guter mittlerer Goldminen	35
Ausländische Rentenfonds	15
Fonds ohne Ausgabeaufschläge, die sich auf in den USA ansässige Rohstoff- und Industrieunternehmen spezialisiert haben	15

Aggressiv	Prozent des Gesamtkapitals
Dollar-Bargeld	2
Physisches Gold und Silber	8
Aktien ungehedgter großer Goldminen	20
Aktien von mittleren und kleinen Goldminen und Property Plays	35
Short-Position in amerikanischen Verbraucherfinanzunternehmen	20
Langfristige Kaufoptionen auf Goldminen-Aktien	5

Halten Sie lediglich genügend Dollar-Bargeld, um Ihren täglichen Zahlungsverpflichtungen nachkommen zu können, denn sein Wert wird sinken oder sich gar in Luft auflösen. Meiden Sie US-Anleihen und alles andere mit auf Dollar lautenden Zahlungsströmen. Und halten Sie sich fern von zukünftigen Problemfeldern wie den Aktien von Verbraucherkreditunternehmen. Sie mögen noch so konservativ aussehen, in den kommenden Jahren werden sie alles andere als konservativ sein. Hier sind einige Möglichkeiten, diese Prinzipien in die Praxis umzusetzen.

Kapitel 21

DIE GEFAHR DER KONFISZIERUNG

Über Regierungen wissen wir inzwischen einiges. Sie tun alles dafür, immer mehr Einfluss zu gewinnen, sie zerstören ihre Währungen, und wenn die Krise sie schließlich eingeholt hat, reagieren sie darauf, indem sie das Eigentum ihrer Bürger konfiszieren. Da uns nun ein weiteres Währungsdebakel bevorsteht, sollten wir uns alle mit der Frage beschäftigen, wie Washington darauf reagieren wird. Wird die Regierung die Preise einfrieren wie Nixon? Wird sie unser Gold konfiszieren wie Roosevelt? Wird sie uns daran hindern, unser Geld im Ausland in Sicherheit zu bringen und ausländische Währungen zu kaufen? Oder wird sie mit einer neuen, auf die moderne Finanzwelt zugeschnittenen Form der Enteignung reagieren?

Diese Frage lässt sich heute natürlich noch nicht beantworten, weil Währungskrisen nie genau gleich verlaufen, und zudem hängt viel vom Temperament derjenigen ab, die an der Macht sein werden, wenn der Dollar in den freien Fall übergeht. Aber man kann natürlich spekulieren und sich auf solche Maßnahmen vorbereiten. Beginnen wir mit einem weiteren Blick auf Franklin D. Roosevelts Erlass, in dem er am 5. April 1933 erklärte: „Alle Personen werden hiermit aufgefordert, spätestens am

1. Mai 1933 alle Goldmünzen, Goldbarren und Goldzertifikate, die sie derzeit besitzen oder in deren Besitz sie bis zum 28. April 1993 kommen werden, bei einer Zweigstelle oder Agentur der Bundesbank oder bei einer Mitgliedsbank des Federal Reserve Systems abzuliefern."

Heute erzählt man uns, unsere „gesetzestreuen" Großeltern hätten willig Schlange gestanden, um ihr Gold abzugeben, aber die wahre Geschichte ist viel interessanter. Die Tabelle auf Seite 259 basiert auf Daten, die Milton Friedman und Anna Schwartz in ihrem Buch *A Monetary History of the United States, 1867–1960* veröffentlicht haben. Diese Daten zeigen:

1. Die Menge an monetärem Gold (das heißt Goldbarren und Münzen in Banktresoren und umlaufende Goldmünzen) in den USA war schon gesunken, bevor Roosevelt am 5. April die Konfiszierung anordnete. Die von den Banken, der Federal Reserve und dem Finanzministrium gehaltene Goldmenge sank in den drei Monaten von der Konfiszierung um 5,5 Prozent, während die Menge der umlaufenden Goldmünzen um erstaunliche 35,5 Prozent schrumpfte. Wie kam dieser Rückgang zustande? Man rechnete allgemein mit einer Konfiszierung, und die Menschen brachten ihr Gold in Sicherheit – nur für den Fall, dass sich die Gerüchte als zutreffend erweisen sollten.

2. Nach Bekanntgabe der Konfiszierung wurden nur Münzen im Gewicht von 3,9 Millionen Unzen abgegeben. Das entsprach etwa 21,9 Prozent der damals umlaufenden Münzen. Laut Friedman und Schwartz nahm die Regierung an, die übrigen Münzen seien „zerstört, verloren, ins Ausland gebracht oder ... in Münzsammlungen aufgenommen" worden. Nach Analyse sämtlicher Möglichkeiten kamen Friedman und Schwartz zu dem Schluss „dass im Januar 1934 der Großteil (der übrigen Goldmünzen) illegal in Privatbesitz war".

Wenn das Ziel der Konfiszierung darin bestanden hatte, privates Goldeigentum abzuschaffen, dann wurde es glatt verfehlt. Und wenn es das Ziel war, das Vertrauen in das monetäre System der USA wiederher-

MONETÄRES GOLD IN DEN USA

	Goldmünzen im Umlauf (in Mio. Unzen)	Goldvorräte (in Mio. Unzen)	Dollar je Unze	Wert der Goldvorräte (in Mio. $)
Dez. 1932	27,6	204,5	20,67	4.226
März 1933	17,8	193,3	20,67	3.995
Jan. 1934	13,9	195,1	35,00	6.829

zustellen, indem man die Golddeckung jedes einzelnen Dollars erhöhte, dann legt die Tabelle auf dieser Seite nahe, dass auch eine simple Abwertung des Dollars dazu ausgereicht hätte. Beachten Sie, wie der Dollar-Wert der amerikanischen Goldvorräte stieg, nachdem der Dollar als 1/35 Unze Gold neu definiert worden war. Mit anderen Worten: Rückblickend erscheint eine so kontroverse Maßnahme wie eine Konfiszierung als völlig unnötig.

Dieser Punkt ist so bedeutsam, dass er eine nähere Untersuchung verdient. 1933 waren zum Tausch gegen eine Unze Gold 20,67 Dollar nötig. Durch die Konfiszierung stiegen die Goldvorräte nur leicht von 193,3 auf 195,1 Millionen Unzen. Nach der Abwertung war eine Unze Gold 35 Dollar oder 69,3 Prozent mehr wert als zuvor. Der Wert der US-Goldvorräte stieg von 3.995 Millionen Dollar vor der Abwertung auf 6.829 Millionen Dollar. Wenn man annimmt, dass diese 6.829 Millionen eine ausreichende Golddeckung gewährleisteten, um das Vertrauen in den Dollar wiederherzustellen, dann hätte eine einfache Abwertung des Dollars um 70,9 Prozent statt 69,3 Prozent ausgereicht, den Wert der ursprünglich vorhandenen 193,3 Millionen Unzen auf 6.829 Millionen Dollar zu steigern

Diese Berechnungen sind zwar ein wenig langweilig, bringen uns aber zu einer Frage, die alles andere als langweilig ist: Wenn die Konfiszierung unnötig war, warum hat Roosevelt sie dann durchgeführt? Ganz offensichtlich verfolgte er ein Ziel, das mit dem unmittelbaren Wert des Dollars nichts zu tun hatte. Aber welches? Eine Möglichkeit wird in einem 1966 erschienenen Essay mit dem Titel „Gold und wirtschaftliche Freiheit“ diskutiert, dessen Verfasser – ausgerechnet ! – Alan Greenspan ist.

> Die Abkehr vom Goldstandard machte es Befürwortern des Wohlfahrtsstaats möglich, das Bankensystem als Mittel für eine unbegrenzte Kreditausweitung zu benutzen. ... Die Finanzpolitik eines Wohlfahrtsstaats erfordert, dass es für Besitzer von Eigentum keine Möglichkeit gibt, sich zu schützen. Das ist das schmutzige Geheimnis der Hasstiraden, die Befürworter des Wohlfahrtsstaats gegen das Gold halten. Defizitausgaben sind nur ein Vorwand für die Konfiszierung von Eigentum. Gold steht diesem hinterhältigen Vorgehen im Weg, weil es Eigentum schützt. Wenn man das weiß, bereitet es keine Schwierigkeiten mehr, die Abneigung der Staatsgläubigen gegen den Goldstandard zu verstehen.

Wenn man die Ironie beiseite lässt, dass diese Worte ausgerechnet von dem Mann stammen, der heute an der Spitze der ungehinderten Kreditexpansion steht, deren Entstehung er einst den „Staatsgläubigen“ angelastet hat, führt Greenspans Analyse zu einer sehr beunruhigenden Schlussfolgerung. Wenn sein eigenes Wachstum das wichtigste Ziel eines Staatsapparates ist, wie teuer das seine Bürger auch zu stehen kommen mag, dann ist Gold in der kommenden Krise zweifellos wieder bedroht. Aber nicht nur Gold. Denn heute besitzen die meisten Amerikaner steuerbefreite Konten; große Mengen an privatem Besitz sind nach der gültigen Rechtslage vor dem Zugriff der Steuereinnehmer sicher. Warum sollte man also beim Gold Halt machen, das, wie Roosevelt 1933 erfahren musste, leicht zu verstecken und schwer zu konfiszieren ist? Warum sollte man sich nicht leichtere Beute wie 401 (k)s und IRAs vornehmen und sie durch Schuldscheine der Regierung ersetzen?

Die Geschichte lehrt auch, dass Regierungen in Krisenzeiten dazu neigen, diejenigen Industrien zu verstaatlichen, die die Quelle des Reichtums und/oder der Unsicherheiten in ihren Ländern sind. Bei einem Kollaps des Dollars wären dies Goldminen, Ölproduzenten und andere Rohstoffunternehmen. Es ist also zumindest vorstellbar, dass in der kommenden Krise die Vermögenswerte in den USA ansässiger Minenunternehmen verstaatlicht und ihre Eigentümer mit den schon genannten Schuldscheinen der Regierung entschädigt werden.

Wie schützen Sie sich vor diesem erzwungenen Wechsel in exakt diejenige Währung, die Sie unter keinen Umständen besitzen wollen? Mit einem Wort: Diversifizierung. Verteilen Sie Ihr Vermögen in verschiedener Form auf mehrere Länder. Kaufen Sie physisches Gold und bringen Sie es vor dem Zugriff der Regierung in Sicherheit. Kaufen Sie Aktien von Minenunternehmen mit Reserven in relativ sicheren Teilen dieser Welt. Tauschen Sie einen Teil Ihres Bargelds in digitales Gold, das in einem Tresor außerhalb der USA aufbewahrt wird. Eröffnen Sie Bank- und Brokerkonten in Kanada, der Schweiz, Deutschland und Japan. Und denken Sie sorgfältig darüber nach, wie viel von Ihrem Eigentum in leicht einzufrierenden 401 (ks) und IRAs steckt.

Kapitel 22

GUTE INFORMATIONEN

Wenn wir unsere Aufgabe erfüllt haben, dann sollten Sie jetzt eine recht genaue Vorstellung von den mit einem Dollar-Kollaps verbundenen Risiken und Chancen haben. Und Sie werden an aktuellen Informationen interessiert sein. Zum Glück gibt es zahlreiche gute Informationsquellen. Der Kreis derer, die sich mit gesundem Geld beschäftigen, ist groß, lebhaft und aufgeschlossen. In diesem Abschnitt haben wir einige der nützlichsten Bücher, Newsletters und Websites aufgelistet. Wir empfehlen, dass Sie sich mit den führenden Theoretikern aus Vergangenheit und Gegenwart vertraut machen und einige ihrer Bücher lesen. Außerdem sollten Sie mindestens einen, besser zwei oder drei gute Newsletter abonnieren und täglich einige der aufgelisteten Websites aufsuchen. Wenn Sie das tun, wird Sie nichts von dem überraschen können, das in den kommenden Jahren passieren wird.

BÜCHER

The Dollar Crisis: Causes, Consequences, Cures von Richard Duncan

Ein detaillierter Blick auf die Ursachen des kommenden Dollar-Zusammenbruchs von einem früheren Berater des Internationalen Währungsfonds.

Gold Wars: The Battle Against Sound Money as Seen from a Swiss Perspective von Ferdinand Lips

Ein Schweizer Wirtschaftswissenschaftler schildert, wie Gold seine Funktion als Geld verloren hat und wie die Zentralbanken beständig versuchen, den Goldmarkt zu manipulieren.

Manias, Panics and Crashes: A History of Financial Crises von Charles P. Kindleberger

Eine berühmt gewordene historisch-theoretische Erklärung, warum es immer wieder zu Finanzkrisen kommt.

Extraordinary Popular Delusions and the Madness of Crowds von Charles Mackay

Die klassische Schilderung der Finanzblasen in der Menschheitsgeschichte. Das Auffälligste an MacKays Darstellung der Tulpen-Manie in Holland und ihren vielen Nachfolgern ist, wie vertraut sie uns zu sein scheinen.

The Theory of Money & Credit von Ludwig von Mises
Human Action von Ludwig von Mises

Ludwig von Mises gehörte zu den Begründern der österreichischen Schule der Nationalökonomie und wird von den Verfechtern gesunden Geldes fast wie ein Gott verehrt. Seine Bücher sind äußerst lesenswert.

Infectious Greed: How Deceit and Risk Corrupted the Financial Markets von Frank Partnoy

Eine leicht verständliche Erklärung, wie finanzieller Erfindungsreichtum und insbesondere Derivate den globalen Kapitalismus verderben.

At the Crest of the Tidal Wave: A Forecast for the Great Bear Market von Robert Prechter

Conquer the Crash: You Can Survive and Prosper in a Deflationary Depression von Robert Prechter

Diese Bücher breiten in erschreckenden Details die theoretische Grundlage von Prechters Prognose einer deflationären Depression aus. Beachten Sie auch unsere Diskussion seines Newsletter auf Seite 267.

The Case for the 100% Gold Dollar, and What Has Government Done to Our Money? von Murray Rothbard

Rothbard liefert die Ansichten eines Freidenkers über die Natur des Geldes und das Potenzial des Goldes im monetären System der Zukunft. Dieses und einige andere seiner Bücher können auf der Website des Ludwig von Mises Institute (www.mises.org) kostenlos heruntergeladen werden.

NEWSLETTERS (in alphabetischer Reihenfolge)

Dow Theory Letters

Herausgeber: Richard Russell
Erscheint seit 1958
Erscheinungsweise: Alle drei Wochen
Probeabonnement: Zwei Ausgaben für einen Dollar
Jahresabonnement: 250 Dollar
Dow Theory Letters, Inc.
P.O. Box 1759
La Jolla, CA 92038-1759
Tel.: (858) 454-0481
Website: www.dowtheoryletters.com
E-mail: staff@dowtheoryletters.com

Richard Russell erwarb sich hohes Ansehen durch eine seit 1956 in *Barron's* erscheinende Artikelserie über technische Analyse. Er gründete *Dow Theory Letters (DTL)* 1958 und ist bis heute der Herausgeber. Er hat noch nie eine einzige Ausgabe ausfallen lassen. Seine Erfolgsbilanz spricht für sich selbst. Bereits 1960 empfahl er Goldminen-Aktien. Er prognostizierte das Ende der Hausse von 1949 bis 1966 und – fast auf den Tag genau – den Beginn der Hausse, die im Dezember 1974 einsetzte. Hulbert Financial Digest setzte *DTL* im Zeitraum der letzten 23 Jahre auf risikoadjustierter Basis auf Platz eins unter allen Newsletters mit dem Themenschwerpunkt Timing.

DTL erscheint alle drei Wochen und beschäftigt sich mit den amerikanischen Aktien- und Anleihenmärkten, ausländischen Märkten, Edelmetallen und Rohstoffen. Einer der nützlichsten Inhalte ist Russells auf Tagesbasis berechneter Primary Trend Index, ein von ihm selbst entwickelter Index, der sich als erstaunlich treffsicherer Indikator kurz bevorstehender Marktbewegungen erwiesen hat.

Vor kurzem ist Russell zu einem ausgesprochenen Gold-Optimisten geworden (denken Sie an das Zitat am Beginn von Teil 3). Seine Sicht der Dinge entspricht im Prinzip der unseren: Gold ist Geld, „Fiat"-Währungen sind kein Geld, und dieser Unterschied wird sich in den nächsten Jahren immer stärker bemerkbar machen. Vor kurzem bemerkte er in einem Interview: „Es ist ganz einfach: Die Zentralbanken drucken viel mehr Geld, als die Goldminen in vergleichbaren Goldwerten produzieren können. ... Jetzt ist es an der Zeit, Gold und Gold-Aktien zu kaufen." An seinem 79. Geburtstag im Juli 2003 verkaufte er alle seine Anleihen, denn „ ... die USA sind auf dem Weg in die vielleicht schlimmste Finanzkatastrophe der Weltgeschichte".

Elliott Wave Theorist

Herausgeber: Robert R. Prechter
Erscheint seit 1979
Erscheinungsweise: Monatlich
Probeabonnement: Nicht erhältlich
Preis pro Monat: 20 Dollar
Elliott Wave International
P.O. Box 1618
Gainesville, GA 30503
Tel.: (800) 336-1618 oder außerhalb der USA: (770) 536-0309
Fax: (770) 536-2514
Website: www.elliottwave.com
E-mail: customerservice@elliottwave.com

Robert Prechter ist der Autor des Bestsellers *Conquer the Crash*. Seine analytische Methode basiert auf den Forschungen von Ralph Nelson Elliott, der in den 1930er- und 1940er-Jahren sich wiederholende Preismuster bei den Preisen verschiedener Rohstoffe entdeckte. Elliott bemerkte, dass sich die Muster auf verschiedenen zeitlichen und numerischen Skalen wiederholten und die psychische Verfassung der Marktteilnehmer zu reflektieren schienen. Daraus folgerte er, dass sich die Einstellung und die Emotionen der Investoren auf regelmäßige und vorhersagbare Weise ändern: von Vorsicht (wie in den 1950er-Jahren) über Risikotoleranz (in den 1980ern) bis zu hemmungsloser Euphorie (in den 1990ern). Dieses letzte Stadium führt zum Crash, und danach beginnt der Zyklus von neuem.

Das gleiche Wiederholungsmuster gilt auch für Rohstoffpreise und Aktienkurse. In seinem Newsletter *Elliott Wave Theorist* analysiert Prechter diese Wellenmuster, um darauf Prognosen für kurzfristige Preisveränderungen und langfristige Wirtschaftaktivitäten abzuleiten. Seine Arbeit ist daher für Trader und auch für Investoren wertvoll – und auch für Menschen, die einfach einen Rahmen für das Verständnis der modernen Welt haben wollen. Seine wichtigste Schlussfolgerung lautet, dass wir vor einer Wende nach unten stehen, die die Dimensionen der Weltwirtschaftskrise erreichen oder sogar übertreffen könnte. Gold wird seiner Meinung nach in einem solchen deflationären Szenario nicht gut abschneiden. Aber Leser sollten diesen Aspekt wegen seiner großartigen Analyse des „großen Bildes“ überlesen.

Freemarket Gold & Money Report

Herausgeber: James Turk
Erscheint seit 1987
Erscheinungsweise: 20 Ausgaben pro Jahr, plus gelegentliche Sonderausgaben
Probeabonnement: 60 Dollar für drei Monate
Jahresabonnement: 220 Dollar bei Zustellung per E-Mail, 260 Dollar bei Postzustellung
Freemarket Gold & Money Report
1857-240 White Mountain Highway
P.O. Box 5002
North Conway, NH 03860
Tel.: (603) 323-8182
Fax: (603) 323-8161
Website: www.fgmr.com
E-mail: contact@fgmr.com

Der *Freemarket Gold & Money Report* bietet eine internationale Perspektive der Edelmetall- und Finanzmärkte. Jede Ausgabe enthält Kauf- und Verkaufsempfehlungen zu Gold-, Silber- und sonstigen Minen-Aktien, Aktienmärkten, Anleihen und Währungen. Da dies James‘ Newsletter ist, werden wir ihn hier nicht kommentieren und lediglich anmerken, dass er einer der ältesten Edelmetall-Newsletters ist und viele Themen behandelt, die in diesem Buch angesprochen wurden.

Gold Mining Stock Report

Herausgeber: Robert Bishop
Erscheint seit 1983
Erscheinungsweise: Etwa 50 Mitteilungen jährlich, per E-mail oder Fax
Probeabonnement: 250 Dollar für drei Monate
Jahresabonnement: 1000 Dollar
Gold Mining Stock Report
P.O. Box 1217
Lafayette, CA 94549
Tel.: (925) 284-1165
Fax: (925) 891-9188
Website: www.goldminingstockreport.com
E-mail: info@goldminingstockreport.com

Robert Bishop bereist die Welt, um neue Minen in Augenschein zu nehmen und Management-Teams zu interviewen. Sein Ziel ist, kleine Minenunternehmen zu entdecken, aus denen große werden könnten – oder die mit hohem Gewinn von den großen aufgekauft werden. Er verzeichnet ständig Erfolge.

Mit 50 Mitteilungen pro Jahr ist dies der am häufigsten aktualisierte Newsletter auf unserer Liste. Jede Ausgabe enthält eine knappe Zusammenfassung der aktuellen Ereignisse auf dem Goldmarkt und einige Analysen zu aufstrebenden Minenunternehmen.

Gold Newsletter

Herausgeber: Brien Lundin
Erscheint seit 1971
Erscheinungsweise: Zwölf Ausgaben pro Jahr
Probeabonnement: Eine kostenlose Ausgabe ist online erhältlich
Jahresabonnement: 198 Dollar
Gold Newsletter
2400 Jefferson Highway
Suite 600
Jefferson, LA 70121
Tel.: (800) 877-8847
Fax: (504) 837-4885
Website: www.goldnewsletter.com
E-mail: gnlmail@jeffersoncompanies.com

1971 wurde der *Gold Newsletter* als wichtigste Waffe in Jim Blanchards Kampf begründet, amerikanischen Bürgern den privaten Besitz von Gold wieder zu erlauben. In den mehr als 30 Jahren seiner Existenz hat er Beiträge zahlreicher führender Verfechter freier Märkte und Investmentanalysten gebracht.

Heute wird der *Gold Newsletter* von Blanchards langjährigem Partner und Mitgesellschafter Brien Lundin herausgegeben. Er konzentriert sich auf Minen-Aktien, die sich mit Exploration und der Vorbereitung einer Produktion beschäftigen, aber er enthält auch gute Artikel über die Metallmärkte selbst. Es gibt Gastkommentare von Rednern auf der New Orleans Investment Conference, und die Rubrik „Potpourri“ ist in der Branche seit langem sehr beliebt. Hauptattraktion ist aber der schiere Umfang der Aktienanalysen. Die Beispielausgabe, die man sich Anfang 2004 kostenlos herunterladen konnte, war 16 Seiten lang und enthielt Porträts und/oder Analysen von 23 Minen-Aktien. In einer typischen Ausgabe erscheinen ein paar wohlbekannte Namen, aber weit mehr neue Unternehmen.

Gold Stock Analyst

Herausgeber: John Doody
Erscheint seit 1994
Erscheinungsweise: Monatlich
Probeabonnement: Eine kostenlose Ausgabe ist online erhältlich
Jahresabonnement: 350 Dollar
Gold Stock Analyst
P.O. Box 7440
Ft. Lauderdale, FL 33338
Tel.: Bestellservice unter (800)237-8400-308
Website: www.goldstockanalyst.com
E-mail: goldstock@goldstockanalyst.com

Der *Gold Stock Analyst* enthält so viele Daten, dass die Abonnenten alte Ausgaben aufbewahren und für weitere Nachforschungen heranziehen. Jede Ausgabe enthält Tabellen, die die wichtigen Kennzahlen (Gewinne, Produktionsvolumen, Produktionskosten und vieles mehr) so gut wie aller existierenden Gold-, Silber- und Platinminen auflisten. Gleiches gilt für den Goldmarkt allgemein: Doody hält seine Abonnenten auf dem Laufenden über Angebots/Nachfrage-Trends, Leerverkäufe der Bullion-Banken und die relativen Bewertungen von Aktien und physischen Edelmetallen. Außerdem liefert er natürlich in jeder Ausgabe detaillierte Analysen von einem halben Dutzend oder mehr Goldminen verschiedener Größe und Art.

Jede Ausgabe enthält auch Doodys Top-Ten-Aktienempfehlungen, in der Regel eine Mischung aus großen, kleinen und mittleren Unternehmen. Zum Beispiel wurden in einer der letzten Ausgaben neben „Majors“ wie Newmont und Anglogold auch „Juniors“ wie Crown Resources und Canyon Resources empfohlen. Wenn man einfach diese Aktien kauft, erhält man automatisch ein gut diversifiziertes Goldminendepot, das recht gut abschneiden wird, wenn man sich auf die Ergebnisse der Vergangenheit verlassen kann. Die Top-Empfehlungen stiegen 2003 im Durchschnitt um 90 Prozent. Der XAU-Index der bedeutenden Minenunternehmen legte im gleichen Zeitraum nur um 40 Prozent zu, Gold selbst um 20 Prozent.

Grant's Interest Rate Observer

Herausgeber: James Grant
Erscheint seit 1983
Erscheinungsweise: 24 Ausgaben pro Jahr
Probeabonnement: Acht Ausgaben für 350 Dollar
Preis je Einzelausgabe: 50 Dollar
Jahresabonnement: 760 Dollar
Grant's Interest Rate Observer
2 Wall Street
New York, NY 10005
Tel.: (212) 809-7994
Fax: (212) 809-8492
Website: www.grantspub.com
E-mail: subscriptions@grantspub.com

James Grant gründete den *Interest Rate Observer* 1983, nach einer achtjährigen Tätigkeit für *Barron's*, wo er die Kolumne „Current Yield" begründet hatte. Er hat vier Bücher über Finanzen und Finanzgeschichte geschrieben, darunter *Money of the Mind* und, als bislang letztes, *The Trouble with Prosperity*. Derzeit schreibt er eine monatliche Kolumne für *Forbes'*.

Grant's Interest Rate Observer konzentriert sich auf das „große Bild" und bietet eine einzigartige Herangehensweise an aktuelle Ereignisse. Kürzlich erschienene Ausgaben enthielten detaillierte Analysen über fundamentale Fehler von Banken, die zu ihrem Ruin führen werden, über die Art, wie sich Eigenheimbesitzer überschulden, darüber, wie Innovationen wie Kreditverbriefung und Hypotheken-REITs uns in den Ruin führen werden, über das Verhältnis zwischen Aktienkursen und Inflation und die Veränderungen in den Bilanzen der Zentralbanken. Diese Liste ist scheinbar endlos, weil auch Grants Fähigkeit, Muster zu erkennen und zuvor unerforschte Zusammenhänge in der Welt der Finanzen und der Unternehmen aufzudecken, offenbar unbegrenzt ist. Als Sahnehäubchen ist der Newsletter auch noch brillant geschrieben und enthält zahlreiche, wirklich lustige Cartoons.

J. Taylor's Gold & Technology Stocks

Herausgeber: Jay Taylor
Erscheint seit 1986
Erscheinungsweise: Monatlich
Probeabonnement: 39 Dollar für drei Monate
Preis je Einzelausgabe: 50 Dollar
Jahresabonnement: 123 Dollar
J. Taylor's Gold & Technology Stocks
P.O. Box 871
Woodside, NY 11377
Tel.: (718) 457-1426
Website: www.miningstocks.com
E-Mail: info@miningstocks.com

Jay Taylor war früher Goldminenanalyst an der Wall Street und deckt das gesamte Spektrum der Minenunternehmen ab, wobei der Schwerpunkt auf den kleineren Unternehmen liegt. Und er war erfolgreich dabei, aufstrebende Minenunternehmen zu entdecken, bevor sie größer wurden. Das Musterdepot des Newsletters schnitt 2002 und 2003 um jeweils 20 Prozent besser ab als Gold selbst.

Taylor bietet einen wöchentlichen Telefon-Hotline-Service an, der Informationen über die Wirtschaft, Gold und seine favorisierten Aktien enthält. Die Hauptattraktion sind jedoch seine tiefschürfenden, aber dennoch gut lesbaren Berichte, in denen er mit klaren Worten beschreibt, was ein aufstrebendes Minenunternehmen tut und ob es wahrscheinlich Erfolg haben wird. Hier ein kurzer Auszug aus einem wesentlich längeren Bericht: „EmGolds Hauptaugenmerk liegt auf einer wunderbaren alten Mine in Grass Valley, Kalifornien, die als Idaho-Maryland-Mine bekannt ist. Sie ist nicht ganz unbedeutend, denn sie lieferte zwischen 1862 und 1956 2.383.000 Unzen Gold. EmGold schätzt die Reserven auf etwas über eine Million Unzen, die es in den nächsten zehn Jahren abbauen will. Außerdem werden Goldreserven vermutet, die weit tiefer liegen als die bisherige maximale Schachttiefe von etwa 500 Metern. Die Explorationspläne des Unternehmens sehen daher eine Probebohrung bis in eine Tiefe von 1.700 Metern vor, um die Ausdehnung der Goldmineralisierung in diesem Projekt zu prüfen."

International Harry Schultz Letter

Herausgeber: Jay Taylor
Erscheint seit 1964
Erscheinungsweise: Monatlich
Probeabonnement: 241 Dollar für acht Monate
Preis je Einzelausgabe: 50 Dollar
Jahresabonnement: 327 Dollar
International Harry Schultz Letter
Postfach 622
CH-1001 Lausanne, Schweiz
Tel.: 00 506 271 2293
Website: www.hsletter.com
E-mail: info@hsletter.com

Zu übertriebener Bescheidenheit neigt Harry Schultz nicht gerade, denn er bezeichnet seine Publikation als „den weltweit bedeutendsten Newsletter über internationale Investments, Finanzen, Wirtschaft, geopolitische Entwicklungen, Privatsphäre, Soziologie und Philosophie“. Aber wie sagt man so schön: Prahlerei ist es nur, wenn nichts dahinter steckt. Und Schultz‘ Newsletter ist seit über 40 Jahren erfolgreich, hat Abonnenten in 80 Ländern und weist eine gute Bilanz auf, was makroökonomische und aktienspezifische Prognosen anbelangt.

Der Sitz der Redaktion liegt in der Schweiz. Schultz kann sich auf die Analysen von Korrespondenten in aller Welt und auf ein erstklassiges Research-Team stützen. Das Themenspektrum des Newsletters ist so breit, dass man es unmöglich in wenigen Sätzen beschreiben kann. Jedenfalls bietet es einen großartigen Überblick über die Welt aus der Sicht des gesunden Geldes und eine nützliche Informationsquelle, wie man Kapital aus dem Dollar in andere, vielversprechendere Währungen wie den Schweizer Franken umschichten und diversifizieren kann. Eines unserer Lieblingszitate von Schultz (das er erst kürzlich äußerte) lautet: „Wir stehen vor einer Derivatekrise von enormen Ausmaßen ... die das derzeitige Goldkartell zu Konfetti zerreißen wird.“

International Speculator
Herausgeber: Doug Casey
Erscheint seit 1979
Erscheinungsweise: Monatlich
Probeabonnement: Nicht erhältlich
Jahresabonnement: 199 Dollar
International Speculator
P.O. Box 84911
Phoenix, AZ 85071
Tel.: (602) 252-4477. Gebührenfrei: (800) 528-0559
Website: www.caseyresearch.com
E-mail: isp@publishers-mgmt.com

Doug Casey ist der Autor von *Crisis Investing*, eines der meistverkauften Finanzbücher der 1970er-Jahre. Er plädiert für eine, wie er es ausdrückt, „vernünftige Spekulation“, indem er exzessive Risiken durch Identifizierung der Unternehmen mit den besten Management-Teams, aktionärsfreundlichen Kapitalstrukturen und viel versprechenden Projekten auszuschalten versucht.

Derzeit konzentriert er sich auf gut gemanagte kleinere Explorationsunternehmen, „die mehrere Gewinnmöglichkeiten bieten, zum Beispiel durch den Erwerb einer attraktiven Minenkonzession, durch die Bekanntgabe erfolgreicher Bohrungen oder durch den Abschluss eines Joint Venture mit einem großen, kapitalkräftigen Bergbauunternehmen“. Jedes dieser Ereignisse, so sagt Casey, kann die Aktien eines kleinen Explorationsunternehmens buchstäblich über Nacht um zwei- oder dreistellige Prozentsätze steigen lassen. Anfang 2004 konzentrierte sich Casey noch auf einen anderen Sektor: Entwicklungsunternehmen mit hoher Hebelwirkung, die von niedrigen Rohstoffpreisen profitieren, indem sie Erzvorkommen erwerben, die bei den derzeitigen Preisen nicht wirtschaftlich sinnvoll ausgebeutet werden können, was sich allerdings ändern wird, wenn die Rohstoffpreise steigen. Die Annahme hinter dieser Strategie lautet, dass ihre Gewinne – und ihre Aktienkurse – in einer Rohstoff-Hausse stark steigen werden.

Le Metropole Café

Eigentümer: Bill Murphy
Existiert seit 1979
Täglich geöffnet
Probeabonnement: Zwei Wochen kostenlos
Jahresabonnement: 149 Dollar
Website: www.lemetropolecafe.com
E-mail: LePatron@LeMetropoleCafe.com

Le Metropole Café ist eine nur für Mitglieder zugängliche „Online-Community“ nach dem Vorbild französischer Cafés aus dem frühen 20. Jahrhundert, wie dem Moulin Rouge. Die Idee dahinter ist, einen Raum zu schaffen, wo, wie auf der Homepage zu lesen steht, „Investoren aus aller Welt sich treffen und die dringlichen finanziellen und wirtschaftlichen Themen des Tages diskutieren können“. Das gelingt mit erstaunlichem Erfolg. Unserer Meinung nach ist *Le Metropole Café* der beste Treffpunkt in der Welt des gesunden Geldes.

Unter der Führung von Bill Murphy, dem Mitbegründer des Gold Antitrust Action Committee, führt das „ökonomische Dream Team“ des Metropole auf hohem Niveau eine ständige Diskussion über Themen, die von der globalen Währungspolitik bis zu den aktuellsten Entwicklungen im Metallhandel reicht. Wegen Murphys Verbindung zum GATA kann es nicht überraschen, dass der Krieg zwischen den Zentralbanken dieser Welt und dem Gold ein zentrales Diskussionsthema ist. Wenn unser Kapitel „Der große Short Squeeze der Zentralbanken“ für Sie interessant war, ist Le Metropole der richtige Ort für Sie, sich in dieses Thema zu vertiefen.

Und weil es sich um eine Website handelt, ist sie interaktiv. Sie können also in die Diskussionen eingreifen, indem Sie in den vielen „Foren“ Ihre eigenen Ideen einbringen. Im August 2004 gab es lebhafte Diskussionen zu Dutzenden von Themen, vom Kauf von Silber bis zu den Machenschaften der russischen Zentralbank. Das Resultat ist, wie *Forbes* vor kurzem angemerkt hat, eine gewisse Menge heißer Luft, aber ein weit größeres Maß an Einsichten und Spannung. Versuchen Sie das zweiwöchige Probeabonnement, und Sie werden höchstwahrscheinlich Ihr Leben lang Abonnent bleiben.

Moneychanger

Herausgeber: Franklin Sanders
Erscheint seit 1980
Erscheinungsweise: Monatlich
Probeabonnement: Nicht erhältlich, aber volle Rückerstattung der Kosten, wenn der Kunde nach drei Ausgaben nicht zufrieden ist. Danach teilweise Rückerstattung
Jahresabonnement: 149 Dollar
Moneychanger
P.O. Box 178
Westpoint, TN 38486-0178
Tel.: (888) 218-9226
Website: www.the-moneychanger.com
E-mail: moneychanger@compuserve.com

Franklin Sanders trägt in seinem Newsletter *Moneychanger* weitreichende Kritik am herrschenden System vor. Hinzu kommen Ratschläge auf vielen Gebieten, vom christlichen Glauben bis zu alternativer Medizin. Sein Hauptaugenmerk gilt allerdings Investments im Bereich der Edelmetalle. Der Newsletter enthält Interviews mit Berühmtheiten wie Bill Murphy, dem Gründer von Le Metropole Café, oder dem Silber-Guru Ted Butler. Hinzu kommen Ratschläge zum Goldkauf, Porträts großer und kleinerer Minengesellschaften, Analysen der Mängel des heutigen Bankensystems und ausgefeilte Optionsstrategien. Sanders hat etliche Bücher und Broschüren geschrieben, darunter *The Next Great Depression* (238 Dollar), den *Gold, Silver and Platinum Report* (38 Dollar) und, zusammen mit Jim Blanchard, *Silver Bonanza* (34 Dollar).

Ormetal Report
Herausgeber: Claude Cormier
Erscheint seit 1996
Erscheinungsweise: 14-tägig
Probeabonnement: Eine Probeausgabe ist online kostenlos erhältlich
Jahresabonnement: 149 Dollar (199 Kanadische Dollar), zehn Prozent Rabatt bei Bezahlung mit GoldMoney
Ormetal Inc.
4004 Chemin du Lac Morgan
Rawdon, QC
Kanada, J0K 1S0
Tel./Fax: (450) 834-8447
Website: www.ormetal.com
E-mail: info@ormetal.com

Claude Cormier sucht überall nach aufstrebenden Minen-Aktien und hat schon auf der ganzen Welt Gewinner gefunden (erinnern Sie sich an das Beispiel Francisco Gold auf Seite 146). Einzigartig ist allerdings sein Wissen über den kanadischen Markt, und sein Newsletter ist eine unentbehrliche Quelle von Informationen über kleinere kanadische Gold- und Silberminen.

Resource Opportunities

Herausgeber: Lawrence Roulston
Erscheint seit 1997
Erscheinungsweise: Etwa 20 Ausgaben pro Jahr
Probeabonnement: Eine Probeausgabe ist online kostenlos erhältlich
Jahresabonnement: 169 Dollar (225 Kanadische Dollar)
625 Howe St.
Suite 1290
V6C 2T6, Vancouver, BC
Kanada
Tel.: (604) 697-0026. Gebührenfrei: (877) 773-7677
Website: www.resourceopportunities.com
E-mail: info@resourceopportunities.com

Lawrence Roulston ist ausgebildeter Geologe mit mehr als 20 Jahren Erfahrung aus erster Hand in der Minenbranche, einschließlich einiger Jahre als Präsident eines Explorationsunternehmens. Sein Newsletter ist gut und leicht verständlich geschrieben, ohne oberflüssigen Geologen-Jargon und aus der Perspektive eines Insiders. Themen wie den Aufstieg Chinas oder die Entwertung des Dollars schildert er klar verständlich, aber tiefschürfend genug, um dem Leser ein wirkliches Verständnis dieser Vorgänge zu ermöglichen. Er bringt auch detaillierte Beschreibungen der seiner Meinung nach interessantesten und risikolosesten Rohstoffinvestments. „*Resource Opportunities* hält sich fern von den riskantesten unter den „Juniors", also von denjenigen, „die nur auf gut Glück ein paar Probelöcher bohren", sagt Roulston. „Stattdessen konzentriert sich der Newsletter auf Unternehmen, die bereits ein Erzvorkommen entdeckt haben, bei dem allerdings noch zusätzliche Arbeit erforderlich ist, um Reserven nachzuweisen."

Solche Unternehmen „... weisen in der Regel hohe Bewertungsabschläge im Vergleich zu den großen Produzenten auf. Bei einigen dieser kleinen Unternehmen entspricht die Bewertung tatsächlich nur ein paar Dollar je Unze Gold im Boden. Dagegen werden die großen der Branche mit mehr als 100 Dollar je Unze an Reserven bewertet. Diese Konzentration auf kleinere Unternehmen gewährt daher eine enorme Hebelwirkung relativ zum Goldmarkt. Ein solches Investment hat den Vorteil, dass Sie wesentlich mehr Unzen besitzen als bei einem Investment in einen großen Produzenten."

The Silver Investor Newsletter
Herausgeber: David Morgan
Erscheinungsweise: Monatlich
Probeabonnement: 60 Dollar für drei Monate
Jahresabonnement: 149 Dollar bei Postzustellung, 99 Dollar bei Zustellung per E-mail, 169 Dollar für Bezieher im Ausland
Stone Investment Group
21307 Buckeye Lake Lane
Colbert, WA 99005
Tel.: (gebührenfrei): (877) 610-9962
Website: www.silver-investor.com
E-mail: silverguru@hotmail.com

Silver Investor ist der einzige hier aufgelistete Newsletter, der sich hauptsächlich auf Silber konzentriert. Der Fokus von Herausgeber David Morgan liegt auf Silberminen-Aktien, obwohl er sich auch ausführlich mit dem makroökonomischen Umfeld beschäftigt. In den jüngsten Ausgaben erschienen Analysen über die Silbervorräte (sie schrumpfen), die Manipulation des Silbermarkts durch Spieler, die den Preis niedrig halten wollen (sie werden scheitern), die Auswirkungen der digitalen Fotografie (minimal) und die Rolle des Silbers bei der Überwindung der Energiekrise (entscheidend).

Das Herzstück des *Silver Investor* ist Morgans „Musterdepot", das in zwei Sektionen unterteilt ist: finanzstarke Minenunternehmen und „Silberspekulationen". Die Liste ist relativ kurz, was die derzeit geringe Zahl der Investitionsmöglichkeiten widerspiegelt.

WEBSITES (in alphabetischer Reihenfolge)

www.321gold.com
www.a1-guide-to-gold-investments.com
www.capitalupdates.com
www.depression2.tv
www.fame.org
www.financialsense.com
www.gata.org
www.goldcolony.com
www.gold-eagle.com
www.goldenbar.com
www.goldensextant.com
www.goldismoney.info
www.goldmoney.com
www.goldseek.com
www.howestreet.com
www.investmenttrarities.com
www.jsmineset.com
www.kitco.com
www.minearlstox.com
www.minesite.com
www.mineweb.com
www.mininglife.com
www.mises.org
www.moneyfiles.org
mwhodges.home.att.net
www.sharelynx.com
www.silverseek.com
www.theaureport.com
www.thebulliondesk.com

Epilog

DER GOLDSTANDARD DER ZUKUNFT

Noch immer ist Gold die ultimative Zahlungsform in der Welt.

Alan Greenspan
in seiner Rede vor dem U.S. House Banking Committee 1999

In diesem Buch haben wir zwei Fragen von größter Bedeutung behandelt: Warum wird der Dollar zusammenbrechen, und wie kann Gold Sie schützen und es Ihnen ermöglichen, von der kommenden Währungskrise zu profitieren? Wir haben uns absichtlich nicht auf Spekulationen eingelassen über das, was danach kommen wird; erstens, weil dies unsicher ist, und zweitens, weil dieses Thema ein eigenes Buch wert ist, das wir noch zu schreiben hoffen, wenn die Zeit gekommen ist.

Aber natürlich fällt es schwer, sich keine Gedanken darüber zu machen, wie die Welt aussehen wird, nachdem ein so großer Teil der heute allgemein akzeptierten Überzeugungen sich als irreführend erwiesen haben wird. Und es fällt auch schwer, sich keine Sorgen zu machen. Historisch haben Währungszusammenbrüche zu furchtbaren Veränderungen der politischen und ökonomischen Systeme geführt. Denken Sie an die Eroberung Roms durch die Westgoten oder an den Aufstieg Napoleons in Frankreich. Und da das nun bevorstehende Chaos weit größer und umfassender sein wird als alles, was bisher da war, könnten die Folgen entsprechend schlimmer ausfallen.

Wird die industrialisierte Welt also das Schicksal des Römischen Reiches teilen, oder wird die Menschheit noch einen Weg finden, aus den finanziellen Zitronen dieses Jahrzehnts eine Limonade zu machen? Wenn zunächst der Dollar kollabiert, dann der Yen und der Euro und das ganze Konzept der „Fiat"-Währungen in Verruf geraten, welche Art von Geld kann dann die Lücke füllen? Werden die Regierungen dazu in der Lage sein, ihre gescheiterten Währungen in einem neuen monetären System wiederzubeleben, oder werden wir zum Goldstandard zurückkehren, falls dies durchführbar ist?

Natürlich kennt heute noch niemand die Antworten auf diese Fragen. Aber wir werden uns einige Gedanken darüber machen, was passieren *sollte*. Wir befürworten die Rückkehr zu einem objektiven Wertstandard, der von Regierungsmaßnahmen unabhängig ist, als einzig logischen Weg zur Lösung der bevorstehenden Probleme. Dies ist auch moralisch von großer Bedeutung, denn gesundes Geld ist schließlich nicht nur ein okönomisches, sondern auch ein ethisches Anliegen. Unsere Währung ist das Versprechen, das wir gegenüber uns selbst, unseren Kindern und unseren Handelspartnern ablegen, dass unsere Welt gut ist und gut bleiben wird, dass ein Wertgegenstand, den wir heute erhalten, in Zukunft seinen Wert behalten wird. Und im Lauf der gesamten Menschheitsgeschichte hat nur Gold dieses Versprechen erfüllen können.

Jetzt könnten Sie natürlich argumentieren, dass wir in gewisser Hinsicht den Goldstandard nie verlassen haben. Obwohl Nationen schon vor langer Zeit die Verträge gebrochen haben, die ihre Währungen an das Gold koppelten, blieb Gold der Maßstab, an dem andere Dinge gemessen wurden. Denken Sie an den Öl/Gold-Chart auf Seite 227. Hier wird klar, dass Gold diese Funktion behalten hat, ohne Sanktionen oder Kooperationen der Zentralbanken dieser Welt – und manchmal sehr gegen deren Willen. Man kann beim US-Schatzamt zwar keine Dollars mehr gegen Gold tauschen, aber an den Börsen dieser Welt kann man immer noch Gold für Dollars kaufen, 24 Stunden am Tag. Und das Verhalten der Zentralbanken legt nahe, dass der Wechselkurs des Goldes noch immer ein wichtiger Maßstab für den Erfolg einer Währung ist.

Wenn sich der Kollaps des Dollars zu einer globalen Währungsimplosion ausweitet, wird die Welt wiederum vor einer Weggabelung stehen. In der einen Richtung liegt eine noch stärkere Zentralisierung politischer und wirtschaftlicher Macht (nennen wir dies Szenario 1), deren Resultat, wie in den 1930er-Jahren, eine noch größere, noch autoritärere Regierung sein wird. Wenn wir diesen Weg wählen, während die Regierungsausgaben schon heute die Hälfte der Wirtschaftsleistung vieler Länder ausmachen, wird das Ergebnis ähnlich sein wie im Osteuropa der 1980er-Jahre: zentrale Planungssysteme, in denen Bürokraten so gut wie alles entscheiden. In dieser hässlichen, aber leider nur zu wahrscheinlichen Welt wird Geld genau das sein, als was es der jeweils an der Macht befindliche Diktator bezeichnet. Und Gold wird in den Untergrund getrieben und/oder konfisziert werden, wie es in den 1930er-Jahren der Fall war.

Wir werden gleich noch näher auf dieses Szenario eingehen. Es ist nur zu vertraut, weil Variationen davon in vielen Ländern der Welt existiert haben – und noch immer existieren. Falls es wirklich dazu kommen sollte, wird sich alles verändern. Wir haben keinen besseren Rat zu bieten, als mit allen Mitteln gegen eine solche Entwicklung anzukämpfen.

Was aber wird passieren, wenn das Desaster die Menschen diesmal für die Risiken von Geldersatz sensibilisiert und dazu führt, dass sie nach einer Alternative verlangen? Wir müssen dazu nicht allzu weit in die Ferne blicken, denn es würde schon genügen, uns auf die ursprünglichen Anliegen unserer Verfassung zu besinnen. In der Praxis bedeutet dies eine Beschränkung des Regierungseinflusses auf einige wenige wesentliche Funktionen. Und es bedeutet auch, dass man die Währung von den Launen einer Regierung und ihrer Wähler unabhängig machen muss. Wie? Auch hier gibt es eine nahe liegende Lösung. Wenn es darum geht, ein gesundes Währungssystem zu schaffen, kommen die überzeugendsten Argumente aus dem Lager derer, die für eine Rückkehr zum Gold plädieren, und auch dies wäre ganz im Sinne der Väter unserer Verfassung. In Kapitel 8 war ja schon davon die Rede, dass sie Gold und Silber zum Geld dieses Landes erklärt und dies in Artikel I der Verfassung auch für zukünftige Generationen festgelegt (oder es zumindest versucht) haben.

Wir wollen daher noch zwei optimistischere Szenarien entwerfen, in denen die Menschheit aus der Konfrontation mit einem globalen Währungszusammenbruch die angemessenen Schlussfolgerungen zieht und die richtigen Entscheidungen trifft.

SZENARIO 2: DIE WELT KOMMT ZUR BESINNUNG

2005: Der Dollar verliert an den Devisenmärkten ständig an Wert, an den Börsen und im Geschäftsleben macht sich allmählich Panik breit. Auf Dollar lautende Anleihen stürzen ab, oder, anders ausgedrückt, die Zinsen schießen nach oben. An überhitzten Märkten wie Kalifornien und New York platzt die Immobilienblase, weil die Hypothekenzinsen massiv steigen und weil es zu einer Kreditverknappung kommt. Die Eigenheimpreise sinken innerhalb weniger Monate um 50 Prozent oder mehr. Die Großen des strukturierten Finanzsektors, Hypothekengiganten wie Fannie Mae und Freddie Mac, sowie Derivatespieler wie JPMorgan Chase erweisen sich als die Zeitbomben, die sie in Wirklichkeit sind. Ihre Aktien beginnen ebenso abzusinken wie alle anderen, die in Verbindung mit der amerikanischen Kreditblase stehen. Der Euro und der Yen steigen gegenüber dem Dollar massiv, Gold schießt über die Marke von 1.000 Dollar (32,15 Dollar/gg) hinaus und verteuert sich weiter.

2006: Europäische und asiatische Regierungen sehen wegen des Anstiegs ihrer Währungen ihre lebenswichtigen Exportsektoren gefährdet. Sie schlagen zurück, indem sie ihre Zinsen senken und an den Devisenmärkten intervenieren. Ein an die 1930er-Jahre erinnernder Abwertungswettlauf wird zur neuen globalen Wirtschaftspolitik. Der kranke Dollar steckt den Euro und den Yen an, und diese einst starken Währungen beginnen an Wert zu verlieren. Nicht gegenüber dem Dollar, der immer noch abstürzt, aber gegenüber Gold, Öl und anderen harten Wertgegenständen. Die Preise vieler Rohstoffe ziehen kräftig an, weil Verbraucher in der ganzen Welt ihre Papierwährungen und andere Finanztitel zu jedem Preis und so schnell wie möglich in reale Güter und Dienstleistungen tauschen wollen. Die Flucht aus den Währungen ist voll im Gang.

Es kommt zur spektakulären Pleite einer großen amerikanischen Finanzinstitution, und der Rest der Branche wird von der Kapitalzufuhr abgeschnitten. Niemand will in solche Unternehmen investieren oder ihnen Geld leihen. Es gibt wilde Spekulationen, wer der nächste Pleitekandidat sein wird. Die Regierungen großer Industrienationen liebäugeln inzwischen mit Kapitalkontrollen, Preiskontrollen und anderen verzweifelten Maßnahmen. Die politische Rechte ruft nach einer Verschärfung der Gesetze zur nationalen Sicherheit, die Linken fordern staatliche Hilfen für Eigenheimbesitzer und schwächelnde Banken sowie Beschäftigungsprogramme, um die Wirtschaft am Laufen zu halten. Alle Seiten des politischen Lagers verlangen eine „starke Führung". Einige bürgerliche und wirtschaftliche Freiheitsrechte werden „vorübergehend" außer Kraft gesetzt. Gold steigt auf mehr als 2.000 Dollar (64,31 Dollar/gg).

2007: Während die Regierungen der Welt in Panik verfallen, beginnen sich die Bürger mit Hilfe des Internets und anderer moderner Medien zu informieren, über Ursachen und Lösungen der Probleme zu debattieren. Ähnlich wie im 19. Jahrhundert, als Diskussionen über Währungspolitik weit verbreitet waren und in der Öffentlichkeit aufmerksam verfolgt wurden, liest man auf Seite 1 der Zeitungen Artikel über entscheidende Themen wie die wahre Natur des Geldes und die Unfähigkeit der Regierungen, ihre Landeswährungen zu managen. Und ganz allmählich wächst die Einsicht, dass diese Probleme weder durch höhere Gewalt noch durch zu viel Freiheit noch durch einen zu kleinen und nachsichtigen Regierungsapparat verursacht worden sind. Stattdessen sind sie das Resultat der Tatsache, dass die Menschen quer durch alle gesellschaftlichen Schichten über ihre Verhältnisse gelebt haben.

In den folgenden Monaten geschieht Bemerkenswertes: Es kommt zu einer Art dem Elektronikzeitalter angepassten Versammlung zum Entwurf einer Verfassung, die USA kehren zu ihren philosophischen Wurzeln zurück und untersuchen die Grundlagen ihrer Kultur. Die Debatte bewegt sich weg vom Thema, wie eine Diktatur zu unserer Rettung aussehen sollte, und hin zur Frage, wie wir das ursprüngliche Konzept einer liberalen Demokratie neu erschaffen können. Es verbreitet sich die Überzeugung, dass die Tage der Papierwährungen gezählt sind, und alle Augen richten sich auf Gold, der einzigen Art Geld, die ihren Wert behalten hat, während die Papierwährungen zu einem riesigen Haufen Konfetti zerfetzt wurden.

2003 bestand eines der größten Hindernisse auf dem Weg zurück zum Gold darin, dass bei einem Wechselkurs von 400 Dollar je Unze (12,86 Dollar/gg) nur Gold im Gegenwert von zwei Billionen Dollar vorhanden war. Viel zu wenig also, um eine Weltwirtschaft mit einem Volumen von 32 Billionen Dollar mit Geld zu versorgen. 2007 ist das kein Problem mehr, weil der Wechselkurs des Goldes auf etwa 5.000 Dollar je Unze (160,77 Dollar/gg) angestiegen ist. Die verfügbaren Vorräte sind somit 25 Billionen Dollar wert, während seine Umlaufgeschwindigkeit – die Häufigkeit, mit der eine Unze den Besitzer wechselt – durch die neuesten elektronischen Transaktionstechnologien gestiegen ist. Anders ausgedrückt: Der Dollar ist so stark abgewertet worden, dass der Wechselkurs des Goldes nun mehr als zehn Mal so hoch ist wie zuvor. Damit reichen die Goldvorräte für die Versorgung der Weltwirtschaft mit Geld. Gold liegt nun nicht mehr in Tresoren herum, sondern es ist als die einzige nicht-nationale Währung der Welt im Umlauf.

2008: Eine neue Generation von Politikern ergreift die Gelegenheit, sei es durch echte Überzeugung oder Opportunismus, und verlangt die Rückkehr zu gesundem Geld und zu einer vernünftigen Fiskalpolitik. Die Mehrheit der Bürger versteht nun, dass diese Ziele nur erreicht werden können, wenn man (1) sich für eine Art von Geld entscheidet, die nicht entwertet werden kann, und (2) die Möglichkeiten von Regierungen und Bürgern einschränkt, Hypotheken auf die Zukunft aufzunehmen, indem man sich hier und heute zu stark verschuldet. Am Tag nach ihrer Amtseinführung legt die erste Präsidentin der „Nach-Dollar-Ära" Gesetzesentwürfe vor, die staatliche Transferleistungen einschränken und die Staatsausgaben auf fast allen anderen Gebieten zurückfahren sollen. Sie verkündet, dass der neue Gold-Dollar von nun an permanent gegen Gold einlösbar sein wird, in physischer oder digitaler Form und zu einem Kurs, der den jeweiligen Marktgegebenheiten entspricht.

Um zu verhindern, dass künftige Generationen die Lektionen des 20. Jahrhunderts wieder vergessen, wird eine Verfassungsversammlung einberufen, die schriftlich niederlegt, was die Väter der Verfassung noch intuitiv gewusst haben: Nur eine Sache – nämlich Gold – wird als Geld dienen, Wert und Preis aller anderen Dinge werden am Gold gemessen.

SZENARIO 3: DIE MÄRKTE ENTSCHEIDEN SICH FÜR GOLD

2006: Als sich der Kollaps des Dollars zu einer weltweiten Flucht aus den „Fiat"-Währungen ausweitet, gibt es nur noch eine funktionierende Währung: digitales Gold. Aus Kapitel 19 wissen Sie, dass es 2003 einige solcher Währungen gab und dass sie die Vorteile von Goldgeld haben, ohne dessen Nachteile aufzuweisen. Investoren tauschen immer größere Mengen ihres Kapitals in diese neuen Währungen, weil sie bemerken, dass die Besitzer digitalen Goldes ihren Wohlstand wahren, während Besitzer von Dollars und Euros dem Ruin entgegengehen. Das führt zu einem sich selbst verstärkenden Kreislauf: Die wachsende Nachfrage nach digitalem Gold lässt den Wechselkurs steigen, was Gold noch attraktiver macht und weiteres Kapital anzieht. Kleinere Länder beginnen digitales Gold als offizielle Landeswährung einzuführen, und es wächst der Druck auf die größeren Länder, diesem Beispiel zu folgen.

2007: Zentralbanker, zutiefst erschrocken über den Zusammenbruch ihrer „Fiat"-Währungen und die logischen Folgen für ihre Karrieren, widersetzen sich dem mit allen Mitteln. Weil ihre Macht aber auf der Fähigkeit beruht, Währungen zu manipulieren, die nun zunehmend wertlos werden, geben sie allmählich nach oder müssen jüngeren Kollegen weichen, die nicht so engstirnig sind. Trotz allen Widerstands der Währungsautoritäten kehrt die Welt zum Gold zurück. Das Papierzeitalter endet nicht mit einem Knall, sondern mit einem Winseln, und die jüngste Währungskrise der Menschheit ist nun Geschichte.

Für welches dieser Szenarien werden wir uns entscheiden? Leider sprechen die geschichtlichen Erfahrungen für eine Diktatur. Aber Geschichte ist nicht Schicksal. Frühere Gesellschaften hatten nicht unsere globalen Massenmedien und ausgeklügelten, anpassungsfähigen Kapitalmärkte. Daher sind die beiden anderen, optimistischeren Szenarien zumindest denkbar. Diese Diskussion wird aber erst später zu führen sein. Jetzt müssen wir zunächst einmal mit einem Währungskollaps fertig werden.

REGISTER

C

D

E

F

MINDTRAPS
Die großen Denkfehler
Dr. Gregor Bauer
Praxisratgeber Trading
Come Into My TRADING ROOM
Modern investieren mit Derivaten
Die besten Anlagestrategien der Welt
Erfolgreich handeln in einem Bärenmarkt
Uwe Lang
Die BESTEN AKTIEN strategien
PORTFOLIO SELECTION
Harry M. Markowitz
DEPOT-OPTIMIERUNG mit ZERTIFIKATEN
Erfolgreich investieren in Nebenwerte
DER KOLLAPS DES DOLLARS
JAMES TURK & JOHN RUBINO
mit Rohstoffen
ENZYKLOPÄDIE DER CHART MUSTER
MONEY MANAGEMENT
LARRY WILLIAMS
DIE ERFOLGS-GEHEIM-NISSE DES
ENZYKLOPÄDIE DER TECHNISCHEN INDIKATOREN

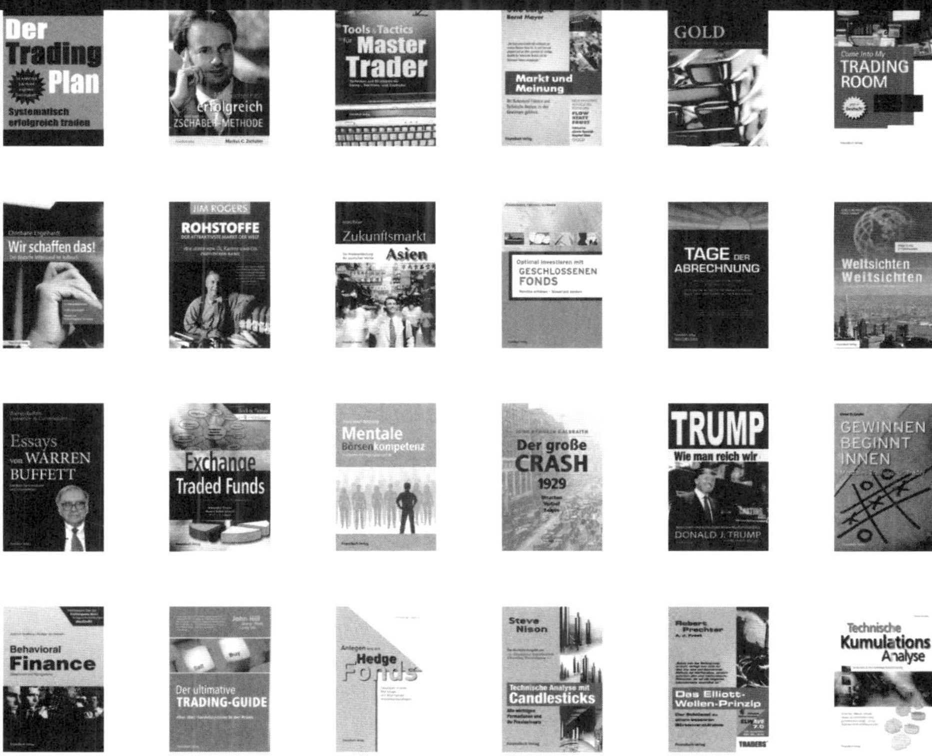
Der Trading Plan
Systematisch erfolgreich traden
erfolgreich
ZSCHABER-METHODE
Markus C. Zschaber
Tools & Tactics für Master Trader
Markt und Meinung
GOLD
Come Into My TRADING ROOM
Wir schaffen das!
JIM ROGERS
ROHSTOFFE
Zukunftsmarkt Asien
Optimal investieren mit GESCHLOSSENEN FONDS
TAGE DER ABRECHNUNG
Weltsichten Weitsichten
Essays von WARREN BUFFETT
Exchange Traded Funds
Mentale Börsenkompetenz
Der große CRASH 1929
TRUMP
DONALD J. TRUMP
GEWINNEN BEGINNT INNEN
Behavioral Finance
John Hill
Der ultimative TRADING-GUIDE
Hedge Fonds
Steve Nison
Technische Analyse mit Candlesticks
Robert Prechter
Das Elliott-Wellen-Prinzip
TRADERS'
Technische Kumulations Analyse

Jim Rogers

Rohstoffe
der attraktivste Markt der Welt

302 Seiten, Hardcover

Preis € 24,90 (D); € 25,60 (A); SFr 43,70

ISBN 3-89879-110-6

Alles, was Jim Rogers in seinem Leben anpackte, wurde zu einem durchschlagenden Erfolg. Bereits mit 37 Jahren beendete er offiziell sein Arbeitsleben, nachdem er mit seinem Quantum Fonds in nur zehn Jahren eine Rendite von mehr als 4000 Prozent eingefahren hatte. Sein Partner dabei war kein Geringerer als der legendäre George Soros. Jim Rogers hatte sich bewiesen, dass er gut war in seinem Geschäft, doch das genügte ihm nicht. Rogers fasst all seine Erfahrungen zusammen und zeigt dem Leser, worauf es bei Investments ankommt.

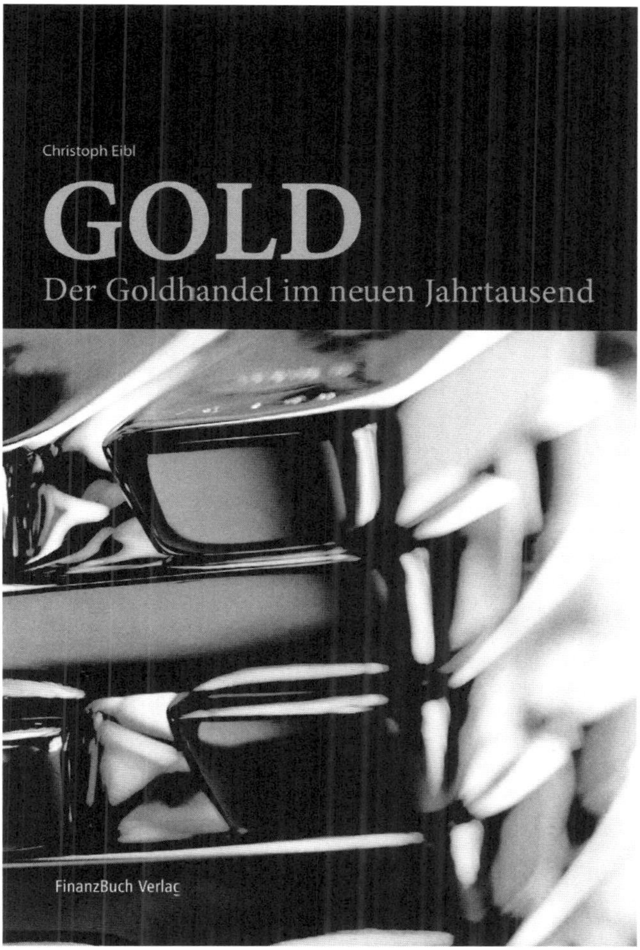
Christoph Eibl
GOLD
Der Goldhandel im neuen Jahrtausend
FinanzBuch Verlag

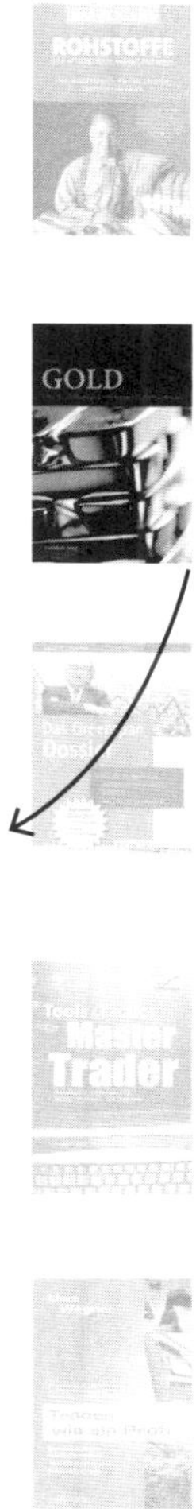
ROHSTOFFE
GOLD
Trader

Roland Leuschel / Claus Vogt

Das Greenspan-Dossier

353 Seiten, Hardcover

Preis € 34,90 (D); € 35,90 (A); SFr 58,60

ISBN 3-89879-101-7

Eine knallharte und schonungslose Abrechnung mit der Geldpolitik des »Herren der Blasen«, des berühmtesten Notenbankers aller Zeiten. Roland Leuschel und Claus Vogt beleuchten in ihrem provozierenden Buch die »dunkle« Seite Greenspans. Eine »Gelddruckmaschine riesigen Ausmaßes« ist die Federal Reserve Bank unter Greenspans Führung geworden, so die Autoren. Greenspan erwarb sich den Ruf als »Magier der Märkte«: Wie von Zauberhand machte er aus Geldmengenwachstum Wohlstand. Doch aus dem Magier Greenspan wurde ein »Zauberlehrling«, dem die Situation mehr und mehr entglitt. Die kommenden zehn Jahre werden schwierig werden. Bereiten Sie sich darauf vor und setzen Sie Ihren ganz persönlichen Vorsorgezug rechtzeitig auf das richtige Gleis. Die Autoren geben gezielte Hinweise, wie Sie Ihr Vermögen und Ihre Altersvorsorge schützen können.